Hubert Kügler
Gudrun Kügler

MIT DEM WOHNMOBIL NACH SÜD-SPANIEN

Die Anleitung für einen Erlebnisurlaub

DER WOHNMOBIL-VERLAG
D-98634 Mittelsdorf/Rhön

Bibliografische Information der Deutschen Bibliothek

Die Deutsche Bibliothek verzeichnet diese Publikation in der Deutschen Nationalbibliografie.
Detaillierte bibliografische Daten sind im Internet über <http://dnb.ddb.de> abrufbar.

Titelbild: Badebucht Playa Percheles
1. Auflage 2004

Karten: Thomas I. Kügler
Fotos und Layout: Hubert Kügler
Recherche: Hubert und Gudrun Kügler

Druck:
Wilhelm & Adam GmbH, 63150 Heusenstamm

Vertrieb:
GeoCenter, 70565 Stuttgart

Herausgeber:
WOMO-Verlag, 98634 Mittelsdorf
Position: N 50° 36.696'; E 10° 08.010'
Fon: 0049 (0) 36946-20691
Fax: 0049 (0) 36946-20692
eMail: verlag@womo.de
Internet: www.womo.de

Autoren-eMail: Kuegler@womo.de

ISBN 3-928840-47-9

EINLADUNG

Südspanien – oder besser Andalusien – kommt uns immer wieder vor wie eine Zauberkiste! Auf Wunsch werden Sie verzaubert von unvergesslich schönen Landschaften, Kathedralen und Palästen aus vergangenen Jahrhunderten, schneebedeckten Dreitausendern, einsamen Traumstränden, farbenfrohen Festen und nicht zuletzt von einem äußerst freundlichen und hilfsbereiten Menschenschlag.

Kommen mit uns auf Wege, die bisher kaum vom Massentourismus erreicht sind, wo noch Geruhsamkeit und Einzigartigkeit der Natur die höchsten Werte sind. Natürlich wollen wir Ihnen die berühmten Sehenswürdigkeiten wie Alhambra, Mezquita oder Giralda nicht verheimlichen, aber Sie können diese Kulturstätten auch auslassen und werden trotzdem sehr viel Schönes sehen und erleben.

Unsere fünfzehn Touren werden Sie nicht auf einmal fahren, aber nacheinander bestimmt in mehreren Jahresetappen. Uns selbst geht es ebenso, weil wir das Gefühl haben, die Schönheiten nicht ausgiebig genug genossen zu haben, weshalb wir immer wieder an unsere „Tatorte“ zurückkehren.

Lassen Sie sich verzaubern und – wenn Sie wollen – berichten Sie uns. Wir würden uns sehr freuen.

Ihr

Hubert Kügler

Sehr geehrter Leser, lieber WOMO-Freund!

Reiseführer sind für einen gelungenen Urlaub unverzichtbar – das beweisen Sie mit dem Kauf dieses Büchleins. Aber aktuelle Informationen altern schnell und ein veralteter Reiseführer macht wenig Freude.
Sie können helfen, Aktualität und Qualität dieses Buches zu verbessern, indem Sie uns nach Ihrer Reise mitteilen, welchen unserer Empfehlungen Sie gefolgt sind (freie Stellplätze, Campingplätze, Wanderungen, Gaststätten usw.) und uns darüber berichten (auch wenn sich gegenüber unseren Beschreibungen nichts geändert hat).
Bitte füllen Sie schon während Ihrer Reise das Info-Blatt am Buchende aus!

Als Dank für Ihre Mühe wird Sie unser Verlag stets über alle Neuerscheinungen informieren.
Außerdem gewähren wir Ihnen bei Bestellungen direkt beim Verlag (mit beigefügtem, ausgefülltem Info-Blatt) ein Info-Honorar von 10%.

Inhaltsverzeichnis

Zeichenerklärungen für die Tourenkarten

Touren / abseits der Touren

- Autobahn (Gebühr)
- 4-spurige Straße
- Hauptstraße
- Nebenstraße
- Schotterstraße
- Wanderweg
- Badestopp
- Badestrand (freie Übernachtung)
- WOMO-Stellplatz geeignet für freie Übernachtungen
- Wander-, Picknick-, Badeplatz
- geeignet für freie Übernachtungen
- Kirche, Kloster
- Burg, Schloss, Ruine
- Berggipfel (1493 m)
- Ausgrabungsstätte
- Sehenswürdigkeit
- Aussicht, Rundsicht
- Trinkwasser/Dusche
- Ver-/Entsorgung
- Toilette
- empf. Campingplatz
- sonst. Campingplatz
- Höhle

Gebrauchsanleitung

Das riesige Gebiet, in dem wir viele Wochen recherchiert haben, ist größer als Österreich und wuchert mit einer Vielfalt traumhaft schöner Landschaften, einer einmaligen Vegetation, kilometerlangen Sandstränden und Weltsehenswürdigkeiten, wie man sie wohl sonst in keinem Land Europas in dieser Häufung findet. Deshalb sind wir aus Platzgründen selten ins Detail gegangen, sondern haben uns auf die Dinge konzentriert, die für Sie als Wohnmobilfahrer/in interessant sind. Im Anhang geben wir Ihnen u. a. Tipps, welche Literatur am besten zu unseren Reisen passt und am meisten Auskunft über Land, Leute und Kunstgeschichte gibt. Viele interessante Broschüren und Karten können Sie sich schon von zu Hause aus beim Spanischen Fremdenverkehrsamt *Oficina Española de Turismo „Turespaña"* meist kostenlos besorgen. (s. Tipps „Information")

Wir haben über 150 Plätze ausgekundschaftet, auf denen wir mit dem Wohnmobil geparkt und teils übernachtet haben. Aber erwarten Sie um Gottes willen nicht brav angelegte Stellplätze, wie wir sie aus Deutschland, Frankreich und Italien gewöhnt sind. Die gibt es in Südspanien so gut wie gar nicht. An der gesamten Meeresküste Spaniens ist in direkter Strandnähe wildes Camping grundsätzlich verboten. Aber angesichts der zahlreichen spanischen Reisemobile – ja sogar Wohnanhänger – an den Strandparkplätzen scheint sich niemand um diese Vorschrift zu kümmern. Nur dann, wenn an diesen Plätzen in Ferienzeiten wie Ostern und Hochsommer sich zu viele Fahrzeuge drängen, räumt die *Guardia Civil* das Areal. In der Nähe von Campingplätzen wird das freie Stehen meist auch nicht toleriert. An der Aufstellung von fantasievollen Verbotsschildern sind manche Campingplatzbesitzer nicht unbeteiligt.

Wir haben alternativ zu den freien Stellplätzen auch etliche Campingplätze erwähnt, damit für jeden etwas dabei ist. Und entsorgen müssen wir ja alle regelmäßig ! Wegen der Vergleichbarkeit der Preise nennen wir die Übernachtungskosten für zwei Personen und ein Wohnmobil (ohne Strom) in einer Summe. Diese Angaben sollen nur einen Anhalt geben, sind natürlich nicht verbindlich, denn Preise ändern sich manchmal schnell.

Die Entfernungsangaben stammen entweder aus eigener Messung oder von den Kilometertafeln an der Straße. Unsere Tourenkarten ersetzen natürlich nicht reguläre Straßenkarten. (s. „Landkarten") Das Kürzel „AS" verwenden wir als Abkürzung von nummerierten Anschlussstellen an Autobahnen und Schnellstraßen. Bei den Fernstraßen N I bis VI sind die AS-Nummern identisch mit der Entfernung von Madrid. WW = Wegweiser.

Anreisewege

In Zeiten von GPS-gesteuerten Navigationsgeräten ist es eigentlich müßig, hier alle möglichen Anreisewege in epischer Breite zu schildern und womöglich noch zu diskutieren. Eines steht auf jeden Fall fest: Mit dem Wohnmobil nach Südspanien sollte man nicht unter Zeitdruck reisen, da wäre man mit einer Flugreise besser bedient. Wenigstens drei, möglichst aber vier Wochen Zeit muss man sich schon dafür gönnen.

Vorüberlegungen

Am einfachsten ist es, wenn Sie sich aus unseren 15 Touren Ihre Spezialroute zusammenstellen. Die hängt ganz davon ab, wieviel Zeit Ihnen zur Verfügung steht, in welcher Jahreszeit Sie fahren und welche persönlichen Vorlieben Sie haben.

Wo liegt Ihr Interesse?	**Kommt vor in der Tour Nr.**
Wandern Flachland	1, 2, 8, 9, 11, 14.
Wandern Mittelgebirge	1, 2, 4, 10, 11.
Wandern Hochgebirge	13.
Besichtigen	3 – 6, 9, 11, 12,
Festlichkeiten	5, 6, 8, 9,12.
Surfen	7 – 9.
Sonnen & Baden	3, 7 – 9, 12 – 15.
Landschaft & Natur	1 – 4, 6 – 8, 10 – 14.

Haben Sie Ihre Wunschtour zusammengestellt, kommt es darauf an, wo Sie sie beginnen.

Starten Sie im **Norden oder Westen Andalusiens**, so empfiehlt es sich, über **Bordeaux und Madrid** einzureisen. Wollen Sie lieber die ganze **Südküste** abklappern, wäre die Anfahrt über das **Rhônetal** und die **spanische Ostküste** sinnvoll. Ist es **Málaga**, wo die Tour anfangen soll, so fahren die **Nordlichter** und **Rheinländer** über **Bordeaux** und **Madrid** ins Land, **alle anderen** liegen mit **Rhônetal** und **spanischer Ostküste** besser. Aber die Unterschiede sind nicht so gewaltig.

Am preiswertesten ist die Fernfahrt durch Frankreich über Bordeaux und Bayonne nach Madrid, weil es hier größere mautfreie Strecken gibt, wohingegen die Autobahnfahrt durchs Rhônetal und entlang der spanischenen Ostküste den Geldbeutel schröpft, besonders in Frankreich für Wohnmobile mit 155 % des PKW-Tarifes. In Spanien sind die Unterschiede nicht so happig. Die **Autovías**,die größtenteils vierspurig ausgebauten Nationalstraßen N I bis N VI, sind grundsätzlich kostenlos, und man kommt auf ihnen meist zügig voran. Nur gibt es sie nicht in den typischen Touristengebieten an der Ostküste. An der Costa del Sol dominiert die mautfreie N 340 von Ost nach West, die auf großen Abschnitten mehrspurig ausgebaut ist. Diese Straße kommt in unseren Touren häufig vor.

Routen von Deutschland nach Madrid

1. Die Schnellsten (und Teuersten)

a) Ab West- und Norddeutschland: Autobahn nach Aachen, E 40/42 Mons, E 19 (A 1) **Paris**, E 5 (A 10) Orleans – Tours – Poitiers – Bordeaux, E 5/70 (A 64/A 63 / N 10) Bayonne – Hendaye, E 70 (A 8) Irun – Bilbao, E 5/80 (A 68) Miranda de Ebro, E 5/80 (A 1) **Madrid** = 1765 km*.

b) Ab Mittel- und Süddeutschland: Autobahn nach Saarbrücken, E 25/50 (A 4) Metz, E 50 (A 4) Reims – Paris, dann wie oben = 1890 km**.

2. Die (fast) Kostenlosen

a) Ab West- und Norddeutschland: Autobahn nach Aachen, E40 (A 3) Liége, E 25 (A 26) Bastogne – Neufchateau, E 411 (A 4) Richtung Namur bis AS 25, E 46 (N 89) Bouillon, E 46 (N 58) Sedan, E 46 (A 203) Charleville-Mézières, E 46 (A 34 / N 51) Rethel, E 46/420 (N 51) Reims-Ost, A 4 Richtung Paris 2 km, N 51 Épernay, D 951 Sézanne – Nogent s. S. – Chateau La Motte-Tilly, D 439 Sens, E 60 (N 60) Montargis – Fayaux-Loges, D 921 Jargeau – La-Ferté-St.- Aubin, N 20 Vierzon, E 9 (A 20) Limoges AS 28, E 603 (N 2000/141) Angoulême, E 606 (N 10/ A 10) **Bordeaux**, E 5/70 (A 64/63 / N 10) Bayonne – Hendaye, E 70 (A 8) Irun – San Sebastian AS 8, E 5 (N I) Tolosa – Altasau – Vitoria/Gasteiz – Miranda de Ebro, E 5/80 (A 1) Burgos, E 5 (N I) **Madrid** = 1730 km*.

b) Ab Mittel- und Süddeutschland: Autobahn nach Neuenburg/Mulhouse, E 54/60 (A 36) Besançon – Beaune, E 21/15 (A 31/6) Chalon s. S., E 607 (N 80/70/79) Digoin, E 62 (N 79/73) Montluçon, E 62 (N 145) Guéret – Bellac, N 951 Chasseneuil, E 603 Angoulême, E 606 (N 10/ A 10) Bordeaux, dann wie oben = 1643 km**.

*) ab Düsseldorf **) ab Stuttgart

Entfernungen (km) ab Madrid

Bailén 309, Córdoba 413, Granada 433, Cartagena 456, Sevilla 551, Almería 554, Málaga 564, Huelva 576, Cádiz 640, Algeciras 688.

Tipps für Übernachtungen unterwegs

Das Übernachten auf Autobahnraststätten ist zu gefährlich!!

Zu 1 a und b: Gratis-Stellplatz **Chaumuzy** (bei Reims), A 4 AS 23, D 380 > Dormans, hinter Bligny links auf D386 am Ortseingang Chaumuzy rechts in Einfahrt, vor der Tafel „Champagne Salmon" einbiegen.

Gratis-Stellplatz **Beaugency** (bei Orleans), A 10 AS 15, WW Beaugency „Chateau" folgen, am rechten Loire-Ufer, beschildert.

Gratis-Stellplatz **St.-Jean-d'Angély** (bei Saintes), A 10 AS 34, in der Stadt den WW „Camping Municipial" folgen, vor dem Campingpaltztor nach rechts zum Sonderstellplatz für WOMOs.

Zu 2 a: Picknickplatz südlich **Pierry** (bei Épernay), D 951, an der Kirche über den Weinbergen, WW „Chavot/Courcourt Route Touristique de Champagne", herrliche Aussicht.

Gasthof-Parkplatz **Gumery** (bei Nogent s. S.), D 951/439, 1,8 km südlich Chateau La Motte-Tilly, PP hinter dem Routier „Au Relais Sarl".

Gasthof-Parkplatz **St. Maurice s. F.** (bei Montargis), von der Schnellstraße N 60 AS (Ladon), erster Ort, Routier „Relais St. Maurice", direkt am Restaurant oder nebenan auf dem ruhigen LKW-Parkplatz.

Parkplatz in **La Ferté-St. Aubin** (20 km südlich von Orléans), N 20 in der Ortsmitte auf Parkplatz-Wegweiser nach rechts (westlich), an der Stadtbücherei, mehrere preiswerte Restaurants in der Nähe.

Spanien: Badeplatz bei **Ozaeta** (bei Vitoria/Gasteiz), an der N I AS 367, 1,8 km auf der A 3012 in Richtung Ozaeta, links zum Parque de Garaio, am Stausee Embalse de Ullivarri. Frischwasser. Schattenbäume.

Gratis-Stellplatz **Aranjuez** (48 km südlich von Madrid), N IV AS 36, M 305, im Ort WW „Camping" folgen, vor der Rechtskurve am Castillo Principal. Der nahe Campingplatz (13,45 €/Nacht) ist auch in Ordnung.

Parkplatz bei **Valdepeñas** am Monumento a la Victoria. N IV AS 198, ca. 1 km den Berg hinauf zu der Statue.

Zu 2 b: Picknickplatz **Dampierre** (zwischen Besançon und Dole), E 60 (A 36) AS 2.1 Gendrey. In Dampierre folgt man in der Ortsmitte dem Tisch-Baum-Symbol nach links und fährt steil hinab zum Ufer des Doubs. Picknickplatz mit Tischen, Bänken, Grillstelle, WC und Frischwasser.

Picknickplatz bei **Nouhant** (bei Montluçon), an der E 62 (N 145), 15 km südwestlich von Montluçon. Gut ausgestatteter Platz.

Für die Nordsüdstrecke durch das Rhônetal gibt es leider keine preiswerten Alternativen, weil die Fahrt über die Landstraßen äußerst zeitaufwändig und mühsam ist. Die Oberbayern und Österreicher könnten 60 - 80 km sparen, wenn sie durch die Schweiz (mit Vignette!) fahren.

Route von Deutschland an die Costa Calida

Schnellste Verbindung von allen deutschen Startgebieten

Autobahn nach Neuenburg/Mulhouse, E 54/60 (A 36) Besançon – Beaune, E 21/15 (A 31/6), E 15/21 (A 6) Lyon, E 15 (A 7) Orange, E 15 (A 9) Montpellier - Perpignan - La Jonquera, E 15 (A 7) Barcelona - Valéncia - Alicante - Elche, A 32 Cartagena = 2002 km* bzw. 1813 km**

*) ab Düsseldorf **) ab Stuttgart

Entfernungen (km) ab Cartagena

Almería 186, Granada 201, Bailén 234, Sevilla 380, Málaga 394, Córdoba 431, Algeciras 532, Cádiz 571, Huelva 625.

Freie Stellplätze haben wir auf dieser Route nicht anzubieten und, um ehrlich zu sein, auch nicht danach gesucht. Für Langfinger ist dies die „heißeste" Strecke und wir können nur allen wärmstens die Übernachtung auf Campingplätzen empfehlen. In jedem Autoatlas sind diese Plätze in Autobahnnähe eingetragen und in den Orten auch meist gut ausgeschildert.

Spartipp für die Rückreise über die Ostküste: Um einen Teil der Maut auf der A 7 zu vermeiden, wechseln Sie von der E 15 (A 7) bei AS 70 (ALICANTE) auf die A 36 nach ALCOY, über N 340/CV 40/N 340 wieder bis zur A 7 bei VALÉNCIA. An den Landstraßen finden Sie oft Picknickplätze zum Übernachten.

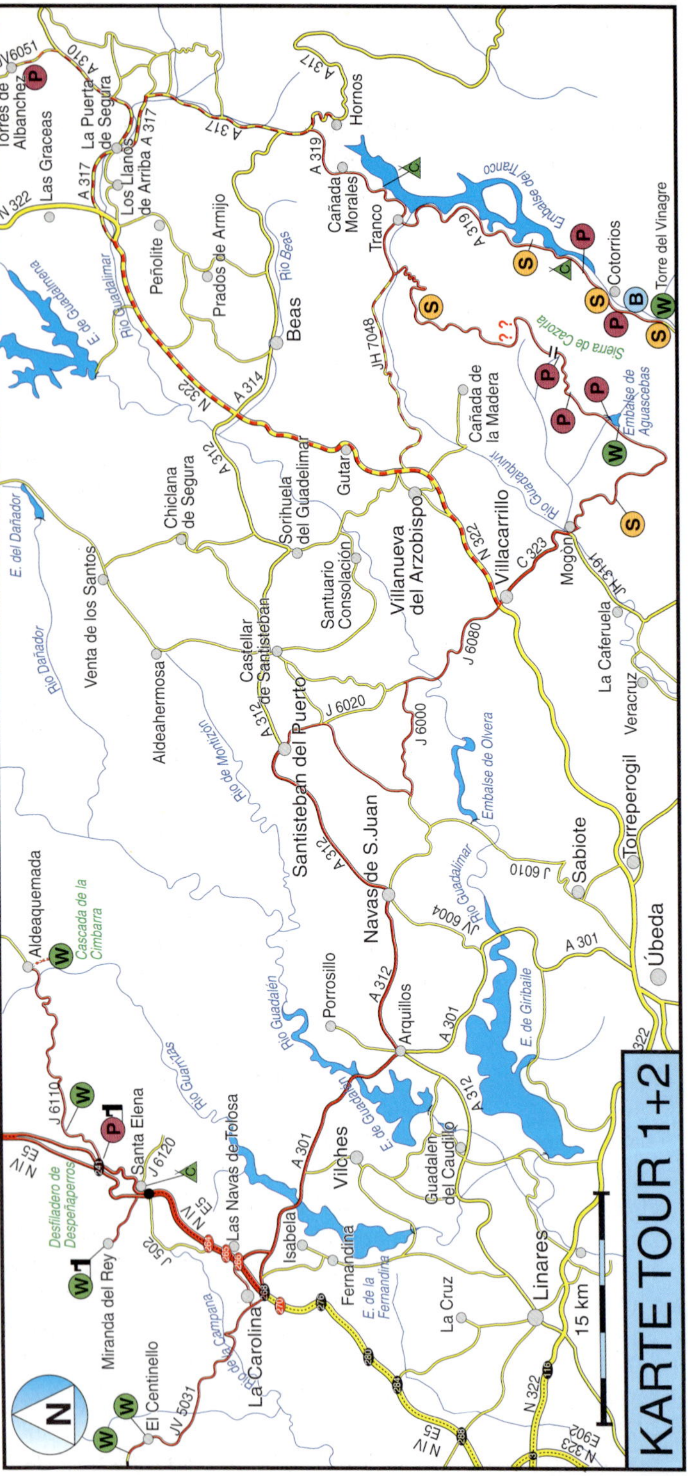
KARTE TOUR 1+2
15 km
N
Torres de Albanchez
La Puerta de Segura
Las Graceas
Los Llanos de Arriba
Peñolite
Prados de Armijo
Beas
Hornos
Cañada Morales
Tranco
Embalse del Tranco
Cotorrios
Torre del Vinagre
Sierra de Cazorla
Cañada de la Madera
Embalse de Aguascebas
Rio Guadalquivir
Villacarrillo
Mogón
La Caferuela
Veracruz
Villanueva del Arzobispo
Gutar
Sorihuela del Guadelimar
Santuario Consolación
Chiclana de Segura
Venta de los Santos
Castellar de Santisteban
Aldeahermosa
Santisteban del Puerto
Navas de S.Juan
Embalse de Olvera
Sabiote
Torreperogil
Úbeda
E. de Giribaile
Arquillos
Porrosillo
Vilches
Guadalen del Caudillo
Linares
La Cruz
Fernandina
E. de la Fernandina
Isabela
Las Navas de Tolosa
Santa Elena
Desfiladero de Despeñaperros
Miranda del Rey
Aldeaquemada
Cascada de la Cimbarra
El Centinello
La Carolina
Rio de la Campana
Rio Guarrizas
Rio Guadalén
Rio Guadalimar
Rio Montizón
Rio Dañador
E. del Dañador
E. de Guadalmena
Rio Beas
N 322
A 317
A 310
JV6051
A 319
JH 7048
A 314
A 312
C 323
JH 3191
J 6080
J 6020
J 6000
J 6010
JV 6004
A 301
J 6110
J 6120
J 5031
JV 5031
N IV E5
E902
N 323

TOUR 1 (230 km / 4 – 5 Tage)

Desfiladero de Despeñaperros – Aldeaquemada – Miranda del Rey –Santa Elena – El Centenillo – La Carolina – Villacarrillo – Cueva de Peinero

Freie Übernachtung:	Despeñaperros, Collado de los Jardines, Aldeaquemada-Cimbarra, Miranda del Rey, 2x El Centenillo, Torres de Albánchez, Nähe Mogón, Embalse de Aguascebas, Casa Forestal la Fresnedilla, Campamento de Gil Cobo, Cueva de Peinero.
Ver- und Entsorgung:	Campingplatz.
Trinkwasser:	Despeñaperros (am Restaurant), Miranda del Rey, Torres de Albánchez, Collado de Pocico, Cueva de Peinero, Campingplatz.
Campingplatz:	Santa Elena.
Baden:	Embalse de Aguascebas.
Besichtigen :	Cascada Cimbarra, La Carolina, Villacarrillo, Iznatoraf.
Wandern:	Parque Natural de Despeñaperros, Barranco de Valdeazores, El Centenillo, Cerro de Castillo, Cueva de los Muneecos, Cascada Cimbarra, Miranda del Rey: Molino de Batán und Calzada Romana, Embalse de Aguascebas, Refugio Cueva de Peinero.
Essen:	Hotel el Meson de Despeñaperros, Santa Elena.

Von Madrid kommend haben wir die kastilische *La Mancha* auf der vierspurigen E 5 / N IV durchquert und nähern uns dem Zielgebiet. Schon vormittags überschreiten wir die Provinzgrenze an der Schlucht **Desfiladero de Despeñaperros,** das Tor zu Andalusien. An der Ausfahrt bei Km 246 legen wir am Restaurant „El Jardin Despeñaperros“ eine Pause ein.

Auf dem kleinen Parkplatz füllt gerade ein Einheimischer fleißig Wasser aus dem **Quellwasserrohr** in Kanister ab, obwohl daneben ein Schild *„Agua non potable“* prangt. Wir fragen ihn, ob das Wasser in Ordnung sei. Er antwortet mit einem eindeutigen *„Si“* und schlägt die Bedenken in den Wind, die man angesichts des Warnschildes haben kann. Er meint, dass dieses Schild in Spanien bei jedem unchlorierten Wasser stünde und nichts weiter zu bedeuten habe. Der Wirt des Restaurants stecke vielleicht auch dahinter, weil sonst die Touristen eventuell das kostenlose Wasser und nicht seine Getränke konsumieren würden.

Eine atemberaubende Aussicht auf die gewaltige Schlucht

Das Tor zu Andalusien: Desfiladero de Despeñaperros

Desfiladero de Despeñaperros haben wir von der Terrasse des Restaurants , was bedeutet „Schlucht der hinabgestürzten Hunde". Wie entstand dieser grausliche Name? Im 13. Jahrhundert waren die christlichen Heere von Norden auf dem Vormarsch, um das seit einem halben Jahrtausend unter arabischer Herrschaft stehende *Al-Andalus* – der maurische Name für Andalusien – zurückzuerobern. In der blutigen Schlacht bei **Navas de Tolosa** (1212 n. Chr.) wurden die islamischen Verteidiger vernichtend geschlagen, der erste durchschlagende Erfolg in der *Reconquista* (Rückeroberung). In ihrem Siegestaumel warfen die grausamen Christen die gefangenen Feinde einfach in die tiefe Schlucht. Die blutroten Tische und Stühle auf der Terrasse – offenbar von Coca-Cola gesponsert – haben wohl damit nichts zu tun, bieten aber für Fotos einen guten Kontrast. In der Bar kann man auch Produkte der Region und die üblichen Souvenirs erstehen. In einem kleinen Kiosk gibt es ausführliches Informationsmaterial gratis, wenn es denn geöffnet hat, meist vormittags.Wer jetzt schon Lust auf Wandern hat, dem können wir direkt etwas anbieten.

Wanderung zum *Barranco de Valdeazores* (13,5 km / 3 ½ Std.)
Das Womo bleibt auf dem Parkplatz am Restaurant El Jardin Despeñaperros. 200 m weiter führt von der N IV der 13,5 km lange ***„Sendero del Barranco de Valdeazores"*** – Pfad zum Tal von Valdeazores. Der Weg führt, der Wasserleitung folgend, zunächst 3,3 km nach Westen, teilweise an der schattigen Felswand entlang, umgeben von einer einmaligen Vegetation. Wir folgen dem Pfad auf dem Talboden bis zu einer Kreuzung, wo wir die linke Abzweigung wählen. Wir halten uns weiter links und wandern nun unter Pinien, Stein- und Korkeichen, bis wir das ***Refugio del Collado de la Aviación***

erreichen. Die Hütte wurde im Spanischen Bürgerkrieg für die Luftüberwachung gebaut. Der daran vorbei führende Weg bringt uns zu einem Aussichtspunkt, von dem wir einen prachtvollen Blick auf die Schlucht haben. Der Rückweg erfolgt über die gleiche Strecke.

Die bisher zweispurig geführte Nationalstraße N IV teilt sich in zwei immer weiter voneinander entfernte Trassen, die sich erst wieder bei SANTA ELENA vereinigen sollen. In flotter Fahrt erfreuen wir uns an der Schönheit der Landschaft. An der Schlucht selbst gibt es weiter unten auf der linken Seite einen Parkplatz mit einem kleinen Aussichtsturm.

Die nächsten Wanderungen stehen ins Haus: Bei Km 251 bietet sich das Sträßchen J 6110 nach ALDEAQUEMADA an (23 km). Hier biegen wir ein, um zum **„Cerro de Castillo y Cueva de los munecos“** (Schlossberg und Höhle der Puppen) und zur **„La Cascada de la Cimbarra“** (Cimbarra-Wasserfall) zu wandern. Wir unterqueren die Schnellstraße und entdecken hinter der Brücke über den *Río Despeñaperros* den Picknickplatz *„Area Recreativa Puerte Moros“*, der eigentlich ganz brauchbar wäre, wenn die vorhandenen Müllcontainer nicht völlig überfüllt wären. Aber vielleicht hat die zuständige Müllabfuhr irgendwann ein Erbarmen.

WOMO-Picknickplatz:

Puerte Moros

max. WOMOs: 1 - 2
Ausstattung: Tisch & Bank, Müllcontainer
Zufahrt: N IV AS 251 (Aldeaquemada), nach Unterquerung der N IV hinter der Brücke links. **Besonderes:** Die Müllcontainer werden wohl selten geleert.

Die 23 km Serpentinen auf der **J 6110** haben es in sich, also nichts für „Dickschiffe“. Man muss schon gut fahren können und etwas mutig sein: Obwohl die Piste gut asphaltiert und mit Seitenstreifen versehen ist, hat sie auf schwindelerregenden Höhen statt Leitplanken manchmal Steinpfosten. Ab und zu kommen uns 2,5 m breite Betonmischer entgegen, die vor den engen Kurven laut und vernehmlich hupen. Ich schließe mich dieser „Sitte“ an und kann endlich meine nagelneuen Dreiklanghörner (Weihnachtsgeschenk!) sicherheitsrelevant einsetzen. Allein dafür lohne sich schon die Fahrt, meint beziehungsvoll grinsend die Copilotin. Bei Km 3,9 kommt ein Aussichtspunkt mit einem Schattenbaum, wo wir eine ausgedehnte Fahrpause mit Vesper einlegen. Das Panorama ist überwältigend, vor allem, wenn man von oben die Staus auf der N IV beobachten kann, denn es wird wieder einmal gebaut.

Auf 935 m Höhe erreichen wir den Pass ***„Puerto de los Jardines“*** mit einem halbfertigen Restaurantneubau, Parkplatznischen und Beleuchtung. Finanzierungsprobleme?

WOMO-Wanderparkplatz: Collado des Jardines

max. WOMOs: 4-5. **Ausstattung:** Wanderkarte
Zufahrt: N IV AS 251(Aldeaquemada), J 6110 bei Km 6,5.

Wanderung „*Cerro de Castillo* y *Cueva de los Munecos*“
Schlossberg / Höhle der Puppen (4 km / 1 Std.)

Rechts neben dem Bau steht eine Kartenwand mit Erklärungen für diese beiden kurzen Wanderungen. Wir befinden uns auf der Mitte der Gesamtstrecke. Wir machen uns zuerst auf den Weg nach oben, der hinter dem Neubau beginnt und sich anfangs leicht nach links neigt, durch weiße Steine markiert. Die 100 Höhenmeter sind schnell erklommen; oben ist von einer Burg zwar nichts zu sehen, dafür haben wir auf einem kleinen Felsplateau einen fantastischen Rundblick. Nach dem Abstieg geht der Weg vor der Neubauruine rechts (von oben kommend) weiter und führt deutlich nach unten. Kleine Holzpfähle mit weißen Pfeilen weisen uns den Weg, auch wenn dieser durch Erdarbeiten anfangs nicht gut zu erkennen ist. Es geht erst auf gleicher Höhe durch Buschwerk und niedrigen Baumbestand voran, dann durch Hochwald sanft bergab, streckenweise sehr stark, so dass **gutes Schuhwerk** erforderlich wird. Wir sind auf dem gut erkennbaren Weg nach 15 Minuten unterhalb eines schroffen Felsüberhanges am Höhleneingang, der aber mit einem Stahlgitter – wie enttäuschend – fest verschlossen ist! Auf dem gleichen Wege steigen wir wieder nach oben zum Parkplatz.

Nach der schweißtreibenden Kletterpartie bergauf und bergab sehnen wir uns nach den **Wasserfällen von Cimbarra**! Vielleicht ist ein Bad im kühlen Nass angesagt!? Noch haben wir 17 kurvenreiche Kilometer vor uns.

Endlich in dem verschlafenen Ort ALDEAQUEMADA angekommen, weist uns ein freundlicher Landpolizist der *Guardia Civil* den Weg: Die erste Straße rechts ab, am Ende wieder rechts, es seien „nur" 3 km. Nach einem mickrigen Brückchen beginnt eine Holperpiste, die 800 m weiter zunächst an einer Gabelung endet, an der lackempfindliche Womos die Fahrt besser beenden und parken sollten. Eine Zeit lang begleitet

uns der ***Río Guarrizas*** mit seinen saftig grünen Auen und einem unendlich romantischen Anblick. Ein Teppich von Milliarden weißer Blüten bedeckt das Wasser. Dieser Fluss soll ein paar Kilometer weiter die Felsen hinabstürzen.

Nach weiteren 1100 m lockt aber ein schöner Wanderparkplatz. Wir fahren mutig weiter, Büsche und Bäume berühren an manchen Stellen schon ein wenig Seiten und Dach. Unsere Mühe wird jedoch belohnt: Ein großer Wanderparkplatz erwartet uns am Eingang zu dem Naturwunder der **Cimbarra-Wasserfälle**. In der Mitte bietet sich ein großer Schattenbaum an,eine Wandertafel weist dem Besucher den Weg.

WOMO-Wanderparkplatz: Cascada Cimbarra

max. WOMOs: 2 - 3. **Ausstattung:** Schattenbaum
Zufahrt: N IV AS 251, J 6110 bis Aldeaquemada, 1. Straße rechts, wieder rechts, 1800 m (Holperpiste)

Wanderung zur *Cascada de la Cimbarra* (1,2 km / 1 Stunde)

Der Rundweg beginnt an der Wandertafel und ist eigentlich nur ein

größerer Spaziergang, aber durch die Höhenunterschiede kommt man doch ganz schön ins Schwitzen. Nach einer Viertelstunde bereuen wir, dass wir nicht die vorhandenen Wanderschuhe und -stöcke benutzt haben, denn auf lehmigem Pfad lege ich mich glatt auf meinen Allerwertesten. An der ersten Gabelung gehen wir rechts und klettern über Felsen auf die halbe Höhe der Fälle. Ein toller Anblick! Wer ungeübt ist, sollte auf dem unteren Pfad bleiben, denn es gibt noch genug zu sehen. Zurück auf dem Weg biegen wir nach wenigen Metern wieder rechts ab und stehen dem Naturwunder genau gegenüber. Das natürliche Auffangbecken liegt fast schwarz unter uns und endet in einer großen Felsenhöhle, um scheinbar dem ***Río Guarrizas*** die aus 40 m Höhe stürzenden Wassermassen unterirdisch wieder zurückzuliefern. Wir steigen wieder zum Hauptweg, von dem rechts ab ein stufiger Pfad ziemlich steil zu der ***Plaza de Armas***, einem felsigen Hochplateau, führt, von dem wir eine unvergessliche Aussicht auf den vom Wasser eingefressenen Canyon des ***Río Guarrizas*** haben. Eine große Bildtafel erklärt die geologische Struktur dieser wildromantischen Natur. Doch plötzlich ist es mit der Beschaulichkeit vorbei. Eine Schülergruppe mit 40 – 50 lärmenden Teenies taucht auf. Da die beiden Lehrer nach wenigen Minuten „Landschaftgucken“ zum Aufbruch mahnen, kehrt wieder Stille ein. Der Rückweg führt nach rechts, damit sich der Kreis schließt.

Das Schild „Area Recreativa Arroyo de Martín Pérez 500 m“ können wir getrost ignorieren, denn mit dem WOMO kommt man nicht hin, bestenfalls zu Fuß oder mit einem Offroader. Da es noch früh am Tag ist, kehren wir nach ALDEAQUEMADA zurück und fahren bis zur Ortsmitte, wo ein Wegweiser zum Naturpark „Cimbarra 3 km“ steht. Ein hübscher Marktplatz mit Rathaus und Kirche lädt zum Ausruhen ein. Die Schülergruppe ist schon vor uns da, ein Kramladen verkauft an sie Unmengen Eis am Stiel. Mit Glück ergattern wir die letzten zwei.

Das Straße J 6110 führt weiter in die Berge, wir müssen also die selbe Strecke zurückfahren, um nach SANTA ELENA, unserem nächsten Ziel, zu kommen. Nach genau 23,3 km sind wir wieder auf der N IV und biegen nach Süden ein, um wieder bei AS 257 abzufahren.

Auf der Brücke geht es links nach SANTA ELENA, rechts nach MIRANDA DEL REY (3,6 km), wo mitten im Ort die Asphaltstraße aufhört. Genau hier ist auch eine **Wasserstelle**, allerdings ohne Normanschluss. (Gießkanne hervorkramen!)

200 m weiter liegt eine Weggabelung mit Wandertafel. Von hier aus gehen zwei gekennzeichnete Wanderwege ab: geradeaus zur ***„Molino del Batán“*** (Mühle von Batán – 4 km) und rechts zur ***„Calzada Romana“*** (Römische Straße – 10 km).

WOMO-Wanderparkplatz: Miranda del Rey

max. WOMOs: 4 – 5.
Ausstattung: Wandertafel
Zufahrt: N IV AS 257 (Santa Elena), rechts 3,8 km, 200 m hinter dem Ort
Sonstiges: Wasserstelle in der Dorfmitte 200 m.

Der geradeaus führende Schotterweg ist zwar noch 1700 m befahrbar, endet jedoch an dem Heim *„Las Nogueras“*, wo keine Parkmöglichkeit ist. Weil es schon spät ist, fahren wir den selben Weg zurück, überqueren die N IV nach SANTA ELENA und suchen dort den Campingplatz auf, denn Ent- und Versorgung sind angesagt.

WOMO-Campingplatz-Tipp: Sta.Elena (Despeñaperros)

Öffnungszeiten: 1.2. – 19.12. **Ausstattung:** 1. Kat., schattig; Laden, Gaststätte und Pool nur in der Hauptsaison in Betrieb; Ver- und Entsorgung; zum Ort 200 m; Basis für viele Wanderungen und Mountainbike-Touren; Preis: 12,50 €/Nacht.

Zufahrt: N IV AS 257, ausgeschildert.

In dem einzigen Restaurant des Ortes „Hotel el Meson de Despeñaperros" speisen wir für 24 € in sehr angenehmer Atmosphäre recht gut.

In der **Tourist Info** (*Centro de Visitantes Puerta de Andalucia)* besorgen wir uns am nächsten Morgen Wanderkarten. Wir suchen heute ein ruhiges Plätzchen im Nationalpark ***Coto nacional de Contadero***. Also entern wir wieder die N IV in Richtung BAILÈN, verlassen sie in LA CAROLINA (AS 266/268) und steuern das „Centro" an. Das Bergarbeiterstädtchen bietet außer der Kirche ***San Juan de la Cruz***, dem **Denkmal zur Schlacht von *Navas de Tolosa*** (2 km nordöstlich) und dem **Rathaus** wenig Sehenswertes, auch Stellplätze können wir nicht ausspähen. Am Ende einer Allee, augenscheinlich die Hauptstraße, biegen wir nach rechts ab – links geht es wieder zur Autovía N IV – und folgen der Beschilderung nach LOS GUINDOS und EL CENTENILLO auf der JV 5031.

Wir rollen durch eine abwechslungsreiche Hügellandschaft mit Steineichen und Olivenbäumen, bis der Abzweig rechts nach LOS GUINDOS kommt. Hier legen wir eine Rast ein, denn es ist ein herrliches Fleckchen Erde. Ins Dorf hineinzufahren, lohnt kaum, außerdem ist die Stichstraße dorthin sehr holperig. Also ziehen wir weiter. Die schmale Straße führt durch eine satte Vegetation bis EL CENTENILLO. Direkt am Ortseingang finden wir auf der linken Seite einen geräumigen Platz, der allerdings außer viel Parkraum und einem Müllcontainer nichts weiter zu bieten hat, aber als Wanderbasis in Ortsnähe verwendbar ist.

WOMO-Wanderparkplatz: El Centenillo I (Ortseingang)

max. WOMOs: 8 - 10. **Ausstattung:** Müllcontainer

Zufahrt: N IV AS 266 (La Carolina), Hauptstraße in La Carolina bis zum Ende, dort rechts ab (beschildert)

Bei der Weiterfahrt durch den stillen Ort vermissen wir jegliche Art von Wegweisung. Ein alter Mann, schwer beladen mit Feldfrüchten, zeigt uns den Weg zum Forsthaus *Casa Forestal de Selladores*: Von der Ortsmitte aus scharf rechts bergab, am Ende der Häuser nach links, nach ca. 500 m an der Gabelung links. Wenig weiter glitzert vor uns ein wildromantischer kleiner See in der Mittagssonne.

WOMO-Wanderparkplatz: El Centenillo II (See)

max. WOMOs: 1 – 2. **Ausstattung:** Bademöglichkeit im See
Zufahrt: N IV AS 266 (La Carolina), Hauptstraße in La Carolina bis zum Ende, dort rechts ab (beschildert), im Ort nach dem Weg „Contadero" fragen, an der Gabelung links, bis zu dem kleinen See.

Wir stellen fest, dass die asphaltierte Straße nach ein paar hundert Metern sich im sprichwörtlichen Sand verliert, obwohl die Michelinkarte eine durchgehende Straße dokumentiert. Ein deutsches Paar, mit einem Leihwagen unterwegs, hat denselben Plan wie wir, muss aber angesichts der schlechten Wegverhältnisse auch aufgeben. Also bleiben wir an dem kleinen, einsamen See und wandern ein paar Stunden durch die reizvolle Natur. Dabei treffen wir auf ein erstaunliches Naturge-

bilde von einem **ausgewaschenen, runden Felsen**. Gegenüber liegt eine verfallene Bergarbeitersiedlung aus dem 18. Jahrhundert, als hier silberhaltige Bleierze abgebaut wurden. Zurück am Womo, wagen wir nicht, ins kühle Nass zu hüpfen, obwohl es warm genug ist, aber das Seeufer ist stark bewachsen. Der Abend klingt mit einem bescheidenen Mahl aus der Bordküche und einem guten Glas Rotwein aus.

Am nächsten Morgen ist der Himmel etwas bewölkt. Der Broteinkauf um halb acht im Ort entfällt, denn Backwaren gibt es erst ab 9 Uhr. Aber ein Brot von gestern tut es auch.

Unser Tagesziel ist der Nationalpark **Sierra de Cazorla**, eines der beliebtesten Wandergebiete Spaniens. Dafür haben wir uns eine besonders schöne Wegstrecke ausgesucht. Wir fahren zurück nach LA CAROLINA, kreuzen die N IV und nehmen die A 301 in Richtung VILCHES. Die hügelige Landschaft ist vom Olivenanbau geprägt. Eine imposante Brücke überspannt den großen Stausee ***Embalse de la Fernandina.*** Wir schauen nach Stellplätzen,aber ohne Erfolg. Wenig später überqueren wir auf einer flachen Brücke den ***Río Guadalén,*** der in den gleichnamigen Stausee, mündet. Auch hier keine Stichstraßen zum Ufer. In dem freundlichen Dorf ARQUILLOS wechseln wir auf die gut ausgebaute A 312 über. Die Landschaft ändert kaum ihr Bild, allerdings sehen wir hier mehr Wiesen. In dem idyllischen SANTISTEBAN DEL PUERTO sollte man nicht versuchen, ins *Centro* zu gelangen, es ist für Womos zu eng. Wir verfolgen die Hauptstraße und biegen noch vor dem Ortsende beim Wegweiser VILLACARRILLO nach rechts in ein Sträßchen (J 6000 / J 6080) ab. Jetzt wird die Gegend abwechslungsreicher: Berge, Wälder, Wiesen und Olivenhaine, zwischendurch immer wieder schöne Aussichtspunkte. Den ***Río Guadalimar*** überqueren wir auf einer uralten Steinbrücke, von der wir nach beiden Seiten romantische Flussauen fotografieren. Wir nähern uns der Stadt VILLACARRILLO, deren gewaltige **Kathedrale *La Asuncíon*** (16. Jahrhundert) al-

les überragt. Das goldfarbene Dach blinkt in der Vormittagssonne. Leider erweist sich das Gassengewirr der Innenstadt für WOMOs als unpraktisch, und wir finden in der Nähe der Kirche keinen Parkplatz . Wer die sehenswerte Kathedrale, die laut Baedeker eines der größten Renaissancebauwerke der Provinz Jaén darstellt, nicht auslassen möchte, findet 1000 m weiter nördlich mehr Parkraum, denn nach Durchquerung der Innenstadt werden die Straßen breiter.

Jetzt dürfen wir den braunen Wegweiser ***Sierra Las Villas*** nicht übersehen, ein weiteres Schild zeigt uns den Weg nach MOGÓN und SANTO TOMÉ an. **Genau hier trennen sich die Wege der großen und kleinen Womos.**

Die Fahrzeuge über 6 m müssen auf der N 322 geradeaus in Richtung ALBACETE weiterfahren, um nach 9,5 km rechts in die JH 7048 nach TRANCO abzubiegen. Kurz vorher lohnt sich ein kleiner Abstecher in das Bergdorf IZNATORAF mit einer sehenswerten Renaissancekirche von 1602 und einem überwältigenden Rundblick auf die ländliche Umgebung.

Über TORRES DE ALBÁNCHEZ führt eine weitere, lohnende Alternativstrecke (Umweg: 92 km), denn dort gibt es einen schönen Picknickplatz mit Trinkwasser.

WOMO-Picknickplatz: Torres de Albánchez

max. WOMOs: 3 – 4. **Ausstattung:** Tische, Bänke, Frischwasser, Grillplatz, Müllcontainer.
Zufahrt: N 322 bis Puente de Génave, rechts A 317 (auch „C 321") über La Puerta de Segura (6 km) – im Ort links haltend – 9 km bis Abzweigung, links JV 7051 nach Torres de Albánchez; 5 km weiter die „***Area Recreativa La Eremita del Campo.***

Um später auf unsere Hauptroute (***Carretera del Tranco* – A 319**) zu treffen, müssen wir diese Strecke wieder zurückfahren und auf der A 317 bzw. C 321 in Richtung TRANCO rollen. Ein kleiner Abstecher – weiter auf der A 317/C 321 – über das Dorf HÓRNOS DE SEGURA ist ratsam, denn von dem auf einem steilen Felsen errichteten Dorf hat man eine zauberhafte Aussicht auf die Seenlandschaft. Vor dem Ort parken!

Zurück nach VILLACARRILLO. Wir „Kleinen“ biegen also hier nach rechts in die mittelbreite C 323 in Richtung MOGÓN ein, Braune Schilder weisen immer wieder auf die ***Sierra Las Villas.*** Die Landschaft wird immer schöner, die bizarren Felswände der *Sierra* sind zum Greifen nahe. Die Vorfreude auf die schöne Berglandschaft wächst.

Im Ausgangsort für unsere Bergtour, MOGÓN, ist es nicht so einfach, die richtige Abzweigung zu finden. Wir rollen die Hauptstraße weiter und lassen die Ortschaft links liegen. Das Schild ***„Río Guadalquivir“*** weist nach links auf die Steinbrükke, die hier das noch idyllische Flüsschen überspannt, welches später als gewaltiger Strom ganz Andalusien durchzieht, um an der *Doñana* in den Atlantik zu münden. Vor der Brücke finden wir zwei weitere Schilder ***„Refugio Cueva del Peinero 36 km“*** und *„Camping Llanos de Soto“,* die den Reisenden verlocken sollen, hier links einzubiegen, um das Abenteuer einer der schönsten, aber auch anstrengendsten Bergtouren zu beginnen. Das braune Schild ***Sierra las Villas*** wiederholt sich.

Es muss nochmals gesagt werden, dass die 60 km lange Piste **nur für kleinere Fahrzeuge** oder Campingbusse und **nicht für ängstliche Naturen** geeignet ist. Letzte Warnung für größere Womos: Umkehren!

Die schmale, asphaltierte Straße hat keine Nummer, dafür aber weiß-gelbe Marksteine mit meist lesbaren Kilometerzahlen, über denen die Buchstaben „AMA“ stehen. Als genaue Karte empfehlen wir Editorial Alpina „Sierra de Segura II Las Villas“ - ISBN 84-8090-005-9.

Wir können nur raten, sich wegen der fehlenden Leitplanken oder sonstigen Streckensicherungen beim Fahren voll auf die Straße zu konzentrieren, dafür häufiger anzuhalten, um die berauschende Landschaft zu bewundern. Planen Sie für diese Strecke **mindestens einen ganzen Tag** ein oder besser noch:

Übernachten Sie auf dem schönen Platz am Fuße des Berges, auf dem die Berghütte ***Cueva del Peinero*** steht, etwa auf der Mitte der Route. Der schwierigste, aber auch schönste Teil ist das letzte Drittel. Diese Bergstraße ist wenig befahren und liegt abseits der Touristenrouten, wie zum Beispiel der „Carretera del Tranco" (A 319), die durch das lange Tal am gleichnamigen Stausee entlang führt.

Die kurvige Straße führt uns zu vielen herrlichen Aussichtspunkten, die man gar nicht alle aufzählen kann! Wunderschöne Vögel in gelbem, rotem, grünem Federkleid überfliegen unseren Weg. Bei Km 15,5 finden wir in einer Linkskurve einen brauchbaren Pausenplatz unter hohen Bäumen, der sich auch gut zum Übernachten eignet.

WOMO-Stellplatz: Nähe Mogón

max. WOMOs: 1 - 2.
Ausstattung: keine
Zufahrt: N 322, in Villacarillo auf C 323 nach Mogón, dort am Wegweiser „Refugio Cueva del Peinero" links Guadalquivir überqueren, auf der Bergstraße „AMA" bei Km 15,5.

3000 m weiter finden wir rechts ein einer Wegeinmündung eine Wandertafel vor, die zu einem Marsch rund um den Stausee ***Embalse de Aguascebas*** (5,5 km – 1 ½ Stunden) einlädt. Der Schotterweg führt zu einer großen Wiese, auf der man parken kann, wenn sie denn trokken ist.

Wir fahren auf der Hauptstraße wenige hundert Metern weiter, bis sich die Straße gabelt: Links geht es zu einer Siedlung und rechts zum Staudamm (*Presa).* Einen Steinwurf weiter bietet sich unter Schatten spendenden Pinien ein geräumiger Parkplatz mit einer herrlichen Aussicht auf den großen See an. Es ist früher Nachmittag und ein Bad im eiskalten Bergsee in 1000 m über NN erfrischt gewaltig.

WOMO-Wanderparkplatz: Embalse de Aguascebas

max. WOMOs: 4-5.

Ausstattung: Müllcontainer

Zufahrt: N 322, in Villacarillo auf C 323 nach Mogón, dort am Wegweiser „Refugio Cueva del Peinero" links Guadalquivir überqueren, auf der Bergstraße „AMA" bei Km 18,6, rechts vor dem Stausee.

Sonstiges: Baden möglich.

Hinter dem Staudamm (Km 19) halten wir rechts, um das herrliche Bergseepanorama zu genießen. Gegenüber ist ein großer **Picknickplatz**, der aber heute durch Tore verschlossen ist. Öffnung in der Hauptsaison? Daneben wird gerade von zwei Handwerkern das Dach eines Hauses gedeckt.

Embalse de Aguascebas

Hinter dem Stausee geht die Straße steil bergauf und kurvenreich weiter. Ab hier dürfen Fahrzeuge über 10 t nicht mehr fahren. (Wer wird auf dieser schmalen Straße so etwas wagen?) Hin und wieder kommen uns Geländefahrzeuge entgegen. Ein Jeep mit zwei jungen Frauen überholt uns an einer breiteren Stelle. Bei Km 22 treffen wir auf einige einzelne Häuser, die zum Forsthaus ***Casa forestal la Fresnedilla*** gehören. Laut Wanderkarte ist hier ein Picknickplatz, nur Tische und Bänke können wir nicht entdecken.

WOMO-Picknickplatz: Casa Forestal la Fresnedilla

max. WOMOs: 1 - 2.
Ausstattung: Müllcontainer, Frischwasser am Forsthaus erfragen.
Zufahrt: N 322, in Villacarillo auf C 323 nach Mogón, dort am Wegweiser „Refugio Cueva del Peinero“ links Guadalquivir überqueren, auf der Bergstraße „AMA“ bei Km 22.

Das Sträßchen entwickelt sich zu einer romantischen Allee. Bei Km 24 erreichen wir in 1260 m Höhe an einer Hausruine den Pass ***Collado del Lobo***.

Es geht weiter hoch bis auf 1350 m zum ***Collado Pocico***. Es folgt bei Km 26 eine Quelle mit dem Verkehrszeichen, was wir in den WOMO-Büchern dafür verwenden. Leider kommt heute kein Wasser aus dem Rohr. Dafür haben wir von hier aus einen fantastischen Blick auf die farblich einmalig gemusterten Steilwände von ***El Agrión***. Bei Km 27, immer noch auf 1360 m Höhe, geht es wieder abwärts über ein Brückchen, das über das Flüsschen ***Río Aguacebas Gil Cobo*** führt.

In einem kleinen Seitental sehen wir bei Km 29 links einen nett angelegten **Zeltplatz**, der von Wanderern kostenlos genutzt werden kann ***(Campamento de Gil Cobo)***. Ein Holzgebäude zur Versorgung ist auch da. Nur keine Zelter, dafür ist es Ende April wohl noch zu früh.

WOMO-Picknickplatz: Campamento de Gil Cobo

max. WOMOs: 2 – 3. **Ausstattung:** Tisch & Bank, Frischwasser, Müllcontainer.
Zufahrt: N 322, in Villacarillo auf C 323 nach Mogón, dort am Wegweiser „Refugio Cueva del Peinero“ links Guadalquivir überqueren, auf der Bergstraße „AMA“ bei Km 29, Wanderzeltplatz.

Wieder geht es steil bergauf und anschließend bergab, die Piste hat die Asphaltoberschicht verloren, aber der Unterbau aus grobem Schotter genügt auch fürs sichere Fahren, allerdings rappelt die Kiste ganz schön.

Endlich erreichen wir bei Km 34,2 den großen Parkplatz des ***Refugio Cueva del Peinero***, der uns in MOGÓN angekündigt wurde. Etwas weiter weg eine etwas altersschwache Picknickeinrichtung. Aber auf dem schönen Platz überrascht uns eine sprudelnde Quelle mit köstlichem Gebirgswasser.

WOMO-Picknickplatz: Cueva del Peinero

max. WOMOs: 4 – 5. **Ausstattung:** Frischwasser, Müllcontainer, etwas versteckt: Tische und Bänke.
Zufahrt: wie vor, bei Km 34,2.
Sonstiges: ideale Wanderbasis, u. a. zum Refugio Cueva Peinero

Den steilen Weg zu der verlassenen Berghütte nehmen wir als Abendspaziergang. Nach gut fünf Minuten erreichen wir die Terrasse des massiven Steinhauses, wo man notfalls auch übernachten könnte. Von hier oben haben wir in der untergehenden Sonne einen grandiosen Blick nach Westen auf die tiefe Schlucht des ***Arroyo de las Aguascebas Grande*** mit dem kleinen Wasserfall ***Cascada del Molino de Carrales*** und auf die hoch aufragenden, schroffen Felsen der Sierra. Eine ruhige Nacht liegt vor uns.

Hohlweg in der Nähe der Cueva del Peinero

TOUR 2 (60 km / 2 – 4 Tage)

Sierra de Cazorla – Tranco – Torre del Vinagre – Río Borosa

Karte siehe Tour 1!

Freie Übernachtung:	Mirador del Topaero, Bujaraiza, Las Golondrinas, Coto Rios, El Pinar, El Tobazo, Torre Vinagre, Río Borosa.
Ver-/Entsorgung:	Campingplätze
Trinkwasserstellen:	Fuente del Topaero, Fuente los Cerezos, Coto Rios, Fuente del Tobazo, Campingplätze.
Campingplätze:	Hornos de Segura; 3x Coto Rios;
Baden:	Coto Rios, El Tobazo.
Wandern:	Sierra de Cazorla, Río Borosa.
Essen:	Torre Vinagre (Biergarten am Río Guadalquivir)

Am nächsten Morgen fahren wir auf dem Bergstäßchen nach 800 m durch zwei senkrechte, hohe Steilwände, wo wir förmlich Angst haben müssen, sie würden zusammenfallen und unser Fahrzeug begraben (s. Foto S.27). Von der anschließenden Allee auf einem Damm gibt es von vielen Punkten fantastische Ausblicke auf die traumhaft schöne Gebirgslandschaft.

Zwei Kilometer weiter öffnen sich an einem Bachlauf große Naturwiesen in saftigem Grün. Bei Km 40 kommt der Pass ***Collado del Ojuelo*** (1120 m) mit einem Berghof, auf dem eine

junge Frau eine Schafherde hütet. Welch ein friedliches Bild! Eine Quelle zum Wasserfassen ist auch da.

Ab Km 43 kommen aus dem holperigen Grobschotter wieder Ansätze von Asphalt zum Vorschein, aber zum Schnellfahren reicht er nicht; wir kommen etwa 10 km pro Stunde voran. Das mag natürlich auch an den vielen Fotostopps liegen, aber wir fahren ja keine Bergrallye. 1300 m weiter passieren wir das auf der Michelinkarte vermerkte Forsthaus ***Casa Forestal de Carrales.*** Bei Km 46,8 ist wieder ein ganz tolles Bergpanorama zu bewundern, hoch oben eine Art riesige Felshöhle in vielen Farben. 1300 m weiter kommt der wohl letzte Pass, der ***Collado Agua de los Perros*** auf 1200 m Höhe, gefolgt von einem der schönsten Aussichtspunkte des Naturparks, dem ***Mirador del Topaero*** (oder „Tabadero“) an der Kante einer schwindelerregenden Felswand, die allerdings durch Geländer geschützt ist. Andächtig schauen wir auf das traumhaft schöne Panorama. Beinahe hätte ich vor lauter Ergriffenheit vergessen, Fotos für dieses Buch zu schießen. Auf der kleinen Rundschleife kann man ganz gut parken, ja auch übernachten. Wir sind hier weit und breit die einzigen menschlichen Wesen, deshalb würde eine Übernachtung niemand stören.

WOMO-Stellplatz: Mirador del Topaero

max. WOMOs: 1 – 2. **Ausstattung:** Frischwasser 200 m weiter an der Fuente del Topaero.
Zufahrt: N 322, in Villacarillo auf C 323 nach Mogón, dort am Wegweiser „Refugio Cueva del Peinero" links Guadalquivir überqueren, auf der Bergstraße „AMA" bei Km 48,1.
Sonstiges: Hier kann man notfalls wenden. **Letzte Chance!**

Nachdem wir uns an dieser fantastischen Aussicht sattgesehen haben, wagen wir uns an die Abfahrt. Bis zu der Quelle ***Fuente los Cerezos*** bei Km 53,2 ist das Gefälle noch mininmal. Hier könnten wir Wasser abfüllen, aber wir sind noch gut versorgt. Jetzt geht die Fahrt in äußerst engen Serpentinen mit 10 Spitzkehren nur noch abwärts, immer eine tolle Berglandschaft vor Augen, aber nur für die Beifahrer, denn **der Fahrer muss sich nun voll auf die schmale Straße konzentrieren. Schritttempo sei angeraten!** Wir haben höchstens den zweiten Gang drin, manchmal sogar den ersten. Ausgerechnet hier kommt uns ein verdutzter Bergbauer mit seinem Traktor entgegen, aber das Ausweichmanöver mit dem erfahrenen Einheimischen klappt ganz gut.

Nach 60 km schwieriger Bergfahrt erreichen wir die breite Hauptstraße JH 7048 und biegen rechts ab. Wir schauen zurück: Die Einfahrt in die kleine Bergstraße „AMA" ist völlig un-

auffällig beschildert: „Charco del Aceide“. In wenigen Minuten sind wir am Staudamm des ***Embalse del Tranco***. In dem Örtchen TRANCO gibt es einige Touristenläden und Restaurants.

Wer spät unterwegs ist, findet in der Nähe einen einfachen Campingplatz.

WOMO-Campingplatz-Tipp: Hornos de Segura (Montillana)

Öffnungszeiten: 1.4. - 30.9. **Ausstattung:** 3. Kat., wenig Schatten; Laden; Gaststätte; Pool; Ver- und Entsorgung; nächster Ort: 10 km; Preis: 10,50 €/Nacht.

Zufahrt: A 319 von Tranco in Richtung Hornos de Segura, 10 km.

In TRANCO stoßen die großen WOMOs wieder auf unsere Route. Wir halten uns rechts in Richtung CAZORLA und fahren über die beampelte *Presa* (Staumauer) auf die andere Uferseite, wo die bekannte ***Carretera del Tranco*** (A 319) bei Km 74 beginnt. Früher gab es hier eine andere Km-Zählung.

Wasser gibt es an dieser Straße sehr häufig, so zum Beispiel bei Km 64,6. Nach 600 m folgt ein Zeltplatz auf der rechten Seite, allerdings mit einem WOMO schlecht zu entern, da die Auffahrt ausgewaschen ist und dicke Felsen dem Fahrzeugboden zu nahe kommen könnten.

Aber 8 km weiter finden wir einen brauchbaren Stellplatz in der Nähe der Straße.

WOMO-Stellplatz: Paraiso de Bujaraiza

max. WOMOs: 6 – 8. **Ausstattung:** Frischwasser (an der Straße), Müllcontainer, Restaurant „Pajarito" nur in der Hauptsaison geöffnet.
Zufahrt: A 319 bei Km 56, südlich von Tranco, „Parque Cinegético".
Sonstiges: Baden im Fluss möglich; starker Wochenendbetrieb.

Kurz vor dem Ort COTORRÍOS (oder „COTO RÍOS") steuern wir – der Entsorgung wegen – einen Campingplatz an, der direkt am Ufer des hier noch schmalen Guadalquivir liegt.

WOMO-Campingplatz-Tipp: Fuente de la Pascuala

Öffnungszeiten: 1.2. - 30.11. **Ausstattung:** 3. Kat., viel Schatten; Laden; Gaststätte; Pool; Ver- und Entsorgung; einfache, aber saubere Sanitäranlagen; Preis: 13 €/Nacht; nächster Ort: Coto Ríos 1,6 km;
Zufahrt: A 319 bei Km 55, beschildert.

Nach der anstrengenden Bergtour von MOGÓN nach TRANCO haben wir uns einen Ruhetag verordnet. Dafür wird die Gegend per Fahrrad erkundet. Auf der ***Carretera del Tranco*** strampeln wir in Richtung CAZORLA und finden nach 1000 m die *Area recreativa las Golondrinas* direkt am Guadalquivir.

WOMO-Picknickplatz: Las Golondrinas

max. WOMOs: 1 - 2. **Ausstattung:** Tisch & Bank, Frischwasser an der Fuente de la Tobilla, Müllcontainer, Restaurant in der Nähe.
Zufahrt: A 319 bei Km 54, am Guadalquivir.

Den am anderen Flussufer liegenden Campingplatz „Rural *Llanos de Arance*" (11,34 €/Nacht) erreicht man über ein Brückchen. Der Platz macht einen ordentlichen Eindruck und verfügt über ein gemütliches Restaurant mit zivilen Preisen.

100 m weiter auf der A 319 radeln wir an dem einzeln stehenden Restaurant *„La Golondrina" vorbei,* es hat aber keinen Parkplatz für WOMOs. Bei Km 53,2 rauscht rechts ein kleiner Wasserfall, gegenüber lockt die Einfahrt zu dem Dorf COTO RÍOS und zum nächsten Campingplatz namens *„Camping Chopera Coto Rios".* Eine flache Brücke führt über den **Guadalquivir,** kurz dahinter finden wir am Ufer einen schönen Stellplatz.

WOMO-Stellplatz: Coto Ríos

max. WOMOs: 3 – 4. **Ausstattung:** Müllcontainer, Imbiss
Zufahrt: A 319 bei Km 53,2 in Richtung Coto Rios, hinter der Brücke
Sonstiges: Baden im Río Guadalquivir möglich;

Im Dorf selbst kommt nach der Rechtskurve das Restaurant *„Los 11 Hermanos“*. Gegenüber können wir gut parken.

Zurück auf der Hauptstraße folgt bei Km 51,1 wieder ein Picknickplatz, ausgerechnet vor den zwei Restaurants *„El Pinar“* und *„Mirasierra“*, wo man auch trefflich speisen kann.

WOMO-Picknickplatz: El Pinar

max. WOMOs: 2 - 3. **Ausstattung:** Tisch & Bank; schattig; Frischwasser; Müllcontainer; zwei Restaurants. Übernachtung kann zu Protesten der Hotelbesitzer führen, wenn man nicht einkehrt.
Zufahrt: A 319 bei Km 51,1 (2 km südlich von Coto Ríos).

Ein paar hundert Meter weiter schließt sich der nächste Gourmettempel *(„San Fernando“)*, sogar mit Swimming Pool, an. Und so geht das weiter, obwohl die Gegend immer noch sehr rustikal wirkt.

Interessant wird es bei Km 49,3, denn dort ist das Flussfreibad *„El Tobazo“* mit einem Budencafé und vielen Picknickmöbeln. Das Tor vor der nicht allzu steilen Abfahrt ist allerdings verschlossen und wird wohl nur zur Badesaison geöffnet sein. Aber ein toller Platz für Reisemobile.

WOMO-Badeplatz: El Tobazo

max. WOMOs: 5-6. **Ausstattung:** Tisch & Bank; Frischwasser; Imbiss; Freibad im Fluss; Müllcontainer.
Zufahrt: A 319 bei Km 49,3.
Besonderheit: Das eingezäunte Gelände am Flussufer kann nur in der Hauptsaison angefahren werden.

Besucherzentrum Torre Vinagre

Endlich – nach einer anstrengenden Berg- und Talfahrt von 7 km auf dem Fahrrad – erscheint bei Km 48,2 das imposante Gebäude der Touristeninformation ***Torre Vinagre*** (Essigturm), die von der Firma „Quercus" geführt wird und neben dem Verkauf von Karten und Souvenirs ein kleines Museum unterhält. Öffnungszeiten: 10.30 – 14 Uhr und 16 – 19.30 Uhr. Die Wanderkarten der Marke „Editorial Alpina" im Maßstab 1 : 40.000 sind hervorragend. Es gibt deren drei, jeweils mit Begleitheft über Offroad-Touren (auf spanisch „4x4") und Wanderwege, allerdings eines nur in englischer (ISBN 84-8090-065-2), die beiden anderen in spanischer Sprache (ISBN 84-8090-005-9). Es soll aber alle drei auch in deutsch geben, nur vorrätig sind sie hier und heute nicht. Zuhause wird man die Karten in jeder Buchhandlung bestellen können.

Hier bietet ein großer Parkplatz auch Raum für etliche WOMOs an, zwei deutsche stehen schon da.

WOMO-Stellplatz:
Torre del Vinagre

max. WOMOs: 5 – 10.
Ausstattung: Müllcontainer, Tourist Infostelle „Quercus"
Zufahrt: A 319 bei Km 48,2; Parkplatz am Torre del Vinagre.
Sonstiges: betriebsamer Parkplatz, daher nur für den Notfall.

Genau gegenüber dem ***Torre Vinagre*** geht die Straße ab zum ***„Río Borosa"***, unser Wanderziel für morgen. Die Wegweiser lauten auf *„Central Electrica"* und *„Lomo de Mariangela"*. Wir testen die Strecke schon mal per Fahrrad an. Nach 300 m liegt in einer scharfen Linkskehre eine Art **Biergarten** mit preisgünstiger Vollverpflegung, der aber gerade zur Gänze von zwei bis drei lärmenden Schulklassen okkupiert ist. Daneben schließt sich ein Picknickplatz *(Area Recreativa Puente Badén Piscifactoria")* an, allerdings ohne nennenswerte Parkmöglichkeit. Eine geländerlose Brücke führt über den *Río Guadalquivir* zu einem Reitstall und später zur ***Piscifactoria***, was nicht etwa Fischfabrik, sondern eher Fischzuchtbetrieb bedeu-

tet, in der Forellen bis zur Schlachtreife wie am Band produziert werden. Dahinter radeln wir an den rauschenden Wasserbecken vorbei, nicht ohne kurz vorher den großen Parkplatz am *Centro de Interpretación Fluvial Río Borosa* zu inspizieren, auf dem bequem 30 – 40 Reisemobile Platz hätten. Als „Parkplatzwache" fungieren zwei Pferde und ein Esel.

WOMO-Wanderparkplatz: Río Borosa

max. WOMOs: 30 – 40. **Ausstattung:** Müllcontainer, Biergarten in der Nähe (1000 m), „Centro de Interpretación Fluvial Río Borosa"
Zufahrt: A 319 bei Km 48,2 links ab WW „Central Electrica", 1300 m .
Sonstiges: Der hintere Teil des Parkplatzes ist schattig und ruhiger.

Hinter der Forellenproduktion fließt der ***Río Borosa***, den wir überqueren. Rechts finden wir einen weiteren, allerdings kleineren Parkplatz vor, der notfalls auch als **Stellplatz** zu verwenden ist. Allerdings: An Wochenenden wird hier viel los sein, denn diese herrliche Wanderstrecke gilt zu Recht als eine der beliebtesten in der Sierra de Cazorla.

In aller Frühe wechseln wir mit unserem Campingbus zu diesem Tagesparkplatz über, der um diese Zeit bis auf einige PKWs leer ist. Wir freuen uns auf einen der schönsten Wanderwege Andalusiens, einen sogenannten „Klassiker". Die morgendliche Kühle ist uns gerade recht, denn so werden wir gut vorwärts kommen. Der für Autos gesperrte Weg beginnt am Ende des Parkplatzes an der Kette. Unsere **Ausrüstung** haben wir sorgfältig zusammengestellt: Wanderstiefel und -stöcke, Tagesproviant, Trinkflasche (wird gleich mit Quellwasser gefüllt), Regenzeug, Ersatzwäsche, Pullover, Taschenlampe, Trillerpfeife und Handy für den SOS-Fall, Wanderkarte und Kompass.

Wanderung zur Laguna de Valdeazores (22 km / 7 Std.)

Nach 400 m füllen wir unsere Trinkflaschen an der *Fuente de los Astilleros* mit köstlichem Quellwasser auf. Der breite Fahrweg führt nach 22 Minuten über eine Steinbrücke, hinter der wir nach links schwenken und folgen dem hölzernen Wegweiser „*Laguna de Valdeazores* 3½ horas“. (Rechts geht's auf den Europaweg 4 / GR 7.)

Nach einer Viertelstunde folgt der Abzweig zur ***Cerrada de Elias,*** dem ersten Höhepunkt der Wanderung. Hier muss man aufpassen, denn der verwitterte Holzwegweiser steht etwas verdeckt und ist leicht zu übersehen. Die *Cerrada de Elias* ist eine malerische Schlucht, durch die der Río Borosa rauscht, manchmal durch kleine Felseninseln unterbrochen, auf denen wir uns beim Rückweg ausruhen und die Füße im Wasser baumeln lassen wollen. Wir überqueren den idyllischen Fluss mehrmals auf schmalen Brückchen, bis wir zum schönsten Teil des Weges kommen. Ein Holzsteg, der an den senkrechten Felswänden angebracht ist, führt uns durch den zerklüfteten Engpass. Direkt unter uns braust gurgelnd das eiskalte Wasser des ***Rìo Boroza.*** Dieses einmalige Schauspiel können wir

einige hundert Meter lang genießen, bis wir über sechs abwärts führende Steinstufen wieder auf den breiten Schotterweg stoßen, der jetzt stärker ansteigt und uns wenig später an einer riesigen grünen Wiese vorbeiführt.

Bisher ist der Río noch ruhig, wird aber zunehmend wilder. Die klobigen Felsen im Bett schaffen immer wieder neue Eindrücke. Forellen springen die Felsstufen hoch, um zu ihrem Laichgebiet zu kommen. Der Fluss wird mehrmals überquert, die berauschende Landschaft wechselt ebenfalls häufig ihren Charakter. Man kann die Schönheit nur durch Bilder darstellen.

Nach **1** ½ Stunden Wanderzeit erreichen wir am alten Elektrizitätswerk *„Central Electrica"*das Ende der Offroadpiste. Hier gibt es wieder frisches Quellwasser – das letzte Mal vor der *Laguna de Valdeazores.* Wir lassen das Gebäude links liegen und stoßen auf einen alpinen Pfad, der nach oben führt. Jetzt sehen wir im mehrere hundert Meter hohen Steilhang die dicken Rohre, die die Wassermassen in die Turbinen des E-Werkes leiten.

Jetzt ist Schluss mit lustig, denn der Steig geht vor dem ***Picón del Haza*** (1504 m) steil aufwärts. Wir passieren die Wasserfälle ***Salto de los Órganos***, die aber zur Zeit unter Wassermangel leiden und nur dünne Rinnsale zeigen (2 Stunden).

Der Weg hinauf zu dem Tunneleingang wird immer anstrengender. Von unten können wir schon die Felsenfenster in der gigantischen Steilwand erkennen, die etwas Licht in den dunklen Stollen bringen sollen. Nach einer halben Stunde erreichen wir schwitzend und schnaufend den Eingang der Röhre. Drinnen läuft ein kleiner, aber rasant fließender Kanal neben dem schmalen Pfad entlang. An einigen Stellen ist stockdunkle Nacht, so dass wir unsere Taschenlampe hervorkramen müssen. Zwei spanische Bergsteiger kommen uns auf dem engen Weg entgegen. Sie warnen uns davor, im Dunkeln den Kopf an den niedrigen Felswänden zu stoßen. Sie empfehlen uns, nach dem zweiten Tunnel am Stausee rechts über die *Presa* (Staumauer) zu gehen, um zur ***Laguna de Valdeazores*** zu kommen. Kurz darauf stoße ich mir – trotz Taschenlampe – den Kopf an dem Felsen in der 250 m langen Röhre.

In gleißendem Sonnenschein verlassen wir den Tunnel, den reißenden Wasserkanal immer noch neben uns. Wenig später folgt der zweite, allerdings wesentlich kürzere Tunnel, in dem es aber auch finster ist. Kurz vor zwölf erreichen wir den ersten Stausee ***Embalse de los Órganos***, der auch ***Nacimiento de Aguas Negras*** ge-

nannt wird – wegen des schwarz erscheinenden Wassers. Ein wunderschönes Bild der Ruhe! Nach 1200 m auf einem breiten, fast ebenen Weg sind wir am Ziel, der ***Laguna de Valdeazores***. (3 ¼ Std.)

Der stille See, auf dem sich allerlei Entenarten vergnügen, ist von einem breiten Schilfgürtel eingerahmt. Große Pause! Alle Sachen sind schweißnass, weshalb Wäschewechsel angesagt ist. Beim Aufbruch treffen wir auf ein Berliner Wanderpaar, auch Wohnmobilfahrer, die auf dem gleichen Stellplatz wie wir übernachten wollen.

Der Rückweg ist identisch mit dem Hinweg und geht naturgemäß schneller vonstatten. Statt dem breiten Weg zu folgen, gehen wir geradeaus die sechs Steinstufen hinauf und können noch einmal die ***Cerrada de Elias*** genießen. Inzwischen ist es in der Klamm etwas belebter geworden; Familien lagern auf den kleinen Inseln, Kinder planschen in ruhigen Wasserstellen. Der schmale Pfad führt uns wieder auf den breiten Schotterweg. In einer Dreiviertelstunde sind wir am Parkplatz, der inzwischen wohl gefüllt ist. (7 Stunden)

Mit meinen neuen Wanderschuhen habe ich an beiden Füßen dicke Blasen „erzeugt", die erst einmal im schattigen Womo versorgt werden müssen. Ein kühles Getränk wirkt dabei Wunder. Wir wechseln den Standort zum *Aparcamento de Río Borosa,* der ca. 500 m vor dem Wanderausgangspunkt liegt. Dieser Parkplatz ist erheblich größer und bietet Schatten. Auch das Berliner Ehepaar, das wir an der *Laguna de Valdeazores* kennen gelernt haben, gesellt sich wenig später dazu und richtet sich ebenfalls für die Nacht ein. Da wir zu müde zum Kochen sind, radeln wir zu dem Gartenlokal 1000 m zurück und genießen für 7 € eine Art Zickleingulasch. Anschließend setzen wir uns mit den Berlinern zusammen und lassen plaudernd den Tag bei einigen Gläsern Rotwein ausklingen.

Unsere Gesprächspartner erzählen, wie sie kürzlich Opfer

von Dieben geworden sind. In Madrid hatten sie ihren VW-Bully in einer Seitenstraße in Bahnhofsnähe geparkt, einen Parkschein am Automaten gezogen und diesen vorschriftsgemäß hinter die Frontscheibe gelegt. Als sie nach drei Stunden von der Stadtbesichtigung zurückkehrten, war das Fahrzeug vollständig ausgeräumt. Die gesamte Ausrüstung für einen langen Spanienurlaub war verschwunden, sogar Proviant- und Weinvorräte! Das war mehr als ärgerlich, aber mit dem Parkschein hatte man es den Spitzbuben wirklich zu leicht gemacht, denn er verriet ihnen schließlich genau, wie viel Zeit sie zum Autoknacken hatten. **Deshalb raten wir immer wieder, das Reisemobil in Großstädten nicht längere Zeit unbewacht abzustellen.** Von den Stadt-Campingplätzen gibt es meist gute Bus- oder S-Bahnverbindungen in die City.

Sierra de Cazorla: Río Borosa

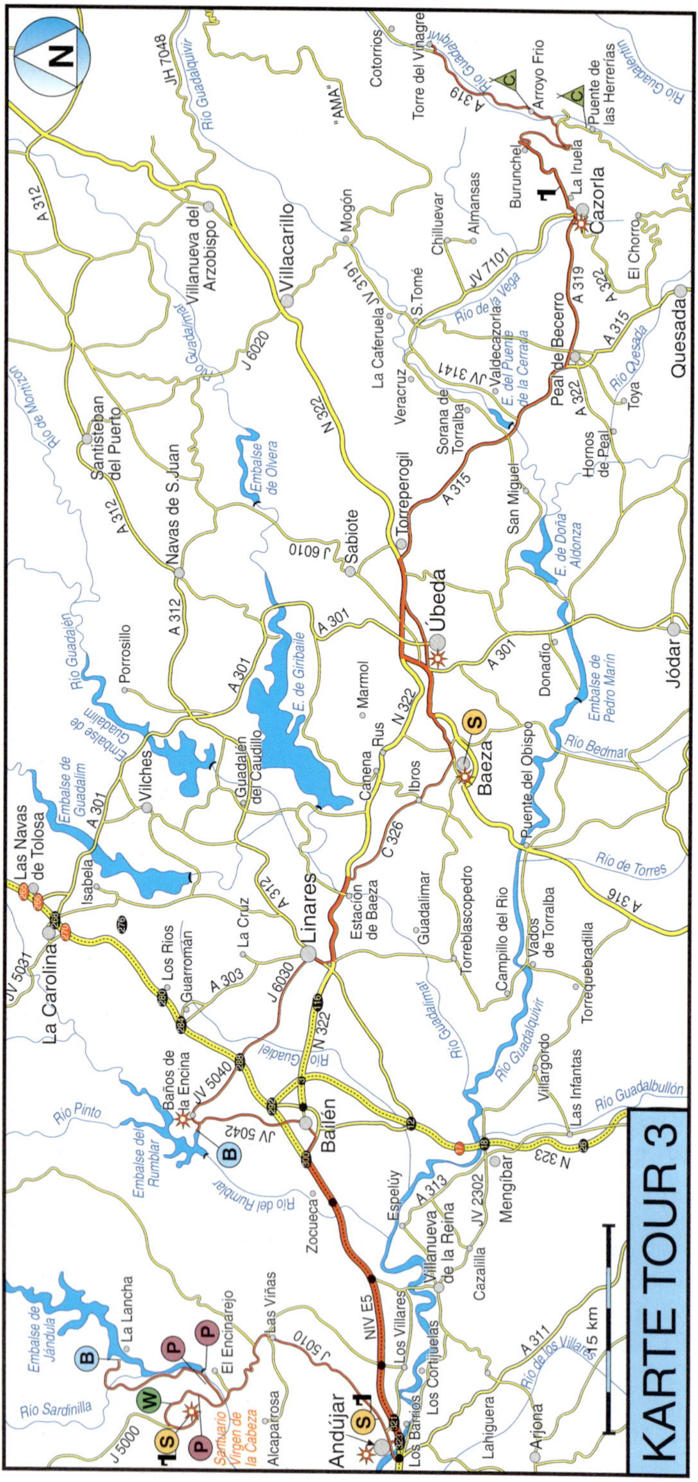
KARTE TOUR 3
N
5 km
Andújar
Los Barrios
Los Cortijuelas
Los Villares
Villanueva de la Reina
Espelúy
Zocueca
Bailén
Mengíbar
Cazalilla
Lahiguera
Arjona
Alcaparrosa
Santuario Virgen de la Cabeza
El Encinarejo
Las Viñas
La Lancha
Embalse de Jándula
Río Sardinilla
Embalse del Rumblar
Río del Rumblar
Río Pinto
Baños de la Encina
La Carolina
Las Navas de Tolosa
Isabela
Los Rios
Guarromán
La Cruz
Linares
Estación de Baeza
Guadalimar
Torreblascopedro
Campillo del Rio
Vados de Torralba
Torrequebradilla
Villargordo
Las Infantas
Río Guadalbullón
Río Guadalquivir
Río Guadalimar
Río Guadiel
Embalse de Guadalim
Embalse de Guadalim
Río Guadalén
Porrosillo
Vilches
Guadalén del Caudillo
E. de Giribaile
Marmol
Canena
Rus
Ibros
Baeza
Puente del Obispo
Río de Torres
Río Bedmar
Jódar
Donadío
Embalse de Pedro Marín
E. de Doña Aldonza
Úbeda
Sabiote
Torreperogil
Navas de S. Juan
Santistéban del Puerto
Río de Montizón
Embalse de Olvera
Villacarrillo
Villanueva del Arzobispo
Río Guadalquivir
Mogón
"AMA"
La Caferuela
Veracruz
S. Tomé
Sorana de Torralba
San Miguel
Hornos de Peal
Toya
Peal de Becerro
Valdecazorla
E. del Puente de la Cerrada
Río de la Vega
Chilluevar
Almansas
Quesada
Río Quesada
El Chorro
Cazorla
La Iruela
Burunchel
Puente de las Herrerías
Arroyo Frio
Torre del Vinagre
Cotorrios
Río Guadalquivir
Río de los Villares
A 312
A 301
A 303
A 313
A 311
A 315
A 316
A 319
A 322
JH 7048
JV 5031
JV 5040
JV 5042
JV 2302
JV 3191
JV 7101
JV 3141
J 5000
J 5010
J 6030
J 6010
J 6020
N 322
N 323
NIV E5
C 326
S
B
P
W
C
1

TOUR 3 (196 km / 3 - 4 Tage)

Cazorla – Úbeda – Baeza – Linares – Baños de la Encina – Embalse del Rumblar – Andújar – Embalse del Jándula – Santuario de la Cabeza

Freie Übernachtung:	Baeza; Andújar, Embalse del Rumblar, 2x Río Jándula, Embalse de El Encinarejo, Virgen Doña Rosa, El Jabali, Santuario Virgen de la Cabeza.
Ver-/Entsorgung:	Campingplätze
Trinkwasserstellen:	Nähe Cazorla, Santuario Virgen de la Cabeza, Andújar.
Campingplätze:	Arroyo Frío, Puente de las Herrerías (im Text erwähnt).
Baden:	Embalse del Rumblar, Embalse de El Encinarejo.
Besichtigen:	Cazorla, Úbeda, Baeza, Baños de la Encina, Andújar, Santuario Virgen de la Cabeza.
Wandern:	El Jabali, Santuario Virgen de la Cabeza.
Essen:	Restaurant „El Tropezon“, Andujar.

Heute wollen wir nach CAZORLA. Die Fahrt nach Süden auf der ***Carretera del Tranco*** (A 319) geht zunächst flott voran. Je mehr wir uns der „Hauptstadt“ nähern, um so touristischer zeigt sich die ***Sierra Cazorla***. Offenbar ist heute, am 1. Mai, Eröffnung der Zelt- und Wandersaison, denn es kommen uns viele Fahrzeuge mit Campinggepäck entgegen. Stellplätze in der Nähe der Straße gibt es so gut wie nicht mehr, denn die Polizei verscheucht – wie wir hören – alle Reisemobilisten. Bei Km 45,2 folgt die einzige Tankstelle an dieser Straße. 4000 m weiter überqueren wir den Río Guadalquivir wieder einmal, hier ein zahmes Flüsschen noch.

Die A 319 wird jetzt etwas enger, so dass Begegnungen mit Bussen und Trucks schon große Wachsamkeit des Fahrers erfordern. Besonders reizvoll wirkt die *Carretera del Tranco* an den Stellen, wo sie als Allee angelegt ist. In den kleinen Orten wird der berühmte **Cazorla-Schinken** angeboten, der angeblich genauso gut wie der aus Jabugo, dafür aber billiger ist. Es folgt ein typischer Touristenort: ARROYO FRÍO. Das muntere Treiben erinnert stark an die österreichischen Wanderorte. Hier gibt es auch den ganzjährig geöffneten Campingplatz „Los Enebros“ der 2. Kategorie; Tel. 953 727 110; Preis 17,70 €/Nacht.

An der Gabelung bei Km 32 geht es links zu einem weiteren Campingplatz am *Puente de las Herrerías,* zu einem Picknickplatz und zum Parador-Hotel, wir biegen aber der Hauptstraße folgend nach rechts ab. Von VADILLO CASTRIL gehen schöne Wanderwege, z. B. in die ***Cerrada del Utrero*** (vgl. H. Dumler „Andalusien" Nr. 29), sowie mehrere Mountainbikepisten ab.

Bei Km 28,2 sehen wir von dem 1183 m hohen Pass ***Puerto de las Palomas*** die Folgen eines Dramas der hiesigen Wälder. Mehrere Quadratkilometer verkohlte Pinien sind gewiss kein erfreulicher Anblick. Auf der gegenüberliegenden Seite des Passes haben wir von einem kleinen Rastplatz aus einen herrlichen Weitblick auf die Berge mit Olivenhainen, so weit das Auge reicht.

Ab BURUNCHEL, wo wir beim Tanken unsere Berliner Freunde treffen, wird die Straße breiter, bis CAZORLA in Sicht kommt. 2 km davor liegt LA IRUELA mit der Burgruine auf dem spitzen

Felsen, ein schönes Bild! Eine **Quelle** gibt es an der A 319 bei Km 18,3.

In CAZORLA, etwas außerhalb des Naturparks gelegen, geraten wir in einen dicken Stau. Nichts geht mehr, weil ein Trauerzug mitten durch die Innenstadt zieht. An Parken ist gar nicht zu denken, denn alles ist total verstopft. Um das hübsche Städtchen dennoch besichtigen zu können, möchten wir den örtlichen Campingplatz „San Isico", 1400 m westlich der Festung, aufsuchen. Aber wir haben Pech auf der ganzen Linie:

Der Campingplatz kann wegen der steilen Zufahrt von Womos und Gespannen nicht angefahren werden. Also rollen wir ins Städtchen zurück und finden, von der A 319 kommend, kurz hinter dem Ortseingang einen kleinen Parkplatz, der aber für eine Übernachtung nicht geeignet ist.

Neben einigen Kirchen aus dem 17. Jahrhundert und anderen sehenswerten Barock- und Renaissancebauten sowie der pittoresken **Plaza Santa María** sollte man im Süden der Stadt die gut erhaltene Festung **La Yedra** (9. / 14. Jh.), in der das **Museo del Alto Guadaquivir** untergebracht ist, nicht versäumen. Weiter südlich liegt in 800 m Luftlinie die zweite Burg von CAZORLA, das ***Castillo de Cinco Esquinas y de Salvatierra***, auf einem 1178 m hohen Berg, der erwandert werden muss. In der *Casa de Cultura, Paseo de Santo Cristo 17* ist die **Tourist Info** beherbergt, die aber nur im Sommer geöffnet ist. Die Organisation *„Quercus"* (ganzjährig) vermittelt geführte Touren und erteilt Auskünfte an der *Plaza de la Constitución*. Selbst eine Stierkampfarena gibt es in diesem Städtchen. CAZORLA ist kein Ort für Reisemobilisten, eher für Autofahrer, die in den zahlreichen Hotels und Pensionen übernachten wollen. Deshalb verlassen wir schon bald die Stadt und gelangen über A 319, A 315 und N 322 in einer knappen Stunde nach ÙBEDA, einer der Hochburgen andalusischer Renaissance. Wir nehmen von der N 322 die erste Zufahrt .

Fast alle Sehenswürdigkeiten sind im Südosten von ÚBEDA rund um die ***Plaza Vázquez de Molina*** angeordnet. Wir finden einen etwas schrägen Parkplatz in der *Prior Monteagudo*, nachdem wir den Wegweisern „*Centro*" und „*Oficina de Turismo*" gefolgt sind. Einige Schritte bergauf und wir können die Pracht-

Úbeda: Sacra Capilla del Salvador

bauten spanischer Baukunst bewundern: Die Kirchen **Sacra Capilla del Salvador, Santa María de los Alcázares**, die Paläste **Las Cadenas, Francisco de los Cobos, Parador Nacional Condestable Dávalos** und **Marqués de Mancera**. In ÚBEDA kann man je nach Kunstinteresse viele Stunden mit Besichtigungen verbringen. Aus Platzgründen verzichten wir auf die detaillierte Beschreibung der zahlreichen Sehenswürdigkeiten. Die empfohlenen Reiseführer (s. „Literatur") würden hier beispielsweise gute Dienste leisten.

Zweite Renaissance-Hochburg ist die Nachbarstadt BAEZA, auf der A 316 nur 9 km westlich von ÚBEDA. Wir nehmen die erste Abfahrt und biegen vor der Altstadt nach links in die *Avenida de Baldomero Rubio* ab und parken unter jungen Bäumen an der ***Plaza de Toros***. Der ruhige Platz vor der Stierkampfarena lädt auch zum Übernachten ein.

WOMO-Stellplatz: Baeza (Plaza de Toros)

max. WOMOs: 8 - 10. **Ausstattung:** Müllcontainer
Zufahrt: N IV / E 5, AS 292, N 323 / N 322 oder von Úbeda A 316 (s. o.)
Sonstiges: Altstadt mit vielen Restaurants zu Fuß erreichbar.

Eine Parkmöglichkeit in der Innenstadt ist wochentags auf dem ***Paseo de la Constitución***, Verlängerung der ***Plaza de España***, zu finden. Von dieser gepflegten Grünanlage im Zentrum der Stadt beginnen wir unseren Rundgang durch eine Wunderwelt der Gotik und Renaissance. Wie in ÚBEDA können hier kunsthistorisch Interessierte tagelang Besichtigungen machen. Begnügen wir uns mit den Highlights: Auf der viel fotogra-

fierten ***Plaza del Pópulo***, die sich südlich dem *Paseo de la Constitución* anschließt, finden wir die ***Fuente de los Leones*** (Löwenbrunnen), die ***Antigua Carnicería*** (Alte Fleischerei), vor Kopf die ***Casa del Pópulo*** (Gericht, heute **Tourist Info**) und die ***Puerta de Jaén*** mit dem ***Arco de Villalar.*** Wir gehen links des Gerichts durch die Gasse *Romanones* zur ***Plaza Santa Cruz***, die von mächtigen Prachtbauten umgeben ist: dem **Universitätsgebäude (1542)**, dem ***Palacio de Jabalquinto*** (15. Jh.) und der spätromanischen Kirche ***Santa Cruz.*** Ein paar Schritte weiter schließt sich die ***Plaza Santa María*** mit der gewaltigen maurisch-gotischen **Kathedrale** gleichen Namens (13. / 16. Jh.) an, davor plätschert der Brunnen ***Fuente de Santa María***, der wie ein kleiner Triumphbogen aussieht. Es gäbe noch viel zu sehen, aber für heute ist unser Hunger nach Historie erst einmal gedeckt, denn

unser Magen meldet sich. Nachdem wir in einem der zahlreichen Straßenrestaurants gut und preiswert gegessen haben, wandern wir durch die *Calle de San Pablo* in Richtung ***Plaza de Toros*** zu unserem Stellplatz und verbringen eine ungestörte Nacht.

Unser nächstes Ziel ist BAÑOS DE LA ENCINA, ein mittelalterliches Städtchen, in dem die Zeit stehen geblieben scheint. Wir orientieren uns auf C 326 und N 322 über IBROS nach LINARES und durchqueren die Bergbaustadt, in der es einige

wenige Sehenswürdigkeiten gibt, und fahren auf der J 6030 in Richtung BAÑOS DE LA ENCINA. Nach Querung der N IV rollen wir auf der JV 5040 unserem Tagesziel entgegen. Auf der 6 km langen Zufahrtsstraße halten wir immer wieder an, weil der Fernblick auf diese kleine Festungsstadt mit der mächtigen Burgruine auf der Spitze uns fasziniert. Rechts der Straße fährt ein Bauer gerade die erste Getreideernte des Jahres ein, zur Linken hackt ein anderer den Boden der Obstplantage locker.

In BAÑOS DE LA ENCINA angekommen, fahren wir durch das Gassengewirr mit unserem schlanken Reisemobil frech bis vor die Burg, indem wir uns immer nach dem Wegweiser

„Castello“ richten. (Die Eigner größerer Fahrzeuge können auf einem geräumigen Parkplatz an der Bushaltestelle – es gibt nur eine im Ort – halten.) Während wir etwas ratlos vor der mächtigen maurischen Burgruine stehen, hören wir einen schrillen Pfiff aus einer Ecke der Vorplatzes und entdecken einen alten Mann, der mit einem dicken Schlüsselbund in der Hand klingelt. Wir signalisieren Zustimmung und schon wird das große Burgtor mit einem riesigen Schlüssel für uns geöffnet. Der freundliche Burgwärter mit dem faltigen, von der Sonne gegerbten Gesicht, überschüttet uns mit einem Redeschwall – in spanisch natürlich. Wir verstehen soviel, dass die gigantische Burganlage mit 14 Türmen von dem maurischen Fürsten El Hakim vor mehr als 1000 Jahren (genau: 357 – 967

Baños de la Encina: Festung Burgalimar

n. Chr.) gebaut wurde. Mit erstaunlicher Behändigkeit wieselt der Alte die geländerlosen Treppen hinauf und animiert uns, es ihm gleich zu tun. Wir turnen ein wenig auf den Treppen und Wehrgängen im Inneren der **Festung *Burgalimar*** herum, da entdecke ich eine Treppe im Hauptturm ***Torre de Homenaje***. Da Gudrun öfter klaustrophobische Anwandlungen hat, schnaufe ich allein die stockdunkle Wendeltreppe hinauf. Von der Plattform auf der Spitze habe ich einen traumhaften Rundblick und lasse den Auslöser der neuen Digitalkamera rattern.

Im Norden – zum Greifen nahe – liegt der tiefblaue Stausee ***Embalse de Rumblar***, umgeben von einer wilden Wald- und Karstlandschaft. In der quälenden Mittagshitze klickt es sofort bei mir: Zu diesem See müssen wir hin!

Wieder unten angekommen, erzählt uns der alte Burgwächter von einer schönen „Playa“. Wir wundern uns ein wenig darüber, denn vom Meer sind wir sehr weit entfernt. Schließlich stellt sich heraus, dass er den „Dorfstrand“ am Stausee meint, den ich soeben sehnsüchtig von oben bestaunt hatte. Er erklärt uns noch den Weg dorthin, und wir verabschieden uns von ihm, nicht ohne ein dickes Trinkgeld zu hinterlassen.

Wir fahren zu dem erwähnten Parkplatz am Busstop gegenüber dem Hotel „Mirasierra“ und verfolgen die leicht bergauf führende *Avenida José Louis Messia* – Wegweiser „*Consultorio Medico*“. Nach 800 m biegen wir an der Gabelung links ab. Es geht leicht bergab, und nach 1700 m zweigt in einer Rechtskurve ein Fahrweg links in den Wald hinein ab. Fährt man auf der Teerstraße weiter, so kommt man an den „Dorfbadeplatz“, der sich wegen Schräglage nicht als WOMO-Stellplatz eignet.

Wir rumpeln also auf dem Waldweg etwa 600 m weiter und erreichen in einer Art Spitzkehre eine vom See umgebene, schmale Landzunge, auf der schon ein Wohnmobil „Marke Eigenbau“ mit Schweizer Kennzeichen residiert. Wir kommen mit den Bewohnern, einem deutschen Paar, schnell ins Gespräch und erfahren, dass die beiden „Eremiten“ mit ihrem Schäferhund hier schon seit mehreren Monaten kampieren, um dem nasskalten deutschen Wetter zu entfliehen. Die beiden haben sich alles praktisch eingerichtet, eine große Grillstelle ist auch da. Wir haben die Wahl, hier oben auf der Halbinsel zu bleiben oder weiter unterhalb, der Spitzkehre des Weges folgend, in kleinen Nischen im Wald zu stehen.

Embalse del Rumblar

WOMO-Badeplatz:
Embalse del Rumblar

max. WOMOs: 1 – 2.
Ausstattung: Müllcontainer
Zufahrt: N IV / E 5, AS 288, auf JV 5040 nach BAÑOS DE LA ENCINA, ab dort siehe Text.

Wir entschließen uns für oben. Es ist ein paradiesischer Fleck. Der See liegt wie ein stahlblauer Spiegel ein paar Meter unter uns, und die Sonne strahlt heiß vom Himmel. Bevor unser Gefährt richtig steht, haben wir Badezeug an und klettern den seichten Abhang hinunter zum See. Das Wasser ist warm und glasklar; kein Wunder, denn es handelt sich ja um einen Trinkwasserstausee. Wir liegen anschließend noch eine ganze Weile auf den warmen, dunklen Steinen der Böschung.

Unsere Nachbarn schicken sich an, das Feuer unter dem Grill anzuzünden, denn Brotbacken steht heute auf dem Programm. Unserem ungläubigen Blick folgend erklärt man uns , dass man hier in der Gegend häufig Brot über dem offenen Feuer backt. Wir sind gespannt.

Da unser Kühlschrank nichts Grillbares hergibt, fahren wir noch schnell die drei km mit dem Fahrrad in den Ort zum Einkaufen. Als wir zurückkommen, bäckt schon das flache Landbrot auf dem Rost. Das Brot wird zwar dunkel, vielleicht sehr dunkel, aber das Innere schmeckt köstlich, wie wir später feststellen. Der Schäferhund streicht ganz nervös um die Feuerstelle, denn er weiß ja, dass es bald etwas zu knacken gibt. Wir lassen unsere zarten Lammkoteletts gleich anschließend auf der Glut brutzeln und genießen sie bei süffigem spanischen Rotwein. Wir revanchieren uns für die Einladung zum Grillfeuer mit einigen Gläschen spanischem Brandy - nur zur Verdauung, versteht sich. Ich hole meine Mundharmonika heraus und versuche ein paar Fahrtenlieder. Die anderen summen leise mit. Muss auch mal sein...

Am nächsten Tag wird geschwommen, gelesen, gesonnt und gefaulenzt, bei 28,2 Grad Celsius sicherlich berechtigt.

Die ***Sierra de Andújar*** innerhalb der großen ***Sierra Morena*** ist nicht weit und verspricht uns Schönheiten, die der Massentourismus bisher nicht erreicht hat. Über die JV 5042 sind wir nach 11 km in BAILÉN und gehen wieder zurück auf die N IV / E 5, um nach Südwesten einzuschwenken. (Schneller geht es über die JV 5040 und bei AS 288 auf die N IV!)

Die Stadt ANDÚJAR ist in 20 Minuten erreicht. Am zweiten Kreisverkehr liegt ein Einkaufszentrum mit einem deutschen Discounter, wo wir unsere Vorräte auffüllen. Die Stadt selbst ist

Andújar: Kirche San Miguel

sehenswert, also suchen wir einen Halteplatz. In der verwinkelten Altstadt sieht es aussichtslos aus, aber wir finden tatsächlich einen kleinen Parkplatz an der *Calle de Compostela,* in der Nähe der **Tourist Info** und der Kirche ***Santa María la Mayor.*** Diese Kirche ist berühmt, weil darin die Gemälde **„Christus am Ölberg“** von **El Greco** und **„Die unbefleckte Jungfrau“** von **Pacheco** zu bestaunen sind. Weitere Parkplätze gibt es an der *Plaza de Abastos* (500 m nördlich) am *Parque S. Eufrasio* – etwa 1000 m nordöstlich. Auf der ***Plaza de España*** findet vor der malerischen Kulisse der Kirche ***San Miguel*** gerade eine Hochzeit statt, und Kutschen mit prächtig geschmückten Pferden warten auf Brautpaar und Gäste. Gudrun kann sich von dem Anblick kaum losreißen – Frauen!! An der Nordseite des Platzes leuchtet in rosa und gelb ein prächtiges Torhaus, hinter dem sich die parkähnliche ***Plaza de la Constitución*** verbirgt.

Ein Übernachtungsplatz muss her! Campingplätze gibt es in der ganzen Gegend nicht. Wir fahren zum Kreisverkehr am Einkaufszentrum zurück und biegen in die Straße J 5010 in Richtung ***„Santuario Virgen de la Cabeza“*** ein. Nach 2,5 km finden wir linker Hand das Restaurant *„El Tropezon“* mit einem großen, schattigen Parkplatz vor. Wir kehren ein, vertilgen bei einem Literkrug Sangría (4,50 €) eine leckere Grillplatte (10 €) und fallen gegen Mitternacht zufrieden in unsere Betten.

Gasthaus-Stellplatz: Andújar (El Tropezon)

max. WOMOs: 4 – 5. **Ausstattung:** Wasser, Müllcontainer, schattig.
Zufahrt: N IV, AS 321, 2. Kreisel rechts in J 5010 (WW „Santuario Virgen de la Cabeza“), ca. 2500 m links.
Sonstiges: Wegen Parkverkehr erst ab Mitternacht ruhig.

Am nächsten Morgen fahren wir auf der selben Straße weiter in Richtung *Santuario Virgen de la Cabeza.* Nach 12 km erreichen wir das Dörfchen LAS VIÑAS DE PEÑALLANA, in der die offizielle **Tourist Info** *(„Centro de Visitantes del Parque Natural“)* des Naturschutzgebietes ***„Sierras de Andújar“*** umfangreiches Prospektmaterial über das Gebiet, besonders Wanderwege, bereithält.

Bei Km 22,0 biegen wir hinter einem Brückchen nach rechts in einen Schotterweg ein. Hier beginnt einer der größten Picknickplätze unserer gesamten Südspanientour. In den romantischen Auen des ***Río Jándula*** gibt es auf einer Länge von einem halben Kilometer Steintische und -bänke sowie Grillstellen aus Granitblöcken. Familien und Freizeitgruppen verbringen hier bei herrlichstem Wetter den Tag oder das ganze Wochenende. Auch ein paar Zelte und WOMOs sind am Flussufer platziert. Eine Männergruppe lädt uns an ihren Tisch ein, und wir müssen geröstete Würste und Steaks probieren. Dazu gibt es – wie fast überall hier – Sangría.

WOMO-Picknickplatz: Río Jándula

max. WOMOs: 10 - 20.
Ausstattung: Steintische und -bänke, Grillstellen, Müllcontainer.
Zufahrt: N IV, AS 321, 2. Kreisel rechts in J 5010 (WW „Santuario Virgen de la Cabeza“), bei Km 22 rechts,Schotterweg, 100 -600 m.
Besonderes: An Wochenenden ist mit viel Betrieb zu rechnen.

Weiter auf dem Schotterweg erreichen wir schnell die Staumauer des ***Embalse de El Encinarejo***, der weiter nördlich in den ***Embalse del Jándula*** übergeht. Auch hier lädt direkt am Ufer des Flusses ein schattiger Picknickplatz zum Verweilen ein. Eine Fußgängerbrücke führt nach EL ENCINAREJO.

WOMO-Picknickplatz: Staudamm am Río Jándula

max. WOMOs: 3 - 4. **Ausstattung:** Steintische und -bänke, Grillstelle, Müllcontainer.
Zufahrt: wie vor, 1000 m weiter, rechts vor der Brücke am Staudamm.
Besonderes: Wochenenden meiden.

Unsere Neugier lässt uns den Weg weiter verfolgen, wobei wir wegen der tiefen Schlaglöcher schon an Umkehr denken. Aber nach 2000 m hat sich die kleine Tortur gelohnt, denn wir finden am ***Embalse de El Encinarejo*** einen herrlichen Sandstrand vor. Einige Kinder und Halbwüchsige vergnügen sich planschend im See. Eine Jugendgruppe baut geräuschvoll ein paar kleine Zelte auf. 150 m weiter liegt oberhalb des Sees ein großer, ebener Parkplatz, auf dem wir ganz allein stehen. Der bernsteinfarbene Strand breitet sich nur wenige Meter unter uns aus, und der Badenachmittag kann beginnen!

WOMO-Badeplatz: Embalse de El Encinarejo

max. WOMOs: 8 - 10. **Ausstattung:** Müllcontainer, schattig, direkt am Badestrand.
Zufahrt: N IV, AS 321, 2. Kreisel rechts in J 5010 (WW „Santuario Virgen de la Cabeza"), bei Km 22,0 rechts in Schotterweg, am Staudamm nach links, ca. 3,8 km seit Abzweig von der J 5010.
Besonderes: Wochenenden meiden.

Langsam rollen wir die 3800 m zur Hauptstraße J 5010 zurück, in die wir rechts einbiegen. Schon nach 5,2 km folgt links ein weiterer Picknickplatz, den man schon von Weitem an dem lustigen Denkmal aus Felsbrocken, auf denen ein Schweinchen thront, erkennen kann.

WOMO-Picknickplatz:

Virgen Doña Rosa

max. WOMOs: 5 - 6. **Ausstattung:** Tische und Bänke, schattig, Müllcontainer.
Zufahrt: N IV, AS 321, 2. Kreisel rechts in J 5010 (WW „Santuario Virgen de la Cabeza"), bei Km 27,5 links.
Besonderes: „Schweinchen"-Denkmal

Gegenüber geht nach rechts ein Sträßchen zur ***Virgen Doña Rosa*** ab, wonach wir einfach den Picknickplatz benennen. Bei Km 30,5 folgt links der kleine Wanderparkplatz *„El Jabali"*. Eine Schautafel beschreibt eine dreieinhalbstündige Streckenwanderung, die über 6 km zum ***Embalse de El Encinarejo*** und durch die Auen des ***Río Jándula*** führt. Ein 2 km langer Fußweg zum Heiligtum ***Santuario Virgen de la Cabeza*** startet ebenfalls hier.

WOMO-Wanderparkplatz: El Jabali

max. WOMOs: 2 - 3. **Ausstattung:** Müllcontainer, Wandertafel, schattig.
Zufahrt: N IV, AS 321, 2. Kreisel rechts in J 5010 (WW „Santuario Virgen de la Cabeza"), bei Km 30,5 links.
Sonstiges: Fußweg zum Heiligtum.

Da dieses Mal unsere Wanderlust nicht allzu groß ist, bevorzugen wir die Motorkraft, um in wenigen Minuten an dem Heiligtum von Andújar einzutreffen. Am letzten April-Wochenende pilgern hierher Hunderttausende von Gläubigen zu ihrer ***Nuestra Señora de la Cabeza*** (*„Romería de la Cabeza"*). Heute ist das Areal fast leer, von ein paar Wochenendbesuchern einmal abgesehen.

Santuario Virgen de la Cabeza

WOMO-Stellplatz: Santuario Virgen de la Cabeza

max. WOMOs: unbegrenzt

Ausstattung: Müllcontainer, Wasser (kein Trinkwasser), WC, Imbiss, Restaurants.

Zufahrt: N IV, AS 321, 2. Kreisel rechts in J 5010 (WW „Santuario Virgen de la Cabeza"), bei Km 31 links, dann noch ca 2 km.

Sonstiges: Ausflugsort wird an Wochenenden bei schönem Wetter stark frequentiert, extrem überfüllt am letzten April-Sonntag („Romería").

Wir klettern den Berg zu den Heiligtümern hoch und haben von hier aus einen zauberhaften Panoramablick über die herrliche Landschaft. Eine moderne, etwa 15 m hohe Madonnenstatue ziert den Vorplatz am Ende der breiten, steilen Treppe. In der Kapelle des im Bürgerkrieg zerstörten ehemaligen Klosters aus dem 13. Jahrhundert sind an den Wänden eines tunnelartigen Raumes zahlreiche Überbleibsel von überstandenen Krankheiten und Gebrechen befestigt.

Zurück auf der großen Wiese füllen wir unsere Wasservorräte auf, obwohl das an den Hähnen angebrachte Schild ausdrückt, dass es sich nicht um Trinkwasser handelt. Aber zum Waschen und Duschen reicht es allemal, denn für Kaffee und Tee verwenden wir grundsätzlich das hier sehr preiswerte Mineralwasser. Die meisten Restaurants sind nur in der Hauptsaison geöffnet, so dass wir heute das Abendessen selbst zube-

reiten. Auf der riesigen Wiese am Fuß des Kirchberges kommen wir uns etwas verloren vor. Wir stellen uns aber vor, wie es bei einer *Romería* (Pilgerfahrt) aussieht, wenn Hunderttausende von Menschen hier lagern und fröhlich sind.

Nuestra Señora de la Cabeza

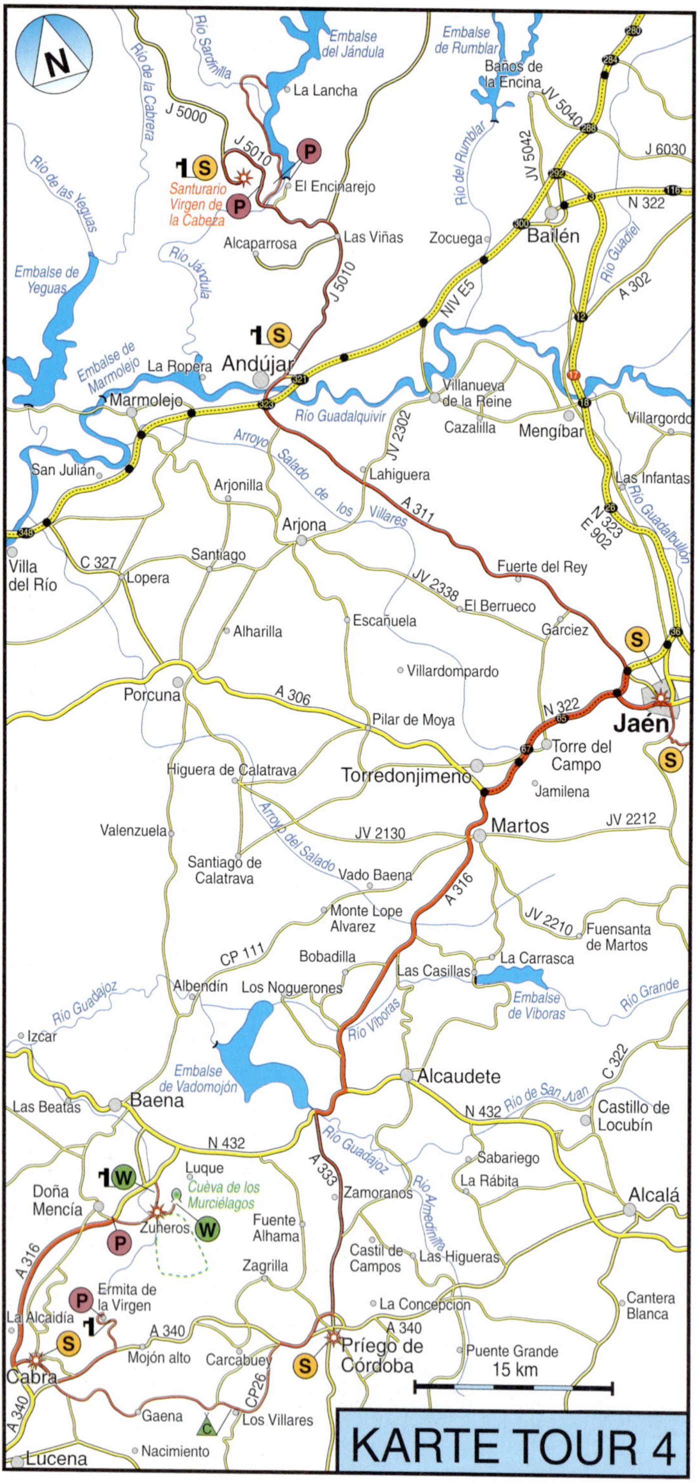
N
Río Sardinilla
Embalse del Jándula
Embalse de Rumblar
Baños de la Encina
La Lancha
Río de la Cabrera
J 5000
J 5010
JV 5040
JV 5042
J 6030
Santurario Virgen de la Cabeza
El Encinarejo
Río de las Yeguas
Río del Rumblar
N 322
Alcaparrosa
Las Viñas
Zocuega
Bailén
Río Jándula
Río Guadiel
Embalse de Yeguas
J 5010
NIV E5
A 302
Embalse de Marmolejo
La Ropera
Andújar
Marmolejo
Villanueva de la Reine
Río Guadalquivir
Cazalilla
Mengíbar
Villargordo
JV 2302
Arroyo Salado de los Villares
San Julián
Lahiguera
Arjonilla
Las Infantas
Río Guadalbullón
A 311
N 323 E 902
Arjona
Villa del Río
C 327
Santiago
Lopera
Fuerte del Rey
JV 2338
El Berrueco
Alharilla
Escañuela
Garciez
Villardompardo
Porcuna
A 306
Pilar de Moya
N 322
Jaén
Torre del Campo
Higuera de Calatrava
Torredonjimeno
Jamilena
Valenzuela
Arroyo del Salado
JV 2130
Martos
JV 2212
Santiago de Calatrava
Vado Baena
A 316
Monte Lope Alvarez
JV 2210
Fuensanta de Martos
CP 111
Bobadilla
La Carrasca
Albendín
Los Noguerones
Las Casillas
Embalse de Víboras
Río Grande
Río Guadajoz
Río Víboras
Izcar
Embalse de Vadomojón
Alcaudete
C 322
Las Beatas
Baena
N 432
Río de San Juan
Castillo de Locubín
N 432
Río Guadajoz
Sabariego
Luque
A 333
Cuèva de los Murciélagos
La Rábita
Doña Mencía
Zamoranos
Río Almedinilla
Alcalá
Zuheros
Fuente Alhama
A 316
Castil de Campos
Las Higueras
Zagrilla
Ermita de la Virgen
Cantera Blanca
La Concepción
La Alcaidía
A 340
A 340
Príego de Córdoba
Mojón alto
Carcabuey
Puente Grande
15 km
Cabra
CP26
A 340
Gaena
Los Villares
Nacimiento
Lucena

KARTE TOUR 4

TOUR 4 (236 km / 5 - 6 Tage)

Jaén - Priego de Córdoba - Sierra Subbética - Cabra - Eremita Virgen de la Sierra - Zuheros

Freie Übernachtung:	2x Jaén, Priego de Córdoba, Cabra, Eremita Virgen de la Sierra, Doña Mencía, 3x Zuheros.
Ver-/Entsorgung:	CP Los Villares.
Trinkwasserstellen:	CP Los Villares, Eremita Virgen de la Sierra, Zuheros.
Campingplätze:	Los Villares.
Besichtigen:	Jaén, Priego de Córdoba, Cabra, Zuheros.
Wandern:	Sierra Subbética, Canyon des Río Bailón.
Essen:	Parador Nacional, Jaén; Los Palancos, Zuheros.

Es wird Zeit, dass wir der altehrwürdigen Provinzhauptstadt JAÉN einen Besuch abstatten. Auf der J 5010 sind wir in einer knappen Stunde wieder in Andújar, orientieren uns nach JAÉN und gelangen auf der ländlichen A 311 nach 45 km in die von Olivenhainen umgebene Provinzmetropole, nachdem wir uns auf dem Autobahnring erst ein Stück nach Osten, dann nach Süden bewegt haben und den Schildern *„Centro"* gefolgt sind. Wir durchfahren die Ausfallstraße *Avenida de Madrid* bis zur *Avenida de Granada,* biegen in diese nach links ein und folgen den Schildern ***„Plaza de Toros"*** und ***„Convento de Bernar-***

Jaén: Innenstadt mit Kathedrale Santa María

das". Neben dem kleinen Park *Alameda de Calvo Sotelo* ergattern wir einen Gratisparkplatz am Straßenrand. Finden Sie hier nichts, müssen Sie es in den Außenbezirken versuchen, denn die enge Innenstadt von JAÉN bietet nur Parkhäuser an, die für Reisemobile zu niedrig sind. An der *Estacíon de Ferrocarril* (Bahnhof) gibt es zum Beispiel einen eingezäunten Parkplatz, wo man zur Not auch übernachten kann.

WOMO-Stellplatz: Jaén (Bahnhof)

max. WOMOs: 10 – 12. **Ausstattung:** Müllcontainer.
Zufahrt: N IV / E 5, AS 292 N 323, „Centro" Jaén, Carretera de Madrid, rechts Av. de Ruiz Jiménez, rechts Paseo de la Estación, an der Plaza de la Concordia links. Parkgebühren: 1,00 € pro Tag.
Sonstiges: Platz liegt vor dem Bahnhof und ist deshalb nicht ganz ruhig.

Südlich der Kathedrale gibt es meist Straßenparkplätze an der *Carretera Fuente de la Peña*. Nach Auskunft der Tourist Info bietet sich an der ***Ronda Sur*** (südlicher Autobahnring) ein Großparkplatz an, den wir aber nicht gefunden haben. Ein neuer Parkplatz entsteht gerade an dem großen Kreisverkehr *Virgen de la Cabeza / Paseo de la Estación* / Avenida de *Muños*. Auch an der *Caja Rural* – Wegweiser *„Ferial"* (Kirmesplatz) – findet man ausreichend Parkraum, ebenso am *Estadio la Victoria* an der *Virgen de la Cabeza*.

Von der *Alameda de Calvo Sotelo* brechen wir zu Fuß auf, um die geschichtsträchtige Stadt zu besichtigen. Als Erstes besorgen wir uns einen Stadtplan in der **Tourist Info** (Tel. 953190455, Fax 953242624) in der *Calle Maestra*, die als Fußgängerbereich direkt vor der Kathedrale beginnt. Auf dem Weg dorthin passieren wir das ***Convento de Bernardas*** (1627), die ***Iglesia de San Ildefonso*** (14. Jh.) sowie die ***Palacios de los Vélez*** und ***de los Nicuesa.*** Mittelpunkt des Interesses aber ist die gewaltige **Kathedrale Santa María**, die auf den Resten einer Moschee Anfang des 16. Jahrhunderts begonnen und erst knapp 300 Jahre später fertig gestellt wurde. Das Innere der Renaissance-Kirche, in der auch gotische und barocke Elemente festzustellen sind, ist absolut sehenswert. Täglich vormittags und am frühen Abend geöffnet; Eintritt ca. 2 €. Details entnehmen wir den

Kathedrale Santa María

einschlägigen Reiserführern – „siehe Tipps“.

Unser Stadtrundgang führt durch die *Calle Maestra* zur ***Plaza de la Audencia*** mit dem ***Arco de San Lorenzo***, weiter auf der *Avenida Martinez de Molina* zur ***Capilla de San Andrés*** (16. Jh.), um schließlich zur größten maurischen Badeanlage Spaniens, den ***Baños Árabes de Jaén*** (11. Jh.) unter dem ***Palacio de Villadompardo*** zu gelangen. Sehenswert! Es schließt sich das Kloster ***Real Monasterio de Santo Domingo*** an. Drei Straßen weiter folgt die älteste Kirche von JAÉN, die ***Iglesia de la Magdalena***, nach der das Stadtviertel mit vielen pittoresken Gassen benannt wurde.

Das Wahrzeichen von JAÉN ist jedoch die gewaltige Burg ***Castillo de Santa Catalina*** auf der Spitze eines kegelförmigen Berges, der schon kilometerweit zu sehen ist. Die Wegweiser dorthinauf sind nicht immer eindeutig. Am besten folgt man den Hinweisen zum ***Parador Nacional***, dem in der Burg untergebrachten 4-Sterne-Hotel. Nach einer 5 km langen, steilen Auffahrt gelangen wir direkt auf den Hotelparkplatz, auf dem etliche Edelkarossen bereits abgestellt sind. Im Restaurant fragen wir, ob geöffnet ist und wir als Gäste vor dem Hotel parken dürfen, was man bejaht. Ein uniformierter Security-Mann weist uns freundlich schräg gegenüber dem Hoteleingang einen schönen Platz an der Mauer an, von dem wir einen herrlichen Blick auf die Stadt und die gesamte Umgebung haben. An der Art unseres Fahrzeugs nimmt er offenbar keinen Anstoß, auch nicht an der Frage, ob wir hier bis zum nächsten Morgen parken dürfen. Weiter hinten sind noch etliche Parkplätze, von denen uns der Uniformierte jedoch abrät.

WOMO-Restaurant-Stellplatz: Jaén (Castillo de Santa Catalina)

max. WOMOs: 4 – 5.

Ausstattung: Müllcontainer.

Zufahrt: N IV / E 5, AS 292 N 323, „Centro“ Jaén, den Schildern „Parador Nacional“ folgen, ca. 5 km.

Sonstiges: Parkplatz liegt vor und neben dem Parador-Hotel, weshalb Eigner größerer Fahrzeuge Probleme mit den Security-Leuten bekommen könnten. An der Auffahrtstraße gibt es in den Kehren Busparkplätze.

Also machen wir uns stadtfein und lassen uns den Weg durch lange Burgkorridore und Hallen zum Allerheiligsten des vornehmen Hotels, dem Restaurant, erklären. Dort angekommen hat der Chef de Rang auf einmal keinen Tisch für uns frei, obwohl wir vorher reserviert haben. Wir wandern also zurück zum Empfang und beschweren uns dort. Man telefoniert mit dem Restaurantchef, das Gespräch wird immer aufgeregter, bis man sich gegenseitig lautstark die Meinung sagt. Der Empfangschef bittet uns um Entschuldigung und lässt uns abermals in den Gourmettempel geleiten.

Jetzt erhalten wir einen schönen Tisch und lassen uns von Küche und Keller verwöhnen. Der Abend wird zwar etwas teurer, aber das Preisleistungsverhältnis stimmt. Die Nacht auf dem Burgvorplatz verläuft ruhig und störungsfrei.

Am nächsten Morgen sind wir gespannt auf die Burganlage selbst. Aber wir haben Pech, denn am heutigen Mittwoch ist das ***Castillo de Santa Catalina*** geschlossen. Wir nehmen uns einen Besuch zu einem späteren Zeitpunkt vor.

Nach den vielen Stadtbesichtigungen zieht es uns wieder in die Natur. Dafür haben wir uns den ***Parque Natural de la Sierra Subbética*** vorgenommen, nur eine Stunde südwestlich von JAÉN entfernt. Wir ordnen uns auf dem etwas kompliziert erscheinenden Autobahnring in Richtung TORRE DEL CAMPO und CÓRDOBA auf die vierspurige A 316 ein. Nach 50 km, genau an der Grenze zur Provinz Córdoba, biegen wir nach links ab auf die A 333 (früher N 321), Wegweiser „PRIEGO DE CÓRDOBA“. Kurz vor dem Ort ändert die Straße den Namen auf A 340. Im Ort finden wir einen kleinen Parkplatz, der für einen Tagesbesuch ausreicht.

WOMO-Stellplatz: Priego de Córdoba

max. WOMOs: 3 – 4. **Ausstattung:** keine.
Zufahrt: N IV / E 5, AS 292, N 323 Jaén, bei AS 36 auf A 316 in Richtung Córdoba, 47 km A 432, 3 km links auf die A 333 (früher N 321) nach Priego de Córdoba; im Ort links halten, 1000 m *„Aparcamiento“.*
Sonstiges: Parkplatz im Ort ist nur notfalls zur Übernachtung geeignet.

Eigentlich wollten wir ja hinaus in die Natur, aber das sehenswerte Barockstädtchen möchten wir, allein schon wegen der berühmten ***Fuente del Rey*** mit weit über 100 Fontänen und zahlreichen Statuen, nicht auslassen. Ein kleiner Stadtbummel lohnt sich wirklich, denn in der pittoresken Altstadt ***Barrio de la Villa*** scheint die Zeit des 17. und 18 Jahrhunderts still zu stehen. Auch das maurische ***Castillo*** sowie die Kirchen ***Iglesia de la Asunción*** (Spätgotik/Barock) mit Rokokokapelle und ***Iglesia de la Aurora*** (Barock) sind Ziel der wenigen Besucher. Die **Tourist Info** (Tel. 957700625) in der ***Calle Río*** hat montags geschlossen, ansonsten vormittags und am späten Nachmittag geöffnet.

Priego de Córdoba

Auf einer Schautafel vor dem feschen Rathaus machen wir ganz in der Nähe einen Campingplatz in LOS VILLARES, aus. Der Weg dorthin ist aber nicht ganz einfach.

WOMO-Campingplatz-Tipp: Los Villares

Öffnungszeiten: ganzjährig. **Ausstattung:** sehr einfacher, aber idyllischer Wanderzeltplatz, auf dem auch einige Womos Platz haben; schattig, primitive Sanitäreinrichtung, Ver- und Entsorgung notfalls möglich; dafür mit ca. 9 € sehr preiswert; nächster Ort: 6 km.
Zufahrt: A 340 Richtung Cabra, bei Km 6,0 links ab auf CV 220 in Richtung CARCABUEY; ausgeschildert; bei Km 15,9 „Casa Huerta".

Von hier aus kann man wunderschöne Wanderungen in der ***Sierra de la Horconera*** unternehmen. Wir schauen im Süden auf ein herrliches Bergpanorama, in dem der ***Pico Bermejo*** (1474 m) und die ***La Tiñosa*** (1568 m) wohl die höchsten Erhebungen sind. Auf dem Platz lernen wir einige Wanderer kennen, denen wir uns auf einer Tour nach RUTE am folgenden Morgen anschließen. Als Wanderkarte benutzen wir die *Mapa Guía „Parque Natural Sierras Subbéticas"*, die wir uns schon zu Hause besorgt haben.

Wanderung auf dem GR 7 nach Rute (17 km / 3 ¾ Stunden)

Auf der Landstraße CV 220 gehen wir ca. 800 m nach Südosten bis zur Gabelung, dort nach rechts („Rute"), aber schon nach 400 m biegen wir in einen Weg nach links zum ***Cortijo de los Arraiganes*** ab, wo wir nach 700 m auf den Fernwanderweg **GR 7** (rot-weiß markiert) stoßen. Links führt dieser nach Priego de Córdoba (2 ¼ Stunden) und rechts nach Rute, also unser Weg. Auf der linken Seite erhebt sich eine steile Felswand, die wir durch die Bäume ab und zu sehen können. Auf dem Weg nach Südwesten achten wir immer auf die rot-weißen Markierungen und gelangen – vorbei am ***Cortijo de Soto Bajo*** – zum unbewohnten ***Cortijo de Vichira.*** (1 Stunde) Hier schwenken wir nach links und finden eine Wasserstelle auf der Rückseite des ehemaligen Bauernhofs. Dahinter führt ein schmaler Pfad nach rechts an einer Mauer und dann an einem Zaun entlang. Ein kleines Rinnsal wird überquert, danach müssen wir streng die Markierung beachten, weil der Pfad schwer auszumachen ist. Später führt er rechts vom Bach weg und wird durch die Steigung langsam etwas beschwerlich. Auf dem Berg schließlich treffen wir auf einen besser sichtbaren Weg, auf den wir nach rechts einbiegen. Zwischen den Olivenhainen und dem bergseitigen Pinienwald schlängelt sich nun der Weg, der auch schon mal durch Bachläufe und über Felsbrocken führt. Wichtig ist, dass wir immer am Rand des Kiefernwaldes bleiben und nicht in die Olivenplantagen geraten. Die GR-7-Markierung leitet uns jetzt durch den ansteigenden Nadelwald. Hier und da haben wir schöne Ausblicke auf die unten liegende Landschaft, bis wir zu einem beschilderten ***Mirador*** (Panoramapunkt) gelangen. (2 ¾ Stunden) Die Aussicht ist einmalig, sogar die kleinen Städte im Norden sind zu erkennen. Wir gehen zurück zum Hauptweg und passieren beim Abwärtswandern bald einen Picknickplatz und eine *Area Acampada* (Zeltplatz). Nach einer Gehzeit von insgesamt 3 ¾ Stunden wird das hübsche Städtchen **Rute** erreicht. Unsere Wanderfreunde hatten am Morgen ihren PKW hier deponiert, so dass wir nach einer Stärkung in einem der preiswerten Restaurants schnell wieder auf unserem Campingplatz in Los Villares sind. Die Rückfahrt mit öffentlichen Verkehrsmitteln ist ziemlich umständlich, wenn gar unmöglich.

Übrigens: Von diesem Wanderweg zweigt auch ein Pfad zum 1474 m hohen Pico Bermejo ab; wo genau, haben wir allerdings nicht erfahren. Der Campingplatzverwalter, der allerdings nur stundenweise anwesend ist, gibt aber Auskunft.

Die Fahrt nach CABRA und ZUHEROS führt über Sträßchen, deren Nummern sich öfter ändern. Wir rollen 2 km auf der CV 220 zurück und biegen nach links in die CP 22 in Richtung POBLADO (4 km) ein, dort in die CV 36 (Wegweiser „CABRA"), an der Gabelung nach 4 km rechts. Wir genießen die von Olivenhainen geprägte, wunderschöne Landschaft, unterqueren die A 340 und treffen – 20 km seit LOS VILLARES – in der Römerstadt CABRA ein.

Wir passieren die *Plaza San Augustin* und biegen rechts in die *Calle Fuente* ein, die sich am Ende zu einem größeren Platz öffnet, auf dem teilweise Bauschutt lagert. Für eine Besichtigung der Kirche ***San Juan Bautista*** ist dies ein idealer

Halteplatz. Wir sind gespannt auf eine der ältesten Kirchen Andalusiens, deren Ursprünge im 7. Jahrhundert liegen. Aber wir haben wieder einmal Pech. Das von alten Wohnhäusern eingeschlossene Gemäuer wird gerade innen restauriert, so dass wir unter den Kunststoffplanen nichts von den Schönheiten der römischen, westgotischen und maurischen Stilelemente erkennen können. Wir gehen zurück auf die Hauptstraße und gelangen nach ein paar Hundert Metern stadteinwärts zu einem großen Park, in dessen Mitte einige Kioske Getränke und frische Garnelen anbieten, die wir uns natürlich im Schatten der hohen Bäume schmecken lassen. Wir wandern noch ein wenig durch das hübsche Städtchen, bestaunen unter Pal-

men die Renaissancekirche ***Santa María Ascensión*** und suchen nach einem Stellplatz, der auf einem großen Parkplatz am westlichen Ortsrand in Aussicht ist.

Um ihn zu erreichen, rollen wir auf einer Allee in diese Richtung, merken aber nicht, dass wir den Knick in der Hauptstraße nach rechts beachten müssen, und geraten dabei an den Anfang einer engen Gasse. Wir wollen wenden, aber das gelingt nicht, weil gegenüber alles eng beparkt ist. Ein paar Einheimische schauen uns belustigt zu, bis einer der älteren Männer mich in diese Gasse hineinwinkt und andeutet, dass wir hier mit unseren Womo auf der anderen Seite gut herauskommen. Nach 400 m ist das Ende der Fahrt erreicht, denn die

Gasse wird definitiv schmäler als unser Auto! Unser „Lotse“ ist auch ratlos. Wir wünschen uns nun einen Hubschrauber, der uns hier herausholt. Es bleibt aber nichts anderes übrig, als uns langsam rückwärts fahrend aus dieser Enge zu befreien. Der Fahrer ist dem Herzinfarkt nahe. Nach einer scheinbar endlosen Rangierarbeit, bei der auch einige Blumentöpfe von den Fensterbrettern der Häuser draufgegangen sind, haben wir uns endlich aus der Gasse geschält.

Genau gegenüber liegt der gesuchte Parkplatz.

WOMO-Stellplatz: Cabra

max. WOMOs: 10 – 12. **Ausstattung:** Müllcontainer.
Zufahrt: A 316, am westlichen Stadtrand, Nähe Ausfahrt in Richtung Córdoba, wenig Schatten von jungen Bäumen.
Sonstiges: Platz in Innenstadtnähe ist nicht ganz ruhig.

Bevor wir das mittelalterliche ZUHEROS ansteuern, wollen wir noch einen Abstecher zum Heiligtum ***Eremita Virgen de la Sierra*** machen. Wir bewegen uns 4 km auf der A 340 in Richtung PRIEGO DE CÓRDOBA und biegen nach links auf die beschilderte CP 115 ab. Die kurvige 7 km lange Auffahrt zu der Pilgerstätte ist landschaftlich ein Hochgenuss. Dort oben finden wir einige kirchliche Bauten und einen schattigen, idyllischen Picknickplatz vor.

WOMO-Picknickplatz: Eremita Virgen de la Sierra

max. WOMOs: 1 – 2. **Ausstattung:** Müllcontainer, Tische, Bänke, Wasser (ohne Normanschluss), Grillstellen, Waschbecken, WC
Zufahrt: von Cabra A 340 in Richtung Priego de Córdoba, beschildert.
Sonstiges: Unterhalb der Gebäude ist noch ein großer, schräger Parkplatz für größere Womos. Kreuzung von internationalen Wanderwegen.

Heute sind wir hier ganz allein. Außer dem märchenhaften Vogelgezwitscher herrscht wohltuende Stille. Am 3. Juni-Sonntag aber ist hier der Teufel los, wenn die ***Romería de los Gitanos*** von Tausenden von Zigeunern mit Tanz und Musik bis in die Nacht gefeiert wird; Anfang September läuft eine feierliche Prozession von hier aus nach CABRA.

Die Aussicht von 1200 m Höhe in das umliegende Naturschutzgebiet ist herrlich. Ein paar Hundert Meter unterhalb kreuzt der Europawanderweg GR 7. Auch kann man von hier aus auf dem *Sendero* PRA 80 in einer Stunde nach CABRA wandern. Nach einer ausgiebigen Rast und Besichtigung der Kapelle treten wir den Rückweg an.

Auf der A 316 nach Nordosten geht es nach ZUHEROS, einem pittoresken Dorf am Fuß eines steilen Felsens, auf dem die Almuhadenburg ***Castillo de Allende*** seit dem 12. Jahrhundert thront. Am Abzweig von der A 316 zur CO 241 – gegenüber geht es nach DOÑA MENCÍA – gibt es einen großen Picknickplatz neben dem Gasthaus „*Cantina*".

WOMO-Picknickplatz: Doña Mencía

max. WOMOs: 10 – 15. **Ausstattung:** Müllcontainer, Gasthaus.
Zufahrt: A 316, am Abzweig nach Zuheros (CO 241)
Sonstiges: Platz liegt direkt an der stark befahrenen A 316 und ist deshalb nicht ganz ruhig.

Auf der schmalen CO 241 erreichen wir nach 2500 m eine Gabelung: Links über ein Brückchen geht es zu den ***Cuevas de los Murciélagos* (Fledermaushöhlen)** und geradeaus nach ZUHEROS. Wir wollen erst zu den berühmten Tropfsteinhöhlen. Eine kurvige Bergstraße führt steil nach oben, bis wir nach

knapp 5 km vor der Höhle eintreffen. Ein paar Touristen stehen etwas ratlos davor. Wieder einmal Pech! Die Führungen sind nur an Wochenenden und an Feiertagen: Vom 1.4. bis 30.9. um 11.00, 12.30, 14.00 18.00 und 19.30 Uhr, vom 1.10. bis 31.3. um 11.00, 12.30, 14.00, 16.00 und 17.30 Uhr. Gruppen ab zehn Personen können sich auch wochentags nach telefonischer Anmeldung (Fon 957 694545) durch die 800 m langen Höhlengänge führen lassen. 35.000 Jahre alte Felszeichnungen aus dem Paleolithikum, aus dem auch unser Neandertaler stammt, sind ein viel beachteter Höhepunkt. 700 Stufen wurden seit der Entdeckung der Höhle 1868 für Besucher geschlagen. Da es unten mit durchschnittlich 9 ° C recht frisch ist, sei passende Kleidung angeraten.

Bevor wir zum Ort zurückfahren, müssen wir noch auf die felsige Parkplatzwiese hinweisen, die auf der linken Seite der Straße Wohnmobilfahrer zum Verweilen einlädt.

WOMO-Stellplatz: Cuevas de los Murciélagos

max. WOMOs: 8 – 10. **Ausstattung:** keine
Zufahrt: A 316, Abzweig nach Zuheros (CO 241), hinter der Brücke links ab, ausgeschildert; ca. 300 m vor der Höhle (Wendeplatte).
Sonstiges: Platz liegt sehr einsam, dafür aber mit herrlicher Aussicht.

Wir kehren also um und durchqueren das alte Dorf. Am anderen Ortsausgang liegt in einer Rechtskurve ein betonierter Parkplatz, den wir uns für die Nacht ausgucken.

WOMO-Wanderparkplatz: Zuheros (Ortsausgang)

max. WOMOs: 2 – 3.
Ausstattung: Frischwasser (Normanschluss).
Zufahrt: A 316, Abzweig nach Zuheros (CO 241), hinter der Brücke geradeaus, wenige Hundert Meter.
Sonstiges: Platz liegt an der Zufahrtstraße nach Zuheros und ist nicht ganz ruhig. Beginn des alternativen Wanderweges in den Canyon des Río Bailén.

Nach dem Reinfall an der Fledermaushöhle wollen wir heute noch ein Erfolgserlebnis. Wir steigen zur Burg hoch und können gegenüber in dem kleinen ***„Museo Arqueológico y Castillo“*** den Verwalter aufstöbern, der uns bereitwillig das Burgtor gegen einen kleinen Obolus öffnet und uns ermahnt, um 18 Uhr die alten Gemäuer wieder zu verlassen. Durch die Zinnen der Festung haben wir einen grandiosen Rundblick auf die ab-

Zuheros: Castillo de Allende (13. Jahrhundert)

wechslungsreiche Landschaft, in der Olivenhaine dominieren, und auf den Ort mit den weißen Häusern. Pünktlich verlassen wir die Ruine und nehmen auf der nahen Terrasse des Restaurants *„Los Palancos"* Platz. Das Essen ist zwar gut, aber wider Erwarten etwas überteuert. Gesättigt bummeln wir durch das idyllische Dorf zu unserem Fahrzeug. Nachdem eine große Ziegenherde an unserem betonierten Stellplatz meckernd und blökend vorbeigezogen ist, haben wir eine ruhige Nacht.

Wir stehen sehr früh auf, weil eine fünfstündige Rundwanderung auf dem Programm steht.

Wanderung durch das Tal des Río Bailón

Karte: Mapa Guía „Parque Natural Sierras Subbéticas". Um das Gehen auf einer Asphaltstraße zu vermeiden, fahren wir mit dem Womo wieder in Richtung der Fledermaushöhle. In einer Linkskurve bei Km 3,1 liegt rechts ein Wiesenparkplatz mit einem großen, aber inhaltslosen Schild auf drei Beinen. Von den zwei wegführenden Pfaden nehmen wir den rechten und gehen auf die Felsen zu. Noch weiter rechts ist ein schmaler, fast nicht mehr erkennbarer Weg, der eine kleine Abkürzung bringt. Der Weg ist leicht zu erkennen und wir erreichen nach 30 Minuten die Quelle ***Fuente de la Zarza***, die den Weg überschwemmt hat, wodurch sich hier Schilf angesiedelt hat. Etwas abseits ist auch ein steinernes Überlaufbekken. An der nächsten Gabelung gehen wir rechts bergauf und lassen an einer Baumgruppe einen verfallenden Bauernhof links liegen.

Wenige Hundert Meter weiter erreichen wir wieder den ursprünglichen Weg. Auf dem Weg bergab blicken wir auf den ***Cerro del Bramadero***, einen flachen, kegelförmigen, mit Steineichen bewachsenen Berg, neben dem landwirtschaftliche Gebäude auszumachen sind. Mitten in der rauhen Natur hören wir helles Quieken, gemischt mit dumpfem Grunzen. Ein Schweinegehege mit einer Unzahl von niedlichen Ferkelchen!

Wir passieren ein offenbar bewohntes Bauernhaus (*Cortijo de Peal*) zur Rechten (2 Std.) Hier und da gibt es rote Farbzeichen für die Route. 500 m weiter westlich stoßen wir auf die ***Fuente de Fuenfría*** mit zwei Wasserbekken. Links auf einer kleinen Anhöhe liegt eine kleine Ruine. Hier verlassen wir den breiten Weg und biegen scharf nach rechts ab, einem grünen Pfeil mit rotem „P“ auf einem Felsbrocken am Rande des Bergrückens in nördlicher Richtung folgend, bis wir nach etwa 1000 m auf einen breiteren Pfad stoßen, der uns zum ***Río Bailón*** führt (2 ½ Stunden). Wir wandern auf einem meist bequemen Fußweg durch den unbeschreiblich schönen Canyon, in dem wir mehrmals das Flüsschen auf Steingeröll überqueren müssen. An einigen Stellen haben wir durch zwei steil aufragende Felsen einen wunderschönen Blick auf ZUHEROS. Überraschenderweise kommen wir genau an unserem gestrigen Stellplatz aus. (4 Stunden) Hätten wir das gewusst, dann wären wir die Wanderung aber anders herum gegangen! Zu unserem Wanderparkplatz an der Straße zur Fledermaushöhle müssen wir noch fast eine Stunde bergauf gehen.

Oben angekommen, treffen wir noch auf zwei Paare, die jetzt erst, nach 17 Uhr, loswandern wollen, und zwar die gleiche Strecke, wie wir sie gerade hinter uns haben. Sie kennen den Weg und auch die Schwierigkeit an der *Fuente de Fuenfría,* wenn man nicht scharf genug rechts abbiegt.

Da es uns hier oben etwas zu einsam, aber auch zu windig ist, rollen wir mit dem Womo in den Ort zur ***„Area Recreativa Los Cruces“***, die wir auf dem Rückweg entdeckt haben. Sie liegt etwas oberhalb des Dorfes und hat einen großen, zum Teil schattigen Parkplatz. Ein Steingebäude am Eingang des großen Parkplatzes beherbergt in der Hauptsaison das örtliche Informationsbüro, aber es ist fest verrammelt. Wann ist hier eigentlich Hauptsaison? Die Aussicht ins Tal ist überwältigend.

WOMO-Picknickplatz: Zuheros „Los Cruces“

max. WOMOs: 5 – 6. **Ausstattung:** Duschen*, WC*, Frischwasser*, Picknickmöbel (etwas tiefer gelegen), Müllcontainer, **Tourist Info***.

Zufahrt: A 316, Abzweig nach Zuheros (CO 241), hinter der Brücke geradeaus, den Ort queren, Richtung Fledermaushöhlen, 400 m rechts.

Sonstiges: *) Diese Anlagen waren Ende Mai noch geschlossen. Niemand im Dorf konnte uns über die Öffnungszeiten informieren.

Auf einem schmalen Fußweg gehen wir bei untergehender Sonne in den Ort und nehmen wieder in dem Restaurant *„Los Palancos“* unser Abendessen ein, denn zum Kochen sind wir zu abgeschlafft.

Gegen 22.30 Uhr treffen die vier Wanderer ein, die wir auf dem oberen Parkplatz getroffen haben. Aus den veranschlagten vier Stunden sind mehr als fünf geworden. Bei einigen Gläsern Rotwein tauschen wir noch lange Erfahrungen aus.

Blick aus der Schlucht des Río Bailón auf Zuheros

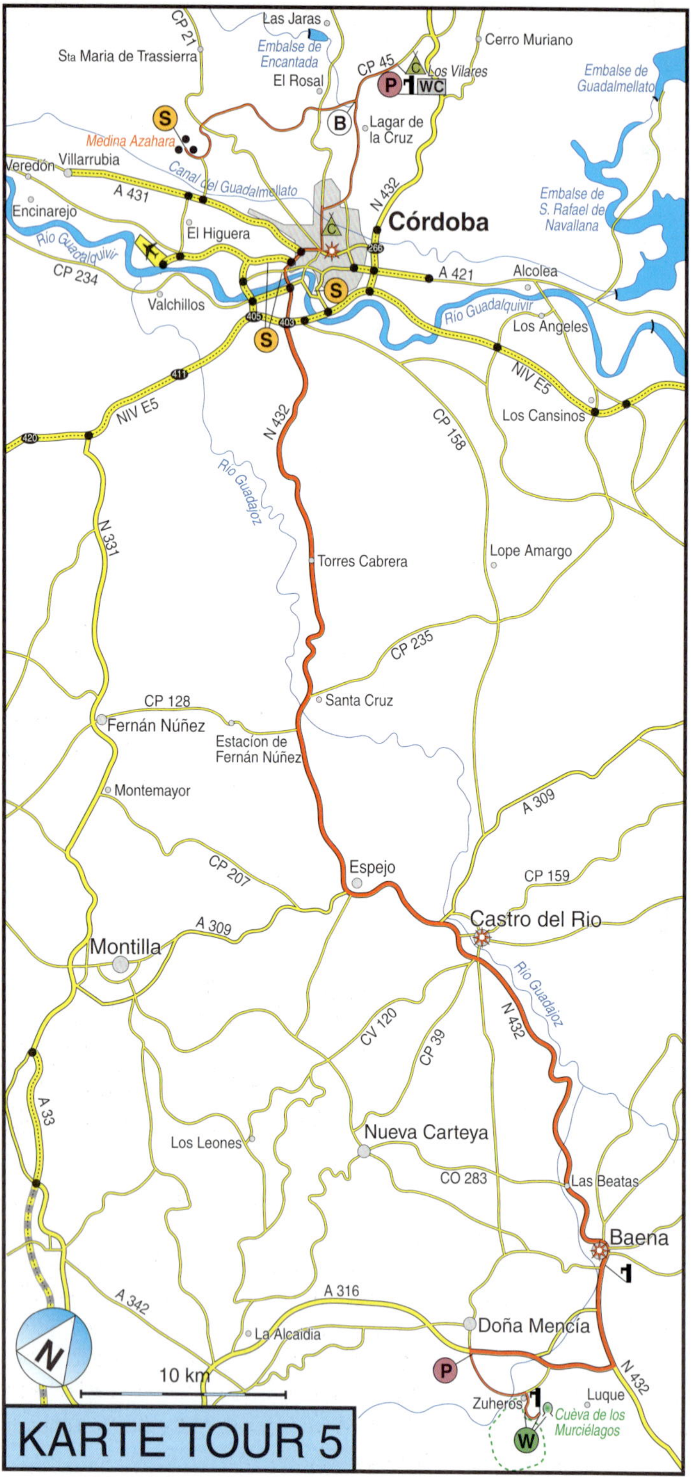
Las Jaras
CP 21
Sta Maria de Trassierra
Embalse de Encantada
El Rosal
CP 45
Los Vilares
Cerro Muriano
Embalse de Guadalmellato
WC
Lagar de la Cruz
Medina Azahara
Veredón
Villarrubia
Canal del Guadalmellato
A 431
Encinarejo
N 432
Córdoba
Embalse de S. Rafael de Navallana
El Higuera
Río Guadalquivir
CP 234
A 421
Alcolea
Valchillos
Río Guadalquivir
Los Angeles
NIV E5
Los Cansinos
NIV E5
N 432
CP 158
Río Guadajoz
N 331
Torres Cabrera
Lope Amargo
CP 235
CP 128
Santa Cruz
Fernán Núñez
Estación de Fernán Núñez
Montemayor
A 309
CP 207
Espejo
CP 159
A 309
Castro del Rio
Montilla
Río Guadajoz
N 432
CV 120
CP 39
A 33
Los Leones
Nueva Carteya
CO 283
Las Beatas
Baena
A 342
A 316
La Alcaidia
Doña Mencía
10 km
N 432
Luque
Zuheros
Cuèva de los Murciélagos

KARTE TOUR 5

TOUR 5 (115 km / 2 - 4 Tage)

Baena – Castro del Río – Espejo – Córdoba – Medina Azahara

Freie Übernachtung:	4x Córdoba, Lagar de la Cruz, Los Villares, Medina Azahara.
Ver-/Entsorgung:	Campingplätze, Los Villares (umständlich).
Trinkwasserstellen:	Baena (OE), Campingplätze, Los Villares.
Campingplätze:	Córdoba, Los Villares.
Besichtigen:	Baena, Castro del Río, Córdoba, Medina Azahara.
Essen:	Meson del Toro, Córdoba;

Wir verlassen das verträumte ZUHEROS nur ungern.

Wie kommen wir auf die „Route des Kalifats"? Sie verbindet die beiden bedeutendsten Städte der spanisch-maurischen Epoche, Córdoba und Granada, und ist „gepflastert" mit grandioser Architektur in zahlreichen Städten wie Alcalá la Real, Alcaudete, Luque, Zuheros, Baena, Castro del Río, Espejo, Fernán Núñez, Montemayor, Montilla, Aguilar de Frontera, Cabra und Priego de Córdoba.

Die Olivenölstadt Baena

Über A 316 und N 432 sind wir schnell in BAENA, weltbekannt für hervorragendes Olivenöl. 500 m vor dem Ortseingang gibt es eine **Wasserzapfstelle** an der Straße. Direkt dahinter verlockt ein deutscher Discounter wieder einmal, die Vorräte preisgünstig aufzufüllen. Die weißen Häuser des quirligen Städtchens liegen am Hang unterhalb der maurischen Burgruine und der gotischen Kirche Santa María. Für Reisemobile ist das Innere des sehenswerten Städtchens ungeeignet, da zu eng. Für einen Rundgang halten wir am Stadtrand.

Castro del Río

Weiter geht die Reise auf der N 432, vorbei an CASTRO DEL RÍO mit einer gewaltigen Festung, auf die wir von der Landstraße aus einen prächtigen Blick haben.

An dem dichter werdenden Verkehr erkennen wir, dass wir uns der Provinzmetropole CÓRDOBA am *Guadalquivir* nähern. Manche Leute sagen, sie sei die heimliche Hauptstadt Andalusiens. Für den Südspanien-Reisenden ist diese fantastische Stadt ein Muss, denn kaum woanders kann man die interessante, wechselvolle **Geschichte** und vielfältige Kultur des Landes so konzentriert kennen lernen. Nachdem die Römer bereits im 2. Jahrhundert v. Chr. das Land besetzten, mussten sie 572 n. Chr. den Westgoten weichen, die aber schon nach 140 Jahren den anstürmenden Arabern – damals nannte man sie Mauren – den Platz für ganze 525 Jahre überlassen mussten. Diese lange Zeit prägte das Gesicht und die Kultur dieser Stadt und – wenn man so will – ganz Andalusiens. Den Höhepunkt der maurischen Lebensform bildete die Zeit des Kalifats von Córdoba von 929 bis 1031. Nirgendwo in Spanien gibt es so viele, gut erhaltene Baudenkmäler der arabischen Welt wie in CÓRDOBA. Ein mehrtägiger Besuch lohnt sich deshalb allemal. Eine kostenlose Broschüre mit mehreren Vorschlägen für Rundgänge durch die historische Stadt besorgt man tunlichst schon zu Hause bei den Spanischen Fremdenverkehrsämtern („Turespaña") in Berlin, Düsseldorf, Frankfurt, München oder Wien.

Wir fahren in CÓRDOBA bis in die Innenstadt und folgen einfach den Wegweisern ***„Parador"***, denn ganz in dessen Nähe liegt der vorgesehene Campingplatz „*El Brillante*".

WOMO-Campingplatz-Tipp: Córdoba (El Brillante)

Öffnungszeiten: ganzjährig. **Ausstattung:** 1. Kategorie, Sanitäranlagen akzeptabel, Preis:19 €/Nacht, alle üblichen Einrichtungen vorhanden, gute Busverbindungen zur Innenstadt.
Zufahrt: an allen Ausfallstraßen (N IV/E 5, N 432, A 431) mit „Parador" oder dem Campingzeichen ausgeschildert; Avenida del Brillante 50.
Besonderes: Reservierung ist anzuraten (Telefon 957403836, Fax 957282165 oder www.vayacamping.net), da der einzige Platz in Córdoba häufig stark belegt ist, besonders im Frühjahr und Herbst, in der Karwoche (*Semana Santa)* und Ende Mai zur Kirmes *(Feria de Mayo).*

Aus Sicherheitsgründen raten wir dazu, in spanischen Großstädten die Campingplätze anzufahren, obwohl es auch in CÓRDOBA einige freie Stellplätze zu vermerken gibt:

WOMO-Stellplatz: Córdoba (Zoo)

max. WOMOs: unbegrenzt. **Ausstattung:** Müllcontainer, ruhig.
Zufahrt: N IV / E 5 oder N 432, „Centro“, zur Uferstraße am Guadalquivir, dort nach Südwesten, Brükkenrampe *Puente de San Rafael* kreuzen, *Avenida del Linneo* (auch *„Avenida del Zoologico“*), nach ca. 400 m am Ende der Zoomauer, Ecke *Calle Escultor Castilla Aguayo.*

Sonstiges: Der große Platz, offenbar ein Baugrundstück, ist eingezäunt, weshalb die spätere Nutzung fraglich sein kann.

Ganz in der Nähe finden wir eine weitere Stellmöglichkeit:

WOMO-Stellplätze: Córdoba (Parque Cruz Conde)

max. WOMOs: 5 – 10.
Ausstattung: Müllcontainer.
Zufahrt: N IV / E 5 / N 432, „Centro“, Richtung *Puente de San Rafael*, vorletzte Querstraße *vor der Brücke* (*Av. de los Custodios*) rechts ab, am Friedhof vorbei bis *Pintor Espinosa*, freier Parkplatz.
Sonstiges: Parkplatz liegt im Wohngebiet, deshalb nicht ruhig.

Gegenüber der Feuerwache (Bomberos) und der Stadtpolizei (Jefatura de la Policia Local) auf der **Plaza de O.N.C.E.** bietet sich ein weiterer großer Parkplatz an.

Auf der anderen Seite des Guadalquivir gibt es direkt an der Uferstraße Bushalteplätze, die nachts fast leer sind:

WOMO-Stellplatz: Córdoba (Am Guadalquivir)

max. WOMOs: 4 – 5 **Ausstattung:** Müllcontainer, sehr laut.
Zufahrt: N IV / E 5 oder N 432, „Centro“, über die historische Brücke *Puente Romano,* dort an der *Plaza Rastro* die erste Straße nach rechts, *Avenida de la Confederación* (auch: *„Av. de Fray Albino“).*
Sonstiges: Hier wird in der Straße geparkt.

Es gibt am Stadtrand von CÓRDOBA noch etliche Stellplätze, so zum Beispiel außerhalb der Festivals am Kirmesplatz ***Recinto Ferial el Arenal***, in der Nähe des neuen Stadions hinter dem Knie des *Guadalquivir*, wenn man die beiden Brükken *Fuente Romana* und *Fuente Arenal* nacheinander überquert.

Wenn Sie denn frei stehen wollen, denken Sie immer an größtmögliche Sicherungen. Eine Alarmanlage reicht nicht, denn darauf reagiert kaum jemand, bestenfalls die Polizei auf der *Plaza del O.N.C.E.*

Convento de la Merced

Wir jedenfalls steigen zur Stadtbesichtigung vor dem Campingplatz in die Buslinien Nr. 10 oder 11. In der Nähe der ***Plaza de Colon*** steigen wir aus und beginnen am ***Torre de la Malmuerta*** unseren **Rundgang IV** der Córdoba-Broschüre, die sich als sehr wertvoll und informativ erweist. Wir ersparen uns die detaillierte Beschreibung dieses wunderschönen Weges, auf dem wir u. a. die Kirchen ***San Nicolas de la Villa, San Hipólito, San Pablo*** und ***Santa Marina*** sowie die Klöster ***Santa Marta, La Merced*** und sonstige Prachtbauten sehen können. Hierfür haben wir bei über 35 ° Celsius den restlichen halben Tag gebraucht, einschließlich einer Erfrischung im Straßencafé.

Córdoba: Iglesia Conventual del Santo Angel (Kapuzinerkloster)

An der Rezeption des Campingplatzes erhalten wir abends einen Lageplan der Stadt, in dem auch einige Restaurants vermerkt sind. Wir finden eines mit Straßenterrasse nach fünf Minuten Fußmarsch in südlicher Richtung: *Meson del Toro* auf der *C. Fuente de los Picadores.* Wir sind sehr zufrieden.

Córdoba: Kathedrale - Mezquita

Der nächste Tag ist zur Gänze einer ausgiebigen Stadtbesichtigung gewidmet. Diesmal lassen wir uns mit dem Bus bis in die Nähe der **Kathedrale** – auch ***„Mezquita“*** genannt – chauffieren und beginnen dort mit dem **Rundgang I**: Allein in der fantastischen Kathedrale, eine geniale Mischung maurischer und christlicher Baukunst, verbringen wir mehrere Stunden, weil

wir uns an der Schönheit vergangener Zeiten einfach nicht satt sehen können. Geöffnet Mo – Sa 10 – 19 Uhr, So 14 – 19 Uhr; Eintritt 6,50 €, während der Gottesdienste (werktags 8.30 - 10 Uhr bzw. sonntags vor 14 Uhr) frei.

Nach der anstrengenden, aber hinreißenden Wanderung durch das gigantische Gotteshaus lassen wir uns in einer kleinen Bar in der Gasse hinter der Mezquita erst

einmal auf die Hocker am Tresen fallen und genießen ein paar Tapas zum Bier. Weiter schlendern wir durch das pittoreske Judenviertel ***Judería***, vorbei an der ***Puerta de Almodóvar,*** an der **Tourist Info** (Stadtplan!), am Stierkampfmuseum ***Museo Taurino,*** durch das Kunsthandwerksmuseum ***Zoco***, vorbei an der mittelalterlichen **Synagoge** und den **Arabischen Bädern.** Wir passieren die ***Casa del Indiano,*** die ***Casa de las Hoces,*** eine Moschee mit Minarett, dem ***Palacio de Marqués de la Fuensanta***, um den kurzweiligen Weg in der malerischen Blumengasse ***Calleja de las Flores*** enden zu lassen. In einer kleinen Tapasbar erholen wir uns zwischendurch. Die weiteren wichtigen Sehenswürdigkeiten liegen fast alle in Altstadtnähe: ***Alcázar de los Reyes Cristianos, Museo Arqueológico, Museo Privincial de Bellas Artes, Museo Julio Romero de Torres, Plaza del Potro, Plaza de la Corredera*** und nicht zuletzt die wunderschöne mau-

Murallas árabes, Puerta de Almodóvar, Synagoge

risch-christliche Kirche ***San Pablo*** (13. Jahrhundert).

In der Altstadt fallen uns viele hübsche junge Frauen auf, die – gehüllt in lange Rüschenkleider – entweder zu Fuß oder als „Sozia“ hoch zu Ross zur anderen Seite des *Guadalquivir* streben. Wir folgen ihnen und gehen über die alte Römerbrücke ***Puente Romano,*** vorbei am ***Torre de la Calahorra*** (1369) in den Stadtteil *Barrio de Miraflores*, den wir in südöstlicher Richtung durchqueren, um auf der nächsten Brücke *Puente Arenal* den großen Fluss abermals zu überschreiten. Hier streckt sich zur Rechten ein riesiges Jahrmarktgelände *(Recinto Ferial „El Arenal“)* aus, auf dem gerade das große Volksfest ***Feria de Mayo*** stattfindet. Pferdenärrin Gudrun kommt hier voll auf Ihre Kosten, denn in der großen Zeltstadt wimmelt es nur so von Reitern und Kutschen in allen denkbaren Varianten. Unter den vielen Pferden fällt eines auf, das offenbar deutlich lacht.

In vielen Zelten und Innenhöfen wird von konkurrierenden Gruppen junger Mäd-

chen, die fantasievolle, farbenfrohe Kleider tragen, **Flamenco** zu heißer Gitarrenmusik in Formation getanzt. Auf offenem Feuer grillt man Unmengen von Fleischstücken, so dass der Rauch in den Augen schmerzt.

So leicht können wir uns hier nicht losreißen, bis wir uns – schon bei Dunkelheit – recht preiswert per Taxi zum Campingplatz zurückfahren lassen.

Wenn wir in CÓRDOBA alles sehen wollten, müssten wir noch ein paar Tage dranhängen. Da es in der Stadt aber schon sehr heiß ist, drängt es uns am nächsten Morgen nach Abkühlung. Im Norden der Stadt, in LAGAR DE LA CRUZ gibt es das schön angelegte Freibad „***Piscina Assuan***“, das aber zu unserem Erstaunen erst am 6. Juni seine Tore öffnet, obwohl Temperaturen von nahezu 40° Celsius herrschen. Sowohl vor als auch hinter der Anlage kann man parken.

WOMO-Badeplatz: Lagar de la Cruz

max. WOMOs: 2 – 3 **Ausstattung:** Müllcontainer, Freibad, kleiner Supermarkt, Kneipe.

Zufahrt: vom Campingplatz „El Brillante“ die Av. del Brillante nach Norden, bei Km 9,5 am Abzweig zum *Parque Naturale Forestal Los Villares.* (Achtung: Einen solchen Abzweig gibt es schon erheblich früher von der *Carretera del Brillante,* der aber nicht zum Freibad führt!)

Sonstiges: Am Badeingang gibt es einen kleinen Parkplatz, 200 m hinter dem Bad eine große Wiese, in wir bei der Besichtigung einfahren können. Hier sind aber größere Erdarbeiten im Gange, was eine spätere Sperrung vermuten lässt.

Wir biegen an dem Bad nach rechts ab und folgen den Wegweisern zum Naturpark LOS VILLARES und erreichen nach 2,8 km einen netten kleinen Campingplatz, angeschlossen das *Centro de Interpretación de la Naturaleza.* Davor gibt es einen großen parzellierten Parkplatz, der das Herz eines WOMO-Fahrers höher schlagen lässt. Zuerst wollen wir uns in dem Naturparkzentrum informieren. Kaum sind wir in dem offenen Gebäude mit allerlei Schautafeln und Ausstellungsstücken, da malträtiert eine Alarmanlage unsere Trommelfelle. Schon kommt jemand aus dem benachbarten Campingplatz angelaufen und fragt misstrauisch nach unserem Begehr. Über Nacht Parken ist hier nicht erlaubt, dafür sei die *Area de Acampanada* schließlich da.

WOMO-Campingplatz-Tipp: Los Villares

Öffnungszeiten: ganzjährig. **Ausstattung:** einfach, Restaurant, Laden, landschaftlich schön gelegen. Preis: 11 €/Nacht, Fon 957330145
Zufahrt: vom Campingplatz „El Brillante" die Av. del Brillante nach Norden, bei Km 9,5 am Abzweig zum *Parque Naturale Forestal Los Villares*, 2,8 km. Oder bei der 1. Abzweigung von der Av. del Brillante, Carretera Los Villares bei Km 7,5 km, beschildert.
Besonderes: Ein kleiner Wanderweg führt rund um den Platz.

Wir finden aber etwas Besseres für die Nacht: Vorbei an einem Golfclub erreichen wir nach 3 km die ***Area Recreativa*** mit Parkplätzen auf beiden Seiten der Straße. Nach einem ausgiebigen Spaziergang durch die alten Wälder und dem Genuss von gegrilltem Fleisch haben wir eine ruhige, aber auch etwas einsame Nacht.

WOMO-Picknickplatz: Los Villares (bei Córdoba)

max. WOMOs: 10 - 15 **Ausstattung:** Müllcontainer, Frischwasser, Toiletten, Tische, Bänke, Grillstellen, Spielgeräte, schattig.

Zufahrt: 3 km nördlich des Campingplatzes
Sonstiges: An Wochenenden kann es hier voll werden, da es sich um ein Naherholungsgebiet von Córdoba handelt.

Mit CÓRDOBA sind wir aber noch nicht ganz fertig, weil wir die prächtige maurische Ruinenstadt ***Medina Azahara*** (in arabisch: ***Madinat al-Zahra***) besuchen wollen. Wir fahren wieder zum Schwimmbad „Assuan" zurück, überqueren die Hauptstraße leicht nach links versetzt und rollen auf dem Sträßchen CV 79 unserem Ziel entgegen. Nach 2,8 km

Las Eremitas

machen wir einen Abstecher zur Einsiedelei ***Las Eremitas***, auf einem steilen Berg mit einer wundervollen Aussicht auf die Guadalquivir-Ebene und CÓRDOBA. Wir finden das Kloster geschlossen vor, aber angeblich soll man es im Sommer von 10 – 13.30 Uhr besichtigen können.

Wir verfolgen wieder die CV 79 in Richtung TRASIERRA. An einer Tankstelle biegen wir scharf links in die CP 119, später CP 248, ein und sind bald in ***Medina Azahara***. Der Parkplatz davor eignet sich als nächtliche Bleibe.

WOMO-Stellplatz: Medina Azahara (Madinat al-Zahra)

max. WOMOs: 2 – 3 **Ausstattung:** Müllcontainer, WC (im Innenbereich), Imbiss, Gebühr 1,20 €, Custodio fragt nach Übernachtung.
Zufahrt: siehe Text, oder: von der A 431 ca. 4 km westlich, Abzweig auf CP 119 beschildert, CP 248.

Medina Azahara: Eingang zur Festung (Alcázar)

Medina Azahara: Säulengang (um 940 n. Chr.)

Der Bummel durch die seit 1911 ausgegrabene Ruinenstadt versetzt uns in ein Märchen aus Tausendundeiner Nacht. Die Ausrufung des Kalifenreiches im Al-Andalus im Jahr 929 n. Chr. brachte eine Reihe politischer, wirtschaftlicher und städtebaulicher Maßnahmen mit sich, welche die Macht der neuen Staatsform verstärkten. Der sehr mächtige und beliebte **Kalif Abd al-Rahman III.** baute von 936 bis 940 diese repräsentative Königsstadt wie aus der Retorte, fast rechteckig 1500 x 750 m, in leichten Terrassen am Berg angelegt. Leider verfiel die prächtige Kalifenresidenz sehr schnell, denn schon unter dem zweiten Nachfolger von Abd al-Rahman III., Hisam II., begann 1010 bis 1013 die Zerstörung aufgrund interner Kämpfe, die den Niedergang des Omaijadenkalifats verursachten. Besichtigen kann man heute etwa ein Zehntel der damaligen Stadtfläche, denn der Rest muss noch ausgegraben werden.

Medina Azahara: Blick auf den Kalifenpalast

Für EU-Bürger ist der Eintritt in das wirklich sehenswerte UNESCO-Kulturerbe kostenlos. Die Zeit vergeht wie im Flug beim Bummel durch die prächtigen Bogengänge, Hallen und Parks, so dass wir das Angebot des Parkwächters annehmen. Natürlich ist hier wieder ein Trinkgeld fällig. Da kein Restaurant in Sichtnähe ist, muss heute die Bordküche herhalten.

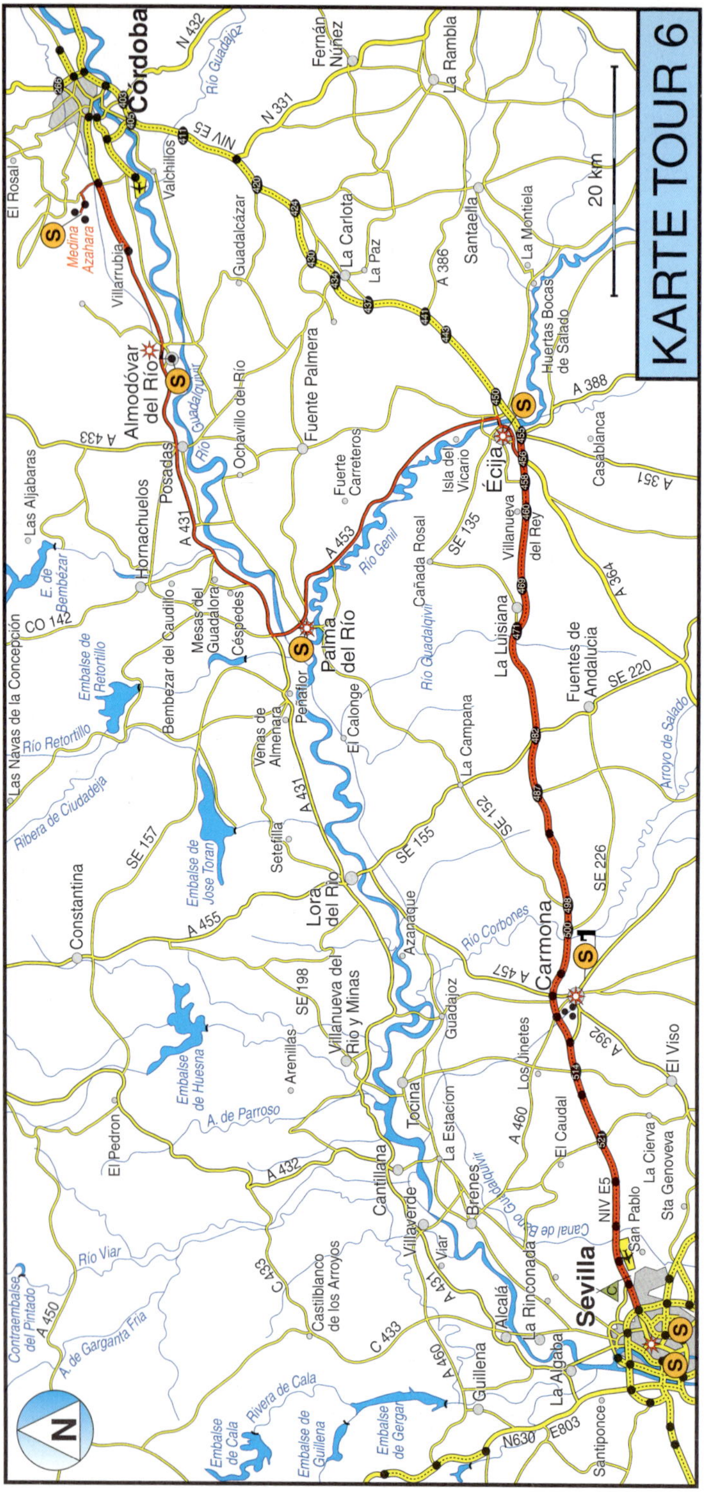

KARTE TOUR 6
20 km
Córdoba
Medina Azahara
El Rosal
Villarrubia
Almodóvar del Río
Posadas
Hornachuelos
Palma del Río
Peñaflor
Lora del Río
Villanueva del Río y Minas
Cantillana
Tocina
Brenes
Villaverde
Alcalá
La Rinconada
La Algaba
Sevilla
Santiponce
Guillena
Castilblanco de los Arroyos
Constantina
El Pedron
Las Navas de la Concepción
Las Aljabaras
Bembezar del Caudillo
Mesas del Guadalora
Céspedes
Venas de Almenara
Setefilla
Arenillas
Azanaque
Guadajoz
Los Jinetes
La Estación
El Caudal
El Viso
La Cierva
Sta Genoveva
San Pablo
Carmona
Fuentes de Andalucía
La Campana
La Luisiana
Cañada Rosal
El Calonge
Fuente Palmera
Fuerte Carreteros
Ochavillo del Río
Écija
Isla del Vicario
Villanueva del Rey
Casablanca
Huertas Bocas de Salado
La Montiela
Santaella
La Paz
La Carlota
Guadalcázar
Valchillos
Fernán Núñez
La Rambla
Río Guadalquivir
Río Genil
Río Guadajoz
Río Corbones
Arroyo de Salado
Río Retortillo
Ribera de Ciudadeja
Río Viar
A. de Parroso
A. de Garganta Fría
Rivera de Cala
Canal de Bajo Guadalquivir
E. de Bembézar
Embalse de Retortillo
Embalse de Jose Toran
Embalse de Huesna
Contraembalse del Pintado
Embalse de Cala
Embalse de Guillena
Embalse de Gergal
NIV E5
N 432
N 331
A 433
A 431
A 453
SE 135
A 386
A 388
A 351
A 364
SE 220
SE 152
SE 226
SE 155
A 455
SE 157
SE 198
A 457
A 392
A 460
A 432
C 433
A 450
N630
E803
CO 142

TOUR 6 (173 km / 3 - 5 Tage)

Almodóvar del Río – Palma del Río – Écija – Carmona – Sevilla

Freie Übernachtung:	Almodóvar del Río, Palma d. Río, Écija; Carmona, 3x Sevilla.
Ver-/Entsorgung:	Campingplätze.
Trinkwasserstellen:	Campingplätze; Carmona.
Campingplätze:	Sevilla, 2x Dos Hermanas.
Besichtigen:	Almodóvar del Río; Palma del Río; Écija; Carmona; Sevilla.

Wollen Sie einmal ein richtiges Märchenschloss sehen? Dann fahren Sie von MEDINA AZAHARA auf dem Sträßchen CV 119 etwa 3 km nach Süden zur vierspurigen A 431, um dort rechts nach ALMODÓVAR DEL RÍO einzubiegen.

Almodóvar del Río: Castillo

Die mächtige Burg ist schon von Weitem zu erkennen. Umgekehrt haben die Mauren seit dem 8. Jahrhundert die Schifffahrt auf dem breiten Guadalquivir überwachen können. Wir nehmen nach etwa 17 km die zweite Zufahrt nach ALMODÓVAR DEL RÍO, denn die erste führt uns mitten durch das enge Städtchen. Am Fuß des Burgberges finden wir einen geräumigen Parkplatz vor, der sich als einfacher Stellplatz eignet.

WOMO-Stellplatz: Almodóvar del Río
max. WOMOs: 10 – 12.
Ausstattung: Müllcontainer, Sitzbänke.
Zufahrt: A 431, ca. 17 km westlich von Córdoba, 2. Zufahrt, Parkplatz unterhalb der Burg.
Sonstiges: Stadtnähe, Restaurants.

Wir wagen es, das steile, einspurige Sträßchen zur Burg hochzufahren und finden oben einige – allerdings sehr schräge – Parkplätze. Lassen Sie Ihr WOMO lieber unten, denn es führt auch ein Fußweg hinauf zum ***Castillo***, dessen maurische Ursprünge schon im 8. Jahrhundert liegen. Nach einer vierjährigen Belagerung eroberte 1240 Ferdinand III. die „Plage der Christen", wie die Trutzburg damals genannt wurde. Gegen 3 € Eintrittsgeld können wir den größten Teil der in Privatbesitz befindlichen Burganlage besichtigen. Schautafeln erklären uns, dass die ziemlich verfallene Burg um 1900 herum von einem reichen Bürger aus Sevilla aufgekauft und in jahrzehntelanger Arbeit liebevoll zur heutigen Form restauriert wurde. Der Weitblick durch die vielen Zinnen und Türmchen auf die Senke des *Guadalquivir* ist einfach grandios. Wir können auf allen Wehrgängen entlangspazieren, Kinder sollten aber an die Hand genommen werden, weil nicht überall Sicherungen vorhanden sind. Im Sommer ist im Innenhof eine Art Biergarten geöffnet.

Die nächste Station ist PALMA DEL RÍO. Nach 30 km auf der A 431 biegen wir nach links in die A 453 in Richtung ÉCIJA ab. Über eine uralte Brücke gelangen wir in das wunderhübsche Städtchen, das selten ein Reiseführer erwähnt. Man gibt sich aber jede Mühe, in den Reigen der sehenswerten Städte Andalusiens aufgenommen zu werden.

Palma del Río: Convento de San Francisco

An der **Tourist Info** an der *Plaza Andalucía* („*Centro*") holen wir uns einen Gratisstadtplan mit Erläuterungen aller Sehenswürdigkeiten. Am bekanntesten ist hier das Kloster ***Convento de San Francisco*** aus dem 15. Jahrhundert, in dem jetzt ein fesches Hotel untergebracht ist. Einen einfachen Stellplatz bietet der Kirmesplatz im Süden der Stadt.

WOMO-Stellplatz: Palma del Río

max. WOMOs: 10 - 15 **Ausstattung:** Müllcontainer.
Zufahrt: A 431, A 453, die Stadt nach Süden durchqueren (Wegweiser „Piscina"), Kirmesplatz „*Recinto Ferial*" in der Nähe des Flussufers.
Sonstiges: Von Zeit zu Zeit lagern hier auch Sinti und Roma.

Nach zwei Stunden Stadtrundgang und herrlichen Eindrükken rollen wir auf der A 453 der heißesten Stadt Andalusiens, ÉCIJA, entgegen, immer entlang dem *Río Genil*.

Nach 29 km erreichen wir die „Stadt der Türme". Da sie am Fluss in einer Senke liegt, ist es hier im Sommer unerträglich heiß, weshalb ÉCIJA auch den Beinamen „Bratpfanne Andalusiens" trägt. Wir finden einen nicht ganz ruhigen Übernachtungsplatz direkt am Ufer des *Río Genil*.

WOMO-Stellplatz: Écija

max. WOMOs: 2 - 3 **Ausstattung:** Müllcontainer, Restaurants.
Zufahrt: N IV AS 450, hinter der Brücke rechts, am Basketballplatz. Oder von der A 453 kommend: 2. Stadtzufahrt, hinter der Brücke.
Sonstiges: Platz ist sehr primitiv, gut für eine Stadtbesichtigung, notfalls auch Übernachtung.

Der Vorzeigeplatz ***Plaza de España*** mit vielen Prachtbauten ist leider schon seit Jahren eine riesige Baustelle für ein unterirdisches Parkhaus. Im Rathaus gibt es ein römisches Mosaik

aus dem 3. Jahrhundert zu bewundern. Das übrige Stadtbild mit vielen Palästen und Kirchen, darunter die schöne ***Iglesia de Santa Cruz***, ist noch interessant genug. An der *Plaza de España* nehmen wir in einem Straßencafé ein preiswertes Abendessen ein, während die Dunkelheit hereinbricht. Wir machen uns auf den „Heimweg" zu unserem WOMO am Río Genil, vorbei an vielen beleuchteten Kirchtürmen.

Der nächste Tag beschert uns wiederum ein Schatzkästchen andalusischer Baukunst: CARMONA. Wir erreichen diese Stadt schnell nach flotter Fahrt in westlicher Richtung auf der N IV / E 5. Der größte Teil der Sehenswürdigkeiten befindet sich in der Oberstadt. Wir finden einen Parkplatz in der Unterstadt nahe bei der Kirche ***San Pedro***, wo wir unseren Rundgang beginnen. Den registrierten Stellplatz entdecken wir aber zu Fuß vor dem prächtigen Stadttor ***Puerta de Córdoba.***

Carmona: Puerta de Córdoba

WOMO-Stellplatz: Carmona

max. WOMOs: 1 - 2 **Ausstattung:** Müllcontainer, Frischwasser.
Zufahrt: N IV Ausfahrt Carmona-Centro, Beschilderung „Puerta de Córdoba" folgen, oder: von der N IV Ausfahrt Carmona/Marchena, beschildert.

Sonstiges: Platz ist gut für eine Stadtbesichtigung, notfalls auch Übernachtung. Es können dort auch Busse parken. Von hier aus muss der Rundgang in umgekehrter Reihenfolge durchgeführt werden.

In der Unterstadt gibt es neben der hübschen Barockkirche ***San Pedro*** kaum sehenswertes; gegenüber ist die mächtige ***Puerta de Sevilla,*** Eingang zur Oberstadt. In dem Torbau befindet sich die **Tourist Info**, wo wir uns Stadtplan und Broschü-

ren besorgen. Mit dem Plan in der Hand durchstreifen wir die wunderschöne Altstadt und geraten dabei mitten in eine kirchliche Prozession, bei der offenbar die gesamte Bevölkerung beteiligt ist. An der höchsten Stelle thront das Kastell, der ***Alcazar del Rey Don Pedro***, in dem, wie in anderen andalusischen Städten auch, ein vornehmes Parador-Hotel untergebracht ist. Nördlich davon durchschreiten wir die ***Puerta de Córdoba***, wo wir den Stellplatz finden, aber unser WOMO nicht extra dort platzieren.

Archäologisches Highlight von CARMONA sind im Westen der Stadt die sehenswerten **Römischen Nekropolen** aus dem 1. und 2. Jahrhundert. Wir orientieren uns hierzu in Richtung SEVILLA und fragen uns durch. Der Eintritt ist für EU-Bürger frei, es finden fachkundig geleitete Führungen statt. Geöffnet im Sommer Di – Fr 8.30 – 14 Uhr, Sa 10 – 14 Uhr; im Winter Di – Fr 9 bis 14 Uhr, Sa – So 10 – 14 Uhr. Am Eingang erhalten wir eine deutsche Beschreibung der interessanten Ausgrabungen.

Carmona: Römische Nekropolen

Nach flotter Fahrt auf der N IV / E 5 in westlicher Richtung gelangen wir an den Stadtrand von SEVILLA, das absolute Highlight Andalusiens. Wir haben uns aus Sicherheitsgründen den Campingplatz im Norden der Hauptstadt ausgesucht, der von der Schnellstraße leicht erreichbar ist, da die Beschilderung hier bereits beginnt.

WOMO-Campingplatz-Tipp: Sevilla

Öffnungszeiten: ganzjährig. **Ausstattung:** 2. Kategorie, Restaurant, Imbiss, Pool, Ent- /Versorgung. Reservierung: Fon und Fax 954514379. Preis: 11,25 €/Nacht.
Zufahrt: von Córdoba N IV / E 5, AS 534, beschildert.
Sonstiges: Mehrmals täglich fahren Sonderbusse in die City. Haltestellen der regulären Buslinien erfordern 30 Minuten Fußmarsch. Lärmbelästigungen durch die Autovía und den Flughafen sind erträglich.

Sevilla: Kathedrale Santa María de la Sede

Die andalusische Metropole bietet dem Besucher unendlich viele Sehenswürdigkeiten, so dass wir allein damit zehn Seiten dieses Buchs füllen könnten. Die Broschüre von *Turespaña* mit acht Stadtrundgängen zu 77 Objekten sollten Sie sich schon zu Hause besorgen oder einen der einschlägigen Reiseführer zu Rate ziehen. **Tourist Infos** gibt es mehrere: Av. de la Constitución 21 B; Paseo de las Delicias 9; Calle Arjona; Park Isla Mágica. Überall erhält man kostenlos Stadtpläne und Broschüren. Wegen der hohen Kriminalitätsrate sollten Sie überall, wo sich Touristen drängen, auf der Hut sein.

Kathedrale Santa María: Retablo

Was in SEVILLA keinesfalls versäumen werden sollte:

Catedral de Santa María de la Sede mit dem Wahrzeichen der Stadt, dem Turm ***Giralda,*** dem ***Patio de los Naran-***

jos, der ***Capilla Mayor,*** dem welberühmten ***Retablo,*** der ***Capilla Real, Sacristía Mayor*** und dem **Christoph-Columbus-Grab**. Das frühere Judenviertel ***Barrio de Santa Cruz*** mit der ***Casa Pilatos,*** einem Gassengewirr und kleinen Parks – mit einmaligem Flair!

Kathedrale Santa María: Capilla Real

Die Festung ***Reales Alcázares*** mit dem **Palast Pedro des Grausamen, Gobelins im Palast Karls V.** sowie die berühmten **Gärten des Alcázar.**

Parkanlagen am *Paseo Cristóbal Colón*, ***Torre del Oro*** am Ufer des Río Guadalquivir.

Museo de Bellas Artes mit einer unermesslich kostbaren Gemäldesammlung.

Parque de María Luisa mit der wunderschönen ***Plaza de España.*** Hier können Sie und Ihre Kinder Bötchen fahren.

Sevilla: Plaza de España

Besonders eindrucksvoll in SEVILLA sind die **Festlichkeiten während der Karwoche *(Semana Santa)***. In dieser Zeit sind die meisten Hotels zu horrenden Preisen ausgebucht, weshalb eine langfristige Reservierung auch auf den Campingplätzen unbedingt anzuraten ist. Im Süden der Hauptstadt gibt es in dem 17 km entfernten Vorort DOS HERMANAS zwei weitere Campingplätze:

WOMO-Campingplatz-Tipps: Dos Hermanas

Villsom

Öffnungszeiten: 1.1. – 19.12. **Ausstattung:** zufriedenstellend, nicht ganz ruhig, da nur 100 m von der N IV; Restaurant 800 m, Cafetería, Pool, Ent- /Versorgung. Reservierung: Fon und Fax 954720828. Preis je nach Saison ab 12,65 €.

Club de Campo

Öffnungszeiten: ganzjährig. **Ausstattung:** kleinerer Platz, Imbiss, Pool. Nicht ganz so laut wie Villsom. Reservierung: Fon 954720250, Fax 954726308. Av. de la Libertad 13; Preis Hauptsaison 20,70 €.
Zufahrt (für beide): N IV / E 5 Richtung Cádiz, bei Km 554,8 Richtung Isla Menor.
Sonstiges: Mehrmals täglich fahren Busse in die City von Sevilla.

Natürlich haben wir in SEVILLA auch einige freie Stellplätze ausgemacht:

WOMO-Stadtparkplätze: Sevilla

1. Parkplatz Torneo

max. WOMOs: 10 – 15
Ausstattung: Müllcontainer.
Zufahrt: Sevilla Centro, am Guadalquivir zwischen den Brücken *Puente del Cachorro* und *Pasarela la Cartuja*. Bewachter, eingezäunter, gebührenpflichtiger Stadtparkplatz zwischen *Torneo* und *Marques de Paradas*. Nähe Busbahnhof (beschildert).
Sonstiges: Der meist stark frequentierte Platz ist gut für eine Stadtbesichtigung, auch Übernachtung, wenn man lärmunempfindlich ist. Auf der Wiese nördlich der Brücke *Puente del Cachorro* (neben dem Busbahnhof) gibt es einen weiteren Parkplatz. Sicherheitsvorkehrungen!

2. Jardines de San Telmo

max. WOMOs: 3 –5 **Ausstattung:** Straßenparkplatz.
Zufahrt: Sevilla Centro, am Guadalquivir zwischen den Brücken *Puente de San Telmo* und *Puente del Generalísimo* auf der Straße *La Rábida.*
Sonstiges: Nur für eine Stadtbesichtigung geeignet, wenn entsprechende Sicherheitsvorkehrungen getroffen werden. Am Flussufer in südlicher Richtung gibt es weitere Parkmöglichkeiten. Ganz in der Nähe ist die **Tourist Info** an der Uferstraße *Paseo de las Delicias.*

Wir begeben uns über die futuristische Brücke ***Puente de la Barqueta*** auf eine Insel im Guadalquivir und entdecken das ehemalige Gelände der Weltausstellung von 1992, die ***Isla Cartuja*** mit dem Karthäuserkloster ***Santa María de la Cuevas***, in dem auch das „Andalusische Zentrum für Zeitgenössische Kunst" untergebracht ist. (Fußgängerbrücke *Pasarela La Cartuja!)* Der nach der Expo 1992 geplante Forschungs- und Technologiepark ***Parque de los Descubrimientos*** ist wohl ein Flop geworden, weshalb die Sevillaner es mit einem riesigen Vergnügungspark erfolgreicher versuchten:Die ***„Isla Mágica"*** ist eine Art spanisches Disneyland mit Fahrgeschäften und Piratenromantik. Hier gibt es natürlich viel ungenutzten Parkraum, nur der Fußweg zur Innenstadt ist etwas beschwerlich. Ein kleiner Parkplatz liegt jedoch ganz in Brückennähe. Nördlich des Expo-Geländes gibt es großzügige Parkanlagen, den ***Parque del Alamillo,*** angelegt zur Weltausstellung. Auch hier gibt es zahlreiche Stellmöglichkeiten.

WOMO-Stadtparkplätze: Sevilla

3. Isla Mágica
max. WOMOs: 8 – 10. **Ausstattung:** keine, meist gebührenpflichtig.
Zufahrt: Sevilla Centro, am Guadalquivir über die Brücke *Puente de la Barqueta, sofort* links ab, 50 m links.
Sonstiges: Der Platz ist noch gerade geeignet für eine Stadtbesichtigung, wenn man einen Fußmarsch von 20 – 30 Minuten auf sich nimmt. Für eine Übernachtung zu laut und zu unsicher!

4. Parque del Alamillo
max. WOMOs: ohne Limit **Ausstattung:** Müllcontainer, ruhig.
Zufahrt: Sevilla Centro, am Guadalquivir über die Brücke *Puente del Alamillo* (Richtung Huelva), 1. Ausfahrt rechts, am Kreisverkehr.
Sonstiges: Der Parkplatz kann lt. Hinweisschild nur von 8 – 22 Uhr genutzt werden. Vor dem Platz gibt es keine Einschränkungen.

Sevilla: Parque del Alamillo

In SEVILLA kann man locker eine ganze Woche mit Besichtigungen verbringen, aber auch das attraktive Nachtleben auf der Vergnügungsmeile zwischen der *Puente de la Barqueta* und dem *Teatro Central Hispano* ist besonders im Sommer nicht nur bei ausländischen Besuchern sehr beliebt. Wir haben Mühe, den letzten Bus zum Campingplatz zu kriegen.

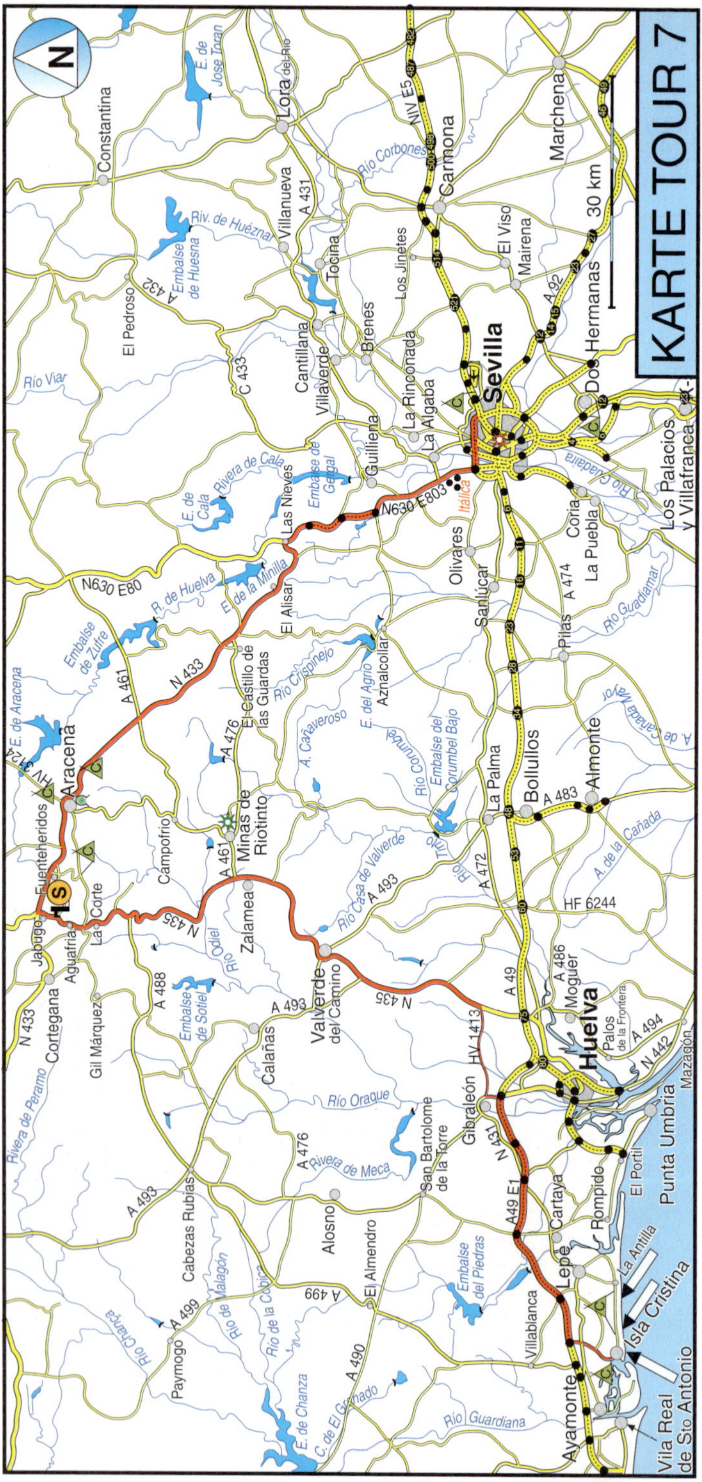
KARTE TOUR 7
N
30 km
Sevilla
Huelva
Constantina
Lora del Río
E. de Jose Toran
Villanueva
A 431
Río Corbones
Carmona
Marchena
Riv. de Huéznar
Embalse de Huesna
A 432
El Pedroso
Tocina
Los Jinetes
El Viso
Mairena
Dos Hermanas
Brenes
Cantillana
Villaverde
C 433
Río Viar
La Rinconada
La Algaba
Guillena
Rivera de Cala
Embalse de Gergal
E. de Cala
Las Nieves
N630 E803
Itálica
Olivares
Coria
La Puebla
Río Guadaira
Los Palacios y Villafranca
N630 E80
R. de Huelva
E. de la Minilla
El Alisal
Sanlúcar
A 474
Embalse de Zufre
A 461
N 433
El Castillo de las Guardas
Río Crispinejo
Aznalcollar
E. del Agrio
Pilas
Río Guadiamar
E. de Aracena
HV 3124
Aracena
A 476
A. Cañaveroso
Río Corumbel
Embalse del Corumbel Bajo
La Palma
Bollullos
Almonte
A. de Cañada Mayor
A 483
Fuenteheridos
Campofrío
Minas de Riotinto
Río Tinto
A 472
A. de la Cañada
Jabugo
La Corte
Aguafria
N 435
Zalamea
Río Casa de Valverde
A 493
HF 6244
Cortegana
Gil Márquez
A 488
Embalse de Sotiel
Río Odiel
Valverde del Camino
A 49
A 486
Moguer
N 433
Calañas
HV 1413
Palos de la Frontera
A 494
N 442
Mazagón
Rivera de Peramo
Río Oraque
Gibraleón
San Bartolome de la Torre
Rivera de Meca
N 431
Punta Umbria
El Portil
Rompido
A 493
Cabezas Rubias
Alosno
A49 E1
Cartaya
Río de Malagón
El Almendro
A 499
Embalse del Piedras
Lepe
La Antilla
Río Chanza
Paymogo
Río de la Cobica
A 490
Villablanca
Isla Cristina
E. de Chanza
C. de El Granado
Río Guardiana
Ayamonte
Vila Real de Sto António
NIV E5

TOUR 7 (270 km / 2 - 4 Tage)

Las Nieves – Aracena – Fuenteheridos – Jabugo – Valverde – Trigueros – Lepe – Isla Cristina

Freie Übernachtung:	Fuenteheridos, 3x Isla Cristina.
Ver-/Entsorgung:	Campingplätze.
Trinkwasserstellen:	Campingplätze, Fuenteheridos.
Campingplätze:	2x Aracena, Fuenteheridos, 3x Isla Cristina.
Besichtigen:	Ruinenstadt Itálica, Tropfsteinhöhlen von Aracena.
Wandern:	Sierra Aracena
Essen:	Villa Turistica, Fuenteheridos

Nach so viel Pracht und Glamour in SEVILLA wollen wir zurück zur Natur und planen einen weiten Sprung nach Nordwesten in die ***Sierra de Aracena***.

Auf dem Autobahnring der Hauptstadt orientieren wir uns auf die N 630 / E803 und machen schon nach 10 km einen kleinen Abstecher zur **Ruinenstadt *Itálica***, nahe der Ortschaft SANTIPONCE. Schon von weitem erhebt sich vor uns die mächtige Klosterfestung ***Monasterio San Isidoro,*** die aber leider nicht zu besichtigen ist, weil dort ein Heim für Behinderte oder ähnliches untergebracht ist. Vor dem Eingang zur römischen Rui-

Römische Ruinenstadt Itálica

nenstadt angekommen erleben wir die zweite Pleite: Es ist heute Montag und die Museumswärter haben frei. Also müssen wir uns mit einem ausgiebigen Blick von außen auf die 2200 Jahre alte Römerstadt begnügen. Für Hobbyarchäologen ist sie ein interessanter Leckerbissen. Öffnungszeiten April bis September Di – Sa 8.30 – 20.30 Uhr, So 9 –15 Uhr; übrige Zeit Di – Sa 9 – 17.30 Uhr, So 10-16 Uhr. Eintritt: 1,50 €.

Wieder auf der N 630 biegen wir bei LAS NIEVES nach links auf die N 433 in Richtung ARACENA ab. Die Fahrt durch die zauberhafte *Sierra Morena* wird zu einem Erlebnis. Ein Teil davon nennt sich ***Sierra Aracena y Picos de Aroche***, ein herrliches Wandergebiet mit gut gezeichnetem Wegenetz. Die Region bemüht sich sehr um ausländische Gäste, denn es gibt reichlich Informationsmaterial in deutscher Sprache – zu erhalten beim Oficina de Turismo Rural in ARACENA, Plaza San Pedro (Fon 959 128355), oder in der Villa Turistica in FUENTEHERIDOS, Castaño de Robledo (Fon 959 501201).

Aracena: Burgruine mit Kirche

Der Hauptanziehungspunkt von ARACENA ist die berühmte Tropfsteinhöhle ***Gruta de las Maravillas*** im Inneren des Berges, auf dessen Gipfel die Ruinen des maurischen Kastells eine Kirche aus dem 12. Jahrhundert umschließen.

Wir haben einige Mühe, bei einer der nächsten Führungen durch die „Höhle der Wunder“ mitzukommen, denn es ist fast alles ausgebucht. Anmeldung unter Fon 959 128355; geöffnet 10.30 – 18 Uhr; Eintritt: 6,50 €/Person. Fotografieren – vor allem mit Blitzlicht – sowie Videoaufnahmen sind streng verboten, schließlich möchte die Stadt eigene Bildträger selber verkaufen. Doch wir erhalten eine Ausnahmegenehmigung. Wir

Aracena: Gruta de las Maravillas

holen schnell ein paar warme Sachen aus dem WOMO, denn in der Höhle ist es winters wie sommers mit ca. 16° C recht kühl. Die einstündige Wanderung bei musikalischer Untermalung durch eine Wunderwelt der Formen und Farben wird zum unvergesslichen Erlebnis. Riesige Hallen – bis zu 40 m hoch – , kleine und größere Seen, in denen sich die bizarren Stalaktiten und Stalagmiten spiegeln, sowie Flüsschen wechseln sich ab. Ein wenig benommen kehren wir wie verzaubert ans Tageslicht zurück.

Aracena: Gruta de las Maravillas

Wer es bequem haben will, könnte jetzt einen der örtlichen Campingplätze aufsuchen.

WOMO-Campingplatz-Tipp: Aracena (Aracena Sierra)

Öffnungszeiten: ganzjährig. **Ausstattung:** 1. Kategorie, Restaurant, Pool, Ent- /Versorgung. Fon 959501005. Preis ca. 13,00 €.
Zufahrt: A 433 aus Richtung Sevilla, ca. 4 km vor Aracena, Marimateo.
Sonstiges: Ein weiterer Platz liegt bei Corterrangel, „El Barrial“, auf einem Bauernhof (*Cortijo)* ca. 9 km NW von Aracena. Nur in der Saison geöffnet, deshalb sollte man vorher anrufen: 954692562.

Fuenteheridos: Kirche

Wir aber wollen die ***Sierra de Aracena*** weiter erkunden und kommen nach 10 km weiter westlich auf der N 433 in das entzückende Städtchen FUENTEHERIDOS, gegründet im 13. Jahrhundert. Den Namen hat der Ort von seinem Reichtum an Quellwasser, welches auf dem Dorfplatz in armdicken Strahlen aus zwölf Rohren rauscht. Mit einer Gießkanne lassen sich hier die **Wasservorräte auffüllen**.

Eine schmucke Barockkirche mit schlankem Glockenturm beherrscht das Ortsbild. Ein Schild weist auf einen nahen Campingplatz hin, der sich jedoch zugeknöpft zeigt.

Fuenteheridos: 12 Quellrohre

WOMO-Campingplatz-Tipp: Fuenteheridos (El Madroñal)

Öffnungszeiten: (angeblich) ganzjährig. **Ausstattung:** ländlich einfach, Imbiss, Pool, Ent- /Versorgung. Fon 959501201. Preis ca. 12 €.
Zufahrt: N 433 8 km westlich von Aracena nach Fuenteheridos, ab dort ausgeschildert, Castaño del Robledo.
Sonstiges: Am 3. Juni treffen wir den Platz geschlossen an, deshalb besser vorher anrufen!

Nach der kleinen Pleite bei *El Madroñal* finden wir ganz in der Nähe die ***Villa Turistica***, eine Ferienanlage mit Hotel, Bungalows und Restaurant. Da unser Magen deutlich knurrt, ankern wir hier und suchen sogleich das Restaurant auf, nicht ohne vorher die nette Empfangsdame gefragt zu haben, ob wir auf dem großen Parkplatz die Nacht verbringen können. Gudrun freundet sich gleich mit dem Reitpferd auf der Weide an.

WOMO-Stellplatz: Fuenteheridos (Villa Turistica)

max. WOMOs: 2 – 3.
Ausstattung: Restaurant.
Zufahrt: N 433 von Aracena, bei Km 85 links, beschildert.
Sonstiges: Einkehr im Restaurant erwünscht. Basis für Wanderungen in die Sierra, Pferdeverleih. Notfalls kann man hier auch um Wasser bitten.

Sodomillo Ibérico

Das Restaurant erweist sich als Volltreffer. Das Essen ist hervorragend und überdies preiswert. Hier sollte man unbedingt das *Solomillo Ibérico* probieren – fantastisch! Die sympathische Rezeptionistin versorgt uns noch mit ausreichend Informationsmaterial in deutscher Sprache: Wanderwege, Sehenswürdigkeiten und Routen. Der nächste Tag scheint ausgeplant. Wohl gesättigt fallen wir anschließend in unsere Federn und verbringen hier eine sehr ruhige Nacht.

Lufttrockener Jabugo-Schinken

Am etwas regnerischen Morgen machen wir einen Besuch in der Schinkenstadt JABUGO, 16 km westlich an der N 433. Der Weg lohnt sich kaum, es ist nämlich eine kleine Industriestadt, die ganz Spanien und halb Europa mit hervorragendem, luftgetrocknetem Schinken versorgt. Man kann ihn – bei Abnahme einer ganzen Schweinebacke – schon für 9 €/kg dort bekommen. Der ganze Ort riecht nach Schinken.

Das Wetter vermiest uns die Wanderlust und so entscheiden wir uns ad hoc für die ***Costa de la Luz.*** Wir rollen ca. 4 km auf der N 433 zurück und biegen in die N 435 in Richtung HUELVA ab. Von der abwechslungsreichen Landschaft bekommen wir nicht allzu viel mit, denn es will nicht aufhören zu regnen. Auf der wenig befahrenen Landstraße kommt uns eine Zigeunersippe auf Maultieren und Karren entgegen.

Wegen des Regens unternehmen wir nicht den geplanten Abstecher zur ***La Comarca Minera de Riotinto***, wo die älteste Kupfermine der Welt zu bestaunen ist. Der Hauptort der Region, MINAS DE RIOTINTO, liegt fast an unserer Strecke. Gigantische, tiefe Löcher sind durch den jahrhundertelangen Abbau entstanden und zerklüften die Region, die an manchen Stellen wie eine Mondlandschaft aussieht. **Zufahrt:** Nach 44 km auf der N 435 in die A 461 einbiegen, dann noch 6 km.

Bei dem Schietwetter aber freuen wir uns schon auf die schönen Sandstrände zwischen der portugiesischen Grenze und HUELVA. Bei TRIGUEROS nehmen wir eine Abkürzung nach GIBRALEÓN, wo wir zwischen den unendlichen Sonnenblumenfeldern eine dramatische Gewitterstimmung einfangen.

Gibraleón

Auf der N 431 sausen wir weiter in Richtung ISLA CRISTINA, wo wir nach knapp 150 km Nordsüdfahrt bei herrlichem Sonnenschein ankommen. Die lebhaften Städtchen CARTAYA und LEPE haben wir umfahren.

Endlich sind wir an der atlantischen Küste Spaniens, an der **Costa de la Luz** , der Küste des Lichts. Sie trägt diesen Namen wegen ihres Lichts, das die See wie ein Spiegel reflektiert.

Mit Ausnahme von ein paar felsigen Abschnitten besteht dieses Gestade aus einer Kette feinsandiger Strände, umgeben von Pinienwäldern und Marschland. Hier ist die Geschichte allgegenwärtig: Phönizier, Griechen, Römer und Araber landeten hier an und hinterließen ihre Kulturen. Columbus startete von hier aus seine Entdeckungsreisen nach Amerika.

ISLA CRISTINA ist eine mittlere Stadt mit Fischindustrie, aber auch Badeort mit herrlichen Stränden, die hauptsächlich von Spaniern besucht werden. Gleich nach der Brücke links können wir bei einem deutschen Discounter unsere Vorräte auffüllen. Wir durchqueren den Ortskern in Richtung La Antilla, nach 200 m kommt der erste Campingplatz.

WOMO-Campingplatz-Tipp: Isla Cristina (Giralda)

Öffnungszeiten: ganzjährig. **Ausstattung:** gut, großer Platz, Ent- /Versorgung. Fon 959343318 , Fax 959343284. Preis je nach Saison ab 17 €/Nacht
Zufahrt: N 431, Straße 4117 Richtung La Antilla, bei Km 1,5.
Sonstiges: Fußweg zum Strand ca. 250 m.
Weitere Campingplätze an der Straße Isla Cristina – La Antilla:
„Luz“ bei Km 5,0; Fon 959341142, Fax 959486454; ca. 17 €/Nacht.
„Playa Taray“ bei km 9,0; Fon 959341102, Fax 959341196; ca. 15 €/N.

An der Strandstraße nach La Antilla finden wir aber noch viele freie Stellplätze, von denen wir nur die schönsten nennen.

WOMO-Badeplatz: Playa Isla Cristina I

max. WOMOs: 5 – 6. **Ausstattung:** schattig, Papierkörbe, Tische, Bänke, Kinderspielplatz, Sandstrand, Surferparadies, Parkboxen unter Bäumen.

Zufahrt: A 49 oder N 431, H 412 nach Isla Cristina, Ort durchqueren, Wegweiser „Playas“ und „Playa Azurro“, genau 13 km nach der Abzweigung von der N 431 rechts.
Sonstiges: In der Hauptsaison kann die Polizei aktiv werden.

Isla Cristina: Dünen und Sandstrand

Wir rollen auf der Landstraße H 412 in Richtung LA ANTILLA weiter und werden an dem kilometerlangen Sandstrand immer wieder fündig. Besonders angenehm der folgende Platz unter hohen Eukalyptusbäumen.

Isla Cristina: Playa de la Casita Azul

WOMO-Badeplatz: Playa Isla Cristina II

max. WOMOs: 10 – 12.
Ausstattung: Müllcontainer, schattig unter Eukalyptusbäumen, kilometerlanger Sandstrand, Surferparadies.
Zufahrt: wie oben, jedoch 500 m weiter östlich auf H 412 in Richtung La Antilla, rechts.
Sonstiges: In der Hauptsaison kann die Polizei aktiv werden.

Falls die geschilderten Plätze schon zu stark belegt sein, sollten, findet man an dieser Küstenstraße noch zahlreiche Badeplätze mit Übernachtungsmöglichkeit. Bei der nächsten Tour folgen noch viele. 700 m weiter kommt der letzte Platz, den man noch zu ISLA CRISTINA zählen kann.

WOMO-Badeplatz: Playa Isla Cristina III

max. WOMOs: 1 –2.

Ausstattung: Müllcontainer, schattenlos, direkt am Sandstrand, Restaurants.

Zufahrt: wie oben, jedoch 700 m weiter östlich auf H 412 in Richtung La Antilla.

Sonstiges: Parkplatz liegt in der Nähe einer Ferienanlage. In der Hauptsaison daher nicht zum Übernachten nutzbar.

Wir bleiben mit einigen anderen WOMOs auf dem Platz unter den Eukalyptusbäumen und lassen den Tag am Sandstrand bei der untergehenden Sonne ausklingen.

Ein paar Worte zu dem Gebiet an der portugiesischen Grenze westlich von ISLA CRISTINA: Die langen Sandstrände *Playa de Isla Canela* (ISLA CANELA) und *Playa Bunta de la Barra* (PUNTA DEL MORAL) sind zwar wunderschön, aber über lange Strecken von Ferienanlagen und Hotels zugebaut. Reisemobile werden nur in der tiefen Nebensaison geduldet. Das Städtchen AYAMONTE war früher ein wichtiger Fährhafen nach Portugal, bevor 1991 die Autobahnbrücke über die Mündung des *Río Guadiana* in Betrieb genommen wurde.

Interessant für Wanderer und Radfahrer: Es gibt eine stillgelegte Bahnstrecke von AYAMONTE nach GIBRALEÓN, die ***Via Verde del Litoral***, auf deren alter Trasse Sie sich 45 km lang sportlich betätigen können. Diese „Grüne Straße“ beginnt am östlichen Stadtrand gegenüber der *Guardia Civil.*

KARTE TOUR 8
COSTA DE LA LUZ
Parque Nacional de Doñana
20 km
N
Huelva
Almonte
Bollulos del Condado
La Palma del Condado
Rociana del Condado
Villalba del Alcor
Castilleja del Campo
Huévar
Pilas
Hinojos
Villarasa
Niebla
Bonares
Lucena
Moguer
Palos de la Frontera
Monasterio de la Rábida
Trigueros
San Juan
Candon
Gibraleón
Tariquelo
Aljaraque
Corrales
Punta Umbría
El Portil
El Rompido
Cartaya
El Terrón
Lepe
La Antilla
Las Palmeritas
Pozo del Camino
Isla Cristina
Isla Canela
Ayamonte
Vila Real de Sto. António
Junqueira
Villablanca
Embalse del Piedras
Embalse de los Machos
R. Piedras
Canal de Piedras
Río Guardiana
Río Tinto
Río Guadiamar
A. de la Cañada
A. de la Cañada Mayor
A. de la Rocina
Caño de Guadiamar
Brazo de la Torre
Madre de las Marismas del Rocío
Centro Cerrado Garrido
El Rocío
Los Cabezudos
Los Bodegones
El Corchuelo
El Abalario
Acebuche
Matalascañas
Torre Carbonero
Mazagón
Alcor
A 472
A 484
A 483
A 494
A 499
A49 E1
N 431
N 435
N 442
HV 1413
HV 6231
HV4111
HF 6244
SE 631
P1
P
S
W
C

TOUR 8 (152 km / 3 - 4 Tage)

La Antilla – Huelva – Mazagón – Matalascañas – Doñana – El Acebuche – El Rocío

Freie Übernachtung:	La Antilla, 5x El Rompido, El Portil, 2x Mazagón, Cuesta Manelí, 3x Matalascañas, El Acebuche, El Rocío.
Ver-/Entsorgung:	Campingplätze.
Trinkwasserstellen:	El Rompido, Mazagón, El Rocío und Campingplätze.
Campingplätze:	La Antilla, El Rompido, Mazagón, Matalascañas, El Rocío.
Besichtigen:	Monasterio de la Rábida, Doñana (El Acebuche), El Rocío.
Wandern:	Mazagón, Matalascañas, El Acebuche, El Rocío.
Essen:	Meson La Aldea, El Rocío.

Wer jetzt auf Baden und Sonnen steht, kommt hier an den kilometerlangen Sandstränden der ***Costa de la Luz*** voll auf seine Kosten. Gleich im nächsten Badeort, LA ANTILLA, finden wir

La Antilla: Strandpromenade am Atlantik

trotz der vielen Ferienwohnungen am östlichen Ortsende einen geeigneten Platz für eine Badepause. Die Wasserqualität ist hier ganz hervorragend und wurde zum wiederholten Male mit der „Blauen Flagge“ ausgezeichnet.

WOMO-Badeplatz: La Antilla

max. WOMOs: 3 – 4.
Ausstattung: Müllcontainer, Sandstrand.
Zufahrt: N431 / A 49, AS „Lepe", 5,5 km nach Süden, am östlichen Ortsende strandnaheste Straße.
Sonstiges: Ortsnähe, Ferienhausbereich. In der Hauptsaison kann es Probleme durch Anrainer und Ordnungshüter geben.

Campingplätze, meist nur in der Hauptsaison geöffnet, gibt es reichlich, zum Beispiel:

WOMO-Campingplatz-Tipp: La Antilla

Öffnungszeiten: (angeblich) ganzjährig **Ausstattung":** 2. Kategorie, Preis je nach Saison ab 17 €/Nacht. Fon und Fax 959480829
Zufahrt: wie oben, auf H 412 in Richtung El Terrón, bei km 2,0.
Sonstiges: Strand ist ziemlich weit. An der „Playa Taray de la Antilla" kommen FKK-Anhänger auf ihre Kosten.

Hinter dem Ort macht die Straße wegen einer Flussmündung und großen Sümpfen einen Knick landeinwärts, und wir landen in dem idyllischen Fischerdorf EL TERRÓN. Vor dem Ortseingang führt eine fürchterliche Holperpiste auf die sandige Halbinsel ***Barra de el Rompido***. Es ist ein paradiesisches Dünengelände, aber von hier aus leider nur zu Fuß erreichbar, wie wir schmerzlich feststellen müssen, weil unser Campingbus auf einem steilen Brückchen beinahe „abgeseift" wäre. Über LEPE und CARTAYA (6 km) kommen wir endlich auf die andere Seite der Feuchtgebiete, nach EL ROMPIDO. Hier beginnt wieder ein 16 km langer Sandstrand, der erst in der Touristenhochburg PUNTA UMBRÍA endet. Kurz vor EL ROMPIDO (4,5 km) passieren wir einen großen Picknickplatz.

WOMO-Picknickplatz: El Rompido (San Isidoro)

max. WOMOs: ohne Limit.
Ausstattung: Müllcontainer, WC, Wasser, Tische, Bänke, Grills, Restaurants, Entsorgung möglich.
Zufahrt: von Cartaya auf der H 4111 in Richtung El Rompido, 4,5 km vor dem Ort an einer großen Kreuzung (Gokart-Bahn!). Brauner WW „Pradera San Isidoro".
Sonstiges: Kann an Wochenenden voll werden, da im Einzugsbereich von Huelva.

Unmittelbar vor dem Ort liegt eine große Kinderbelustigungsanlage, auf dessen Parkplatz außerhalb der Hauptsaison wir gut pausieren können:

WOMO-Stellplatz: El Rompido (Playa de Cartaya)

max. WOMOs: 10 – 15.
Ausstattung: Müllcontainer, Imbiss, Restaurant, zum Strand 100 – 200 m, Kinderbelustigung.
Zufahrt: von Cartaya auf der H 4111 in Richtung El Rompido, vor dem Ortseingang.
Sonstiges: An Wochenenden ist es sehr voll, Übernachtung daher kaum möglich.

Weitere Parkplätze haben wir in El Rompido registriert:

Am Hafen: asphaltierter Parkplatz für 4 – 5 Womos; Restaurant, Müllcontainer.

Am Bootshafen: großer Parkplatz am östlichen Ortsausgang, 300 – 400 m weiter.

Bevor die Straße nun einen leichten Berg hoch führt, biegen wir rechts auf einen Fahrweg ab, der unten parallel zur Straße einige Hundert Meter weiter geht. Ein Teil des Sandes ist festgefahren, aber „probieren geht über studieren"!

WOMO-Badeplatz: El Rompido (Playa San Miguel)

max. WOMOs: 5 – 6. **Ausstattung:** Müllcontainer, schattig, direkt am Sandstrand
Zufahrt: A 497 bei Km 3,0, unterhalb des Campingplatzes „Catapum".
Sonstiges: Vorsicht beim Einfahren, man kann leicht stecken bleiben !

Wenn der geschilderte Strandparkplatz bei entsprechendem Wetter zu voll ist, muss man wohl oder übel auf den örtlichen Campingplatz ausweichen.

WOMO-Campingplatz-Tipp: El Rompido (Catapum)

Öffnungszeiten: (angeblich) ganzjährig **Ausstattung:** 2. Kategorie, Preis 15,30 €/Nacht, in der Nebensaison billiger. Fon 959399165.
Zufahrt: Straße nach Punta Umbría, bei km 3,0.
Sonstiges: Fußweg zum Strand über die Straße ca. 250 m.

Um in das erwähnte Dünenparadies ***Playa de Nueva Umbría*** auf der Halbinsel ***Barra de el Rompido*** zu gelangen, kann man sich eine Mitfahrgelegenheit auf einem Sport- oder Fischerboot suchen. Auf dem Campingplatz „Catapum" gibt es meist viele Bootseigner.

Barra de el Rompido und die Playa de Nueva Umbría

An der langen Uferstraße nach PUNTA UMBRÍA gibt es immer wieder gute Stellmöglichkeiten, so auch mehrere Kilometer hinter EL PORTIL. An Wochenenden stehen hier auch viele Einheimische mit ihren Reisemobilen.

WOMO-Badeplatz: El Portil (Uferstraße)

max. WOMOs: ohne Limit.
Ausstattung: Müllcontainer, schattenlos.
Zufahrt: an der A 497 (El Portil – Punta Umbría), auf beiden Seiten der Strandstraße.
Sonstiges: Wird an Wochenenden voll, da Einzugsbereich von Huelva. In der Hauptsaison wird ab und zu die Polizei tätig.

Die von Pinienwäldern begrenzte Straße zum spießigen, zubetonierten Badeort PUNTA UMBRÍA ist eine Sackgasse, weil wieder einmal einige Flüsse in den Atlantik münden. Auch hier könnte man an vielen Stellen Badestopps einlegen, wenn nicht der dichte Autoverkehr aus der Hauptstadt HUELVA wäre, der besonders nachts jedem Reisemobilisten den Aufenthalt vermiest, denn PUNTA UMBRÍA gilt als das sommerliche Vergnügungszentrum der Großstadt.

Also biegen wir lieber gleich nach Norden ab, um die Chemie- und Industriestadt HUELVA möglichst schnell zu passieren. Die stinkende Metropole hat außer ein paar Museen kaum Sehenswertes, lediglich das Franziskanerkloster ***Monasterio de la Rábida*** (15. Jahrhundert), gegenüber der Landzunge *Punta del Sebo* mit dem klotzigen Kolumbusdenkmal, wäre zu erwähnen. Wir quälen uns durch HUELVA und verfolgen die Wegweiser nach MAZAGÓN zur A 494 (früher C 442). Genau 7,5 km vom Zentrum, nach Überquerung des ***Río Tinto***, gibt es einen schlecht beschilderten Abzweig nach links zum Kloster, das viele Jahre Heimstätte von **Christoph Kolumbus** (spanisch: Cristóbal Cólon) war. Außer montags kann man an Führungen sowohl vor- als auch nachmittags teilnehmen.

Die A 494 soll uns an der Atlantikküste bis zu dem weltberühmten Naturschutzgebiet **Doñana** führen. In dem ersten Badeort, MAZAGÓN, finden wir einen breiten Sandstrand vor, die ***Playas de Dunas***, die von einer großen festgefahrenen Sand- und Schotterfläche zur Straße hin begrenzt werden. Das Badevergnügen dürfte hier allerdings nicht das beste sein, denn das Wasser hat, bedingt durch die verunreinigten Flüsse *Río Odiel* und *Río Tinto*, keine befriedigende Qualität.

Mazagón: Playas de Dunas

WOMO-Stellplatz: Mazagón (Playa de Dunas)

max. WOMOs: ohne Limit. **Ausstattung:** Müllcontainer, Restaurants, direkt am Sandstrand.
Zufahrt: A 49 / E 1, AS Moguer auf A 494 bis Mazagón, Wegweiser „Playa".
Sonstiges: Schlechte Wasserqualität.

Im Ort gibt es auch zwei relativ große Campingplätze („Fontanilla Playa" und „Playa de Mazagón" mit FKK-Teil), auf die wir aber nicht näher eingehen wollen, weil ein besserer Platz einige Kilometer weiter östlich lockt. Nach 4 km werden wir durch große Plakatwände darauf hingewiesen, dass hier der Naturschutzpark **Doñana** anfängt. 2000 m weiter – genau bei Km 30,1 – lädt ein Wegweiser meerwärts zum Besuch des ***Parador Recreation Center*** ein. Neugierig biegen wir ab und stel-

Mazagón: Strand beim Parador Recreation Center

len schon nach kurzer Zeit fest, dass wir einen Volltreffer gelandet haben. Eine große, baumbestandene Fläche links und rechts des Weges lädt zum Zelten und kostenlosen Kampieren ein. Der Weg mündet in eine ziemlich schräge Abfahrt hinunter zum Sandstrand. Linker Hand gibt es noch einen Parkplatz für viele Fahrzeuge, auch Reisemobile.

WOMO-Badeplatz: Mazagón (Parador)

max. WOMOs: 10 – 20. **Ausstattung:** Müllcontainer, schattig, Toiletten, Duschen, Wasser, Bänke, Tische, Sandstrand ca. 500 m.
Zufahrt: A 494 (Mazagón – Matalascañas), bei Km 30,1.
Sonstiges: Bei unserem Besuch (Juni) waren die Toiletten verdreckt.

Wir rollen 500 m bergab zum Strand, wo wir auf einer sandigen Fläche außerhalb der Hauptsaison auch stehen könnten. Der Parkraum ist aber nur für einige kleinere WOMOs ausreichend. Hier befindet sich die Badeaufsicht und ein Kiosk. Das vornehme Parador-Hotel (120 €/Nacht und 25 €/Menu) liegt oben rechts auf der Steilküste, mit einem berauschenden Meeresblick.

Playa de Parador

Wir beschließen, den Rest des jungen Tages mit Faulenzen am Strand zu verbringen. Am frühen Abend bauen einige junge Leute, die trotz des schönen Wetters nichts Besseres zu tun hatten, als laute Musik zu hören, ihre Zelte auf dem oberen Parkplatz wieder ab, und wir sind mit einer englischen und einer holländischen Familie allein.

Am nächsten Morgen schauen wir uns den nahen Campingplatz „Doñana Playa" an und können ihn weiterempfehlen.

WOMO-Campingplatz-Tipp: Mazagón (Doñana Playa)

Öffnungszeiten: 15.1. – 1.9. **Ausstattung:** 1. Kat., Sandstrand; Fon 959536281, Fax 959536313, eMail campingdonana@arrakis.es; Preis 18 €/Nacht – Rabatte in der Nebensaison.
Zufahrt: wie oben, an der A 494 bei Km 34,6.
Sonstiges: Juli/August stark belegt, Reservierung anzuraten!

Links von dieser Anlage schließt sich ein Militärgelände an, wir folgen dem Wegweiser ***Torre del Oro*** (Ruine eines maurischen Wachturms) und landen überraschenderweise vor einer Polizeikaserne . Der Wache schiebende Uniformierte guckt ganz böse, so dass wir hastig wenden und auf die Hauptstraße zurückkehren. Haben wir uns verfahren? Bei Km 38,7 macht uns ein großer Picknick- und Parkplatz neugierig.

WOMO-Picknickplatz: Cuesta Manelí (Playa de Castilla)

max. WOMOs: 5 – 10 .
Ausstattung: Müllcontainer, Kiosk (Sommer), zum Strand 1200 m, Abzweig zum *Playa Naturista* (FKK).
Zufahrt: wie oben, an der A 494 bei Km 38,7.
Sonstiges: Im Sommer ist der Parkplatz bewacht und daher gebührenpflichtig – 1,50 €/Tag.

Dünenwanderung zur Playa de Castilla (2,5 km / 1 Stunde)

Große Bildtafeln weisen uns den Weg zum Strand. Ein Knüppeldamm führt 1174 m durch die zauberhafte, naturbelassene Dünenlandschaft, wo wir von vielen Punkten aus eine herrliche Aussicht haben. In Abständen sind Tafeln angebracht, die Fauna und Flora erklären. Unterwegs zweigen Trampelpfade zum FKK-Strand („*Playa Naturista*") nach links ab. Der Weg endet an einer 10 – 15 m hohen Steilküste, die wie versteinert wirkt. Zum Sandstrand müssen wir etwas mühselig über viele Stufen herunterkraxeln. Unten wird ein Budencafé sichtbar, in

dem hinter verschlossenen Türen ein alter Mann herumrumort, begleitet von einem bellenden Hund. Der Strand ist ein Traum! Fast weißer, feiner Sand breitet sich von der Brandung bis zum Rand des Steilhanges aus. Eine Badepause ist angesagt. Obwohl wir Schwimmsachen dabei haben, sind diese hier nicht von Nöten, denn die meisten Strandbesucher sonnen und baden hier textilfrei. Es herrscht eine paradiesische Ruhe, das Wasser ist glasklar und der Strand ist sauber, weil es reichlich Mülleimer gibt.

Die Retortenstadt MATALASCAÑAS, früher ein kleines Fischerdorf, heute eine gigantische Feriensiedlung, folgt 13 km weiter. Am Kreisverkehr vor dem Ort zeigt ein Schild den einzigen Campingplatz des Ortes an.

Matalascañas: Steilküste mit Campingplatz

WOMO-Campingplatz-Tipp: Matalascañas (Rocío Playa)

Öffnungszeiten: ganzjährig. **Ausstattung:** 2. Kategorie, alle Einrichtungen; in Terrassen an der Steilküste; eigener Zugang zum Strand. Fon 959430238, Fax 959448072, eMail camping@rocioplaya.com; Preis je nach Saison ab 15 €/Nacht – Rabatte bei längerem Aufenthalt.
Zufahrt: wie oben, an der A 494 bei Km 51.
Sonstiges: Juli/August stark belegt, Reservierung anzuraten!

Unterhalb des Campingplatzes ist ein winziger Parkplatz auf der Steilküste, den man bestenfalls mit einem kleinen Reisemobil in der Nebensaison über Nacht nutzen könnte.

Wir fahren aber jetzt nach MATALASCAÑAS, dessen Straßennetz für manche ein Albtraum darstellt. Die rechteckige Feriensiedlung ist 4 km lang und 1 km breit. Es gibt keine Straßennamen, sondern nur Sektoren mit einem Großbuchstaben. Da der Ort in den vergangenen Jahren immer schneller gewachsen ist, sind den Stadtvätern die Buchstaben ausgegangen, und man fing nach „Z" wieder bei „A" an, was die Ver-

Matalascañas: Torre Higuera

wirrung komplett macht. Da am anderen (östlichen) Ende dieses Ferienirrgartens ein schöner WOMO-Badeplatz lockt, sollten Sie sich sofort bei der **Tourist Info** einen schönen bunten Stadtplan holen. Wir fahren also im Kreisverkehr bei Km 51 dem Wegweiser „Playas“, also rechts, nach und kommen zur einzigen Sehenswürdigkeit, dem ***Torre de la Higuera***“. Auf halbem Weg liegt zur Linken die **Tourist Info** *(Información Turística y al Consumidor)* in einem kleinen Park, gleich daneben im Sektor A der alte Ortskern mit Kirche, Rathaus, Apotheke, Polizei, Banken und Postamt mit vielen Geldautomaten. Auf dem Weg zum Strand gibt es zwei Gratisparkplätze, unmittelbar am Wasser kassiert jemand Gebühren ab. Der Strand ist 4,5 km lang und herrlich breit. Alle paar Meter gibt es Baywatches, Duschen, Toiletten, Strandbars, Cafés, Kioske, Restaurants, Souvenierbuden – halt den ganzen Rummel eines Massenstrandes. Wir wurschteln uns mutig mit unserem Campingbus nach dem Schild „Centro“ durch das Ferienhausgewirr in Richtung Osten. Nach 500 m können wir auf einem geräumigen Parkplatz für einen Ortsbummel stehen.

WOMO-Stellplatz:
Matalascañas I (Burbujitas)
max. WOMOs: 3 – 5.
Ausstattung: Müllcontainer, Kinderbelustigung, etwas laut.
Zufahrt: s. Text – Sektor D
Sonstiges: In der Hauptsaison nur als Tagesplatz nutzbar, sonst auch Übernachtung möglich.

Weiter führt der Weg nach Osten: An der Diskothek „Surfasaurus“ werden wir wieder fündig. Ein riesiger, geschotterter Parkplatz vor einer langen, weißen Mauer hat Raum für viele Fahrzeuge.Allerdings können wir den Platz nur bei Windstille für einen längeren Aufenthalt empfehlen, weil der typische Atlantikwind den trockenen Staub heftig aufwirbelt, der beim Essen im Freien etwas störend wirken kann.

WOMO-Badeplatz: Matalascañas II (Surferpark)
max. WOMOs: 10 – 20. **Ausstattung:** Müllcontainer, nicht ganz ruhig, sehr staubig, nur wenige Meter zum Strand.
Zufahrt: zwischen Sektor P und T, vor der Diskothek „Surfasaurus“.
Sonstiges: In der Hauptsaison nur als Tagesplatz nutzbar, sonst auch Übernachtung möglich.

Hartnäckig suchen wir nach einem schöneren Platz und gelangen so ans östliche Ende der Retortenstadt.

WOMO-Badeplatz: Matalascañas III (Oststrand)

max. WOMOs: 10 – 20. **Ausstattung:** Müllcontainer, Duschen*, Toiletten*, Café*, Strandwache* - *) nur in der Hauptsaison geöffnet.

Zufahrt: s. Text – oder: am Kreisverkehr bei Km 51 geradeaus, vorbei am Golfplatz, dahinter die 2. Straße rechts, am Kreisel geradeaus, dann links, bis zum Ende, dann rechts hinter dem **Gran Hotel el Coto** meerwärts. Da hier viel gebaut wird, sind Änderungen absehbar.

Sonstiges: Beginn des Küstenwanderweges in die Doñana.

Matalascañas: Oststrand

Von Oktober bis April bieten sich für den Naturliebhaber hier einige Ausflüge auf Schusters Rappen an.

Küstenwanderungen an der Doñana

Eine längere Küstenwanderung sollte man tunlichst in den heißen Sommermonaten vermeiden, sonst kommt man wegen der vielen Badepausen nie zum Ziel. Außerdem raten wir dazu, möglichst bei Ebbe zu laufen, dann ist der Weg auf dem festen Sand erheblich bequemer.

Es gibt zwei Möglichkeiten:

Erstens: Eine dreistündige Wanderung (15 km) zum ***Torre Carbonero*** und zurück. Der Start ist ein Knüppeldamm an dem WOMO-Badeplatz Matalascañas III. Wir gehen zügig etwa 1 ½ Stunden entlang der ***Playa de Castilla*** bis zu dem maurischen Wachturm ***Torre Carbonero***. Unterwegs erleben wir Natur pur! Uns begleiten Möwen und Seeschwalben, ab und an sehen wir die seltenen weiß-grauen Korallenmöwen mit roten Schnäbeln. In dem verwitterten Wachturm nisten Fal-

ken und Seeregenpfeifer. Luchse und andere Wildkatzen haben hier ihr Jagdrevier. Beim Barfußgehen müssen wir wachsam sein, denn vereinzelt leben hier auch kleine Giftschlangen.
Zweitens: Eine anstrengende, zweitägige Wanderung (48 – 50 km), für die eine gute Ausrüstung erforderlich ist: kleines Zelt, ausreichende Wasservorräte, Verpflegung, Mückennetze, IGN-Wanderkarte „Mapa Guía Parque Nacional de Doñana" 1 : 50.000 Nr. 423434120021, Kompass. Diese Tour haben wir selbst nicht ausprobiert. Der Weg – auf der Karte grün gestrichelt – führt auch an der Küste entlang, am ***Torre Carbonero*** (1 ½ Std.) und nach 1100 m an einer Hausruine (***Casa Cuartel***) vorbei, hinter der nach 600 m ein etwas undeutlicher Abzweig nach links folgt. (2 ¼ Std.). Sie gehen aber geradeaus weiter, nach 6 km an den Ruinen des ***Torre Zalabar*** und einer ***Casa Cuartel*** vorbei (3 ½ Std.), bis an der ***Casa Inglesillo*** ein Pfad nach links abzweigt. (4 ½ Std.). Hier biegen Sie ein und gehen 3000 m durch einen Pinienwald bis zu einem Viehweg, in den Sie nach links schwenken und hier auf den ***Palacio de las Marismillas*** stoßen. (5 Std.) Sie gehen weiter durch Pinienwald in nördlicher Richtung und kommen nach 3,5 km an das Ufer des Sees ***Lucio del Membrillo***. (6 Std.) Diese Örtlichkeit mit einem ***Observatorio*** (Beobachtungsstation) heißt ***Rincón del Membrillo***, wo Sie sich einen Platz für die Nacht suchen können.
Der Rundweg führt zunächst 1,5 km weiter über den Viehweg am Seeufer entlang und macht dann einen leichten Knick nach Nordwesten bis zu den ***Ruinas Romanas***. (30 Min.) Hier weicht der Wanderweg nach Norden ab und stößt später nach einem großen Bogen wieder auf den Viehweg und dann auf den Küstenpfad. (4 ¼ Std.) (Der Viehweg führt übrigens direkt zum ***Palacio de Doñana***!) Sollten Sie den Weg nicht mehr erkennen, so gehen Sie einfach über die Dünen nach Westen zum Atlantik und zwei Stunden nach Matalascañas. (6 ½ Std.)
Variante: Für mutige und fleißige Marschierer kann die Wanderung noch ausgedehnt werden, indem man am Meer weiter geradeaus geht bis zur Landspitze ***Punta de Malandar*** an der Mündung des **Río Guadalquivir**, gegenüber der Hafenstadt SANLÚCAR DE BARAMEDA, in die wir später noch kommen werden. (Ab hier könnte man mit einer kleinen Fähre in die Stadt übersetzen.) Der Fußweg führt ca. 4,5 km weiter nach Norden am Flussufer entlang und biegt dann nach Westen ab, bis wir am ***Palacio de las Marismillas*** ankommen und wie oben beschrieben weitergehen. Der Umweg verlängert die Wanderung um 12 – 13 km.

Aus MATALASCAÑAS herauszufinden, ist nicht schwer, wenn man stur nach Norden fährt. Wir biegen in die Stadtrandstraße nach links und kommen an den bekannten Kreisverkehr, wo wir nach rechts in die A 483 schwenken. Schon nach 4 km bietet sich zur Linken das Besucherzentrum EL ACEBUCHE – ***Centro de Reception* de Doñana** – an. Wir entern durch ein breites Tor den Parkkplatz.

WOMO-Wanderparkplatz: Doñana (Centro Acebuche)

max. WOMOs: 10 – 20. **Ausstattung:** Müllcontainer, WC, Cafetería.
Zufahrt: von Matalascañas auf A 483 oder von A 49 / A 472 AS Almonte/Bollulullos, A 483.
Sonstiges: Nur als Tagesplatz von 8 – 21 Uhr nutzbar; in der Nebensaison kann man wegen Übernachtung bei der Parkwache nachfragen. Ansonsten fährt man einfach nach El Rocío weiter.

Hier haben wir die Wahl zwischen einer vierstündigen Rundfahrt durch den Naturpark mit einem großen **Geländewagen** für 18,70 € pro Person und einer kostenlosen Wanderung. In dem kleinen Informationsbüro erfahren wir, dass die letzten Busse bereits ausgebucht sind. Man weist uns darauf hin, dass wir besser eine Fahrt telefonisch vorab hätten reservieren sollen, und zwar unter Fon 959430432 und Fax 959430451 bei der „*Cooperativa Marismas del Rocío*".

Da uns nichts anderes übrig bleibt, entscheiden wir uns für die zweistündige Wanderung, zu den Lagunen u. a. zur ***Laguna de los Pájaros,*** was wir nicht bereut haben (s. Foto unten). Durch das große Gelände führen, um die Natur nicht zu stören, Holzstege (s. oben) zu einigen

Doñana: Marismas

Observationshütten. Es ist zwar nicht das ultimative Naturerlebnis, aber wir haben doch recht viel von der einmaligen Landschaft, der Fauna und Flora gesehen. Dieses Sumpf- und Seengebiet ist die Winterheimat zahlreicher Vögel wie Löffel- und Purpurreiher, Kaiseradler, Kammblässhuhn, Brachschwalbe, Säbelschnäbler, Weißkopfruderente, Purpurhuhn, Möwe, Ente und Storch. Auch findet man 33 Arten Säugetiere hier an wie Dam- und Edelhirsch, Fischotter, die nordafrikanische Ginsterkatze, Meloncillo und den Iberischen Luchs. Ferngläser sowie starke Teleobjektive tun hier gute Dienste. Zur Verblüffung der Besucher sind im Gelände einige lustige Statuen verteilt. So sitzt zum Beispiel ein kleiner **Junge auf einer Holzbank** oder ein Mann hält sich in einer Baumkrone fest.

Da eine Übernachtung auf dem Parkplatz nicht möglich ist, rollen wir durch eine wunderschöne Lagunen- und Marschlandschaft 12 km nach Norden und erreichen am späten Nachmittag das Pilgerstädtchen EL ROCÍO. Wir haben Glück, dass Pfingsten schon zwei Wochen vorbei ist, denn sonst hätten wir hier keinen Fuß vor den anderen setzen können. Zu Pfingsten findet hier ein gewaltiges religiöses Spektakel, die ***Romería del Rocío***, statt, zu der aus ganz Spani-

Doñana: El Rocío

Wallfahrtskirche Nuestra Señora del Rocío

en schon Tage vorher **bis zu einer Million Pilger** strömen, zu Fuß, zu Pferde, mit Kutschen, Autos, Wohnwagen usw. Die vielen Menschen übernachten in Fahrzeugen, Zelten und unter freiem Himmel und feiern Tag und Nacht. Höhepunkt des Festes ist am Pfingstmontag der Gottesdienst und die Marienprozession, die von einer fanatischen, rasenden Menschenmenge begangen wird. Der örtliche, moderne Campingplatz „La Aldea" ist dann viele Monate im Voraus ausgebucht. In dieser Zeit kostet ein Wohnmobil mit zwei Personen für fünf Tage sage und schreibe über 320 €.

Hauptaltar der Kirche Nuestra Señora

Der kleine Ort mit etwa 1200 Einwohnern erinnert stark an ein Wildwestdorf in Mexiko, alle Plätze und Straßen haben lediglich einen sandigen Boden. Prachtstück ist die schneeweiße Wallfahrtskirche ***Nuestra Señora del Rocío***, die vor Kopf eines riesigen sandigen Platzes steht. Der alte *Custodio* deutet an, dass wir auf seinem Großparkplatz auch übernachten können und hält dabei verständnisvoll grinsend die knorrige Hand auf. 1 – 2 € Trinkgeld sind sicher ausreichend. Während der *Romería* ist hier natürlich an Parken nicht zu denken.

WOMO-Stellplatz:

El Rocío (Kirchenvorplatz)

max. WOMOs: 10 – 20. **Ausstattung:** Mülleimer, Wasser. **Zufahrt:** an der A 483, ca. 27 km von der Autobahn A 49 oder 16 km von Matalascañas. **Sonstiges:** Über Pfingsten nicht nutzbar.

Am Rande des Platzes beginnt direkt die Salzmarsch („*Marismas*") der Doñana. Fast zum Greifen nahe weiden auf den kleinen Inseln wilde Pferde, Schwärme von Flamingos suchen sich ihr Futter. Ein unvergessliches Bild in der warmen Abendsonne!

Da es uns in der heutigen Hitze nach Abkühlung drängt, ziehen wir den neuen Campingplatz mit seinem großen Pool vor.

WOMO-Campingplatz-Tipp: El Rocío (La Aldea)

Geöffnet: ganzjährig. **Ausstattung:** sehr gut, Pool, moderne Sanitäranlagen, Restaurant. Preis je nach Saison ab 12 €/Nacht, während der Romería 68,50 €/Nacht. Reservierung Fon und Fax 959442677, eMail info@campinglaaldea.com, Website www.campinglaaldea.com. **Zufahrt:** an der A 483, ca. 27 km von der Autobahn A 49 oder 16 km von Matalascañas.

Das Abendessen im angeschlossenen Restaurant *„Meson La Aldea“* ist ganz hervorragend und nicht einmal teuer. Für Vorspeise, Lammfilet, Rioja und Brandy werden wir 32 € los. Jetzt geht es früh ins Bett, denn für morgen ist wieder einmal Wandertag angesagt.

Wanderung zum *Lucio Cerrado Garrido* (28 km / 6 Std.)

Auch für diese Route nehmen wir Fernglas, Fotoausrüstung und genügend Wasser mit, obwohl die Cafetería des ***Centro José Antonio Valverde*** im *Cerrado Garrido* tagsüber meist geöffnet hat. Wir starten in El Rocío an der ***Plaza Pequeña*** , von wo aus ein sandiger Reit- und Karrenwegweg nach Osten(*“Palacio del Rey“*) beginnt und bald über eine Steinbrücke führt, um nach 750 m die Holzbrücke ***Puente del Ajolí*** zu überqueren. Wir folgen dem breiten Sandweg weiter, links ein Kiefernwald, rechts ein Wildgatter. Gut 3 km weiter kreuzen wir das meist trockene Rinnsal ***Cañada Mayor***, kurz danach passieren wir rechts ein Tor (Schließen nicht vergessen!) und kommen an eine Dreifachgabelung. Wir wählen den mittleren Weg unter einer Stromleitung. Links und rechts begleiten uns 700 m Laubbäume bis zum Bauernhof ***Casa de la Cañada Mayor***, den wir links liegen lassen. (1 ¼ Std.) Am Ende des Waldes kommen wir an den Damm ***Muro de la C.H.G.***, der uns in drei schnurgeraden Abschnitten über 8 km durch die herrliche Landschaft der *Marismas* führt. Weil wir uns absolut still verhalten, sehen wir hier viele seltene Vögel, so auch Schwärme von Flamingos. Je nach Jahreszeit kann man hier sehr unterschiedliche Beobachtungen machen. Jetzt liegt vor uns der Wasserlauf des ***Caño de Guadiamar***, unmittelbar danach folgt die Lagune ***Lucio Cerrado Garrido*** mit dem Informationszentrum, das Ziel unserer Wanderung. (3 Std.) Nördlich des Dammes liegen künstliche Bewässerungskanäle, die Felder dazwischen heißen ***Parcelas de la F.A.O.*** Nach einer ausgiebigen Pause in der Cafetería* treten wir auf derselben Piste den Rückweg an, der natürlich schneller vonstatten geht, wenn man nicht allzu häufig stehen bleibt, um die fantastische Natur zu genießen.

*) Die Cafetería ist nur in den Sommermonaten geöffnet.

La Algaba
Sevilla
Olivares
Villarrasa
Villalba del Alcor
La Palma
del Condado
A 472
Sanlúcar
A49 E1
Bollullos
del Condado
Torrecuadros
Pilas
A 474
Rociana
del Condado
Coria
Dos Hermanas
La Puebla
del Rio
Almonte
Colinas
A. de la Cañada
H6248
A 483
Río Guadiamar
A4 E5
SE 631
Los Cabezudos
El Rocío
Los Palacios
y Villafranca
Caño de Guadiamar
Centro
Cerrado
Garrido
Parque Nacional de Doñana
A 494
Brazo de la Torre
Río Guadalquivir
Matalascañas
Sacramento
Las Cabezas
de San Juan
A 371
Torre Carbonero
Lebrija
Trebujena
A4 E5
Bonanza
A 471
Gibalbín
Sanlúcar de Barrameda
la Jara
N IV
Chipiona
A480
A480
Jerez
de la Frontera
A 382
Costa Ballena
A491
CA602
C440
A491
CA615
CA501
Río Guadalete
Punta Candor
Rota
El Puerto
Torrecera
COSTA DE LA LUZ
Cádiz
Puerto Real
San Fernando
Torre Gorda
A 381
Chiclana
de la Frontera
Medina
Sidonia
N340 E5
Campano
Roche
Río Salado
A393
Puerto de Conil
Conil de la Frontera
Vejer
de la Frontera
Río Barbate
N340
E5
El Palmar
Barbate
Torre de Trafalgar
Los Caños de Meca
N
25 km

KARTE TOUR 9

TOUR 9 (350 km / 4 - 6 Tage)

Almonte – (Sevilla) – Sanlúcar de Barrameda – Rota – Jerez de la Frontera – Puerto Real – Cádiz – Conil de la Frontera – El Palmar –Caños de Meca – Barbate – (Gibraltar)

Freie Übernachtung:	El Rocío (außerhalb), 2x Sanlúcar de Barrameda, Chipiona, Rota, 2x Jerez, 3x Cádiz, 4x Conil, 2x El Palmar, Zahora, 2x Caños de Meca, 3x Barbate.
Ver-/Entsorgung:	Campingplätze.
Trinkwasserstellen:	Campingplätze, El Rocío, Los Caños, Barbate.
Campingplätze:	Chipiona, Rota, Puerto Real, 7x Conil, El Palmar, Caños de Meca.
Besichtigen:	Sanlúcar de Barrameda, Rota, Jerez de la Frontera, Cádiz, Cabo de Trafalgar, eventuell Gibraltar.
Wandern:	Caños de Meca.
Essen:	El Palmar, Casa Juan.

Eine Brücke über den *Guadalquivir* nach Osten gibt es nicht, wir müssen den Riesenumweg über SEVILLA fahren, um nach SANLÚCAR DE BARRAMEDA und CÁDIZ zu gelangen. Von EL ROCÍO geht's weiter nach Norden auf der A 483, nach 8 km finden wir auf der linken Seite die *Area Recreativa Los Llanos* mit **Wasser**, Tischen, Bänken und Grillstelle. Der Platz sieht aus, als hätten während der *Romería del Rocío* hier Tausende gelagert.

WOMO-Picknickplatz: El Rocío (Los Llanos)

max. WOMOs: ohne Limit.
Ausstattung: Müllcontainer, Frischwasser, Tische, Bänke, Grillstellen.
Zufahrt: A 49 AS 10 / A 472 Ausfahrt Almonte, A 483, 7 km südlich von Almonte, oder von El Rocío bei Km 17,8.
Sonstiges: Platz zu Pfingsten vermeiden, da brechend voll.

Über ALMONTE und BOLLULLOS gelangen wir zur A 49 (gratis), sausen an SEVILLA auf dem westlichen Ring vorbei und kommen über die N IV nach ca. 20 km auf A 4 (Maut!) in Richtung CÁDIZ. Nach 33 km gehen wir bei LAS CABEZAS (AS 3) heraus und gondeln über die Landstraße A 471 über LEBRIJA in Richtung SAN LÚCAR. Aufpassen: Wegweiser auf der Umgehung von LEBRIJA zeigen „CHIPIONA“ an, obwohl SANLÚCAR DE BARRAMEDA die weitaus größere Stadt ist. Auch dürfen wir uns nicht in Richtung CÁDIZ ableiten lassen, weil man dann auf die N IV gelenkt wird. Wir sehen, dass wir schnell weiter kommen, denn die Gegend ist langweilig: Industrie und Brachland. Dann wird sie etwas lieblicher: Weiße Bauernhäuser mit roten Dächern, Kornfelder, endlose Sonnenblumenfelder, sanfte Hügel, Eukalyptusbäume, an denen die Spitzen schon braun und rot werden, fliegen vorbei. Die Straße wird etwas rumpeliger, rechts sehen wir Berge aus weißem Sand.

Sanlúcar de Barrameda (Playa de la Calazar)

Gegen Mittag erreichen wir die sehenswerte Hafenstadt SANLÚCAR DE BARRAMEDA. Am ersten Kreisverkehr gehen wir rechts ab zum „Centro Urbano Ciudad“ und quälen uns immer geradeaus durch das Straßengewirr. Wir landen an der schönen, von vielen Palmen begrenzten Strandpromenade, direkt an der 1000 m breiten Mündung des Guadalquivir. Gegenüber sehen wir Dünen und Kiefernwald der wilden Doñana, die südöstliche Grenze des Naturparks. (s. Wanderung Tour 8!) Im Westen liegt der weite Atlantik.

WOMO-Badeplatz: Sanlúcar de Barrameda I

max. WOMOs: 2 – 3. **Ausstattung:** Müllcontainer, Sandstrand.
Zufahrt: A 4 AS 4 auf A 471, beschildert „Playa de la Calazar“.
Sonstiges: Platz ist gut als Basis für eine Stadtbesichtigung, für Übernachtung etwas zu unruhig

An der gepflegten Uferstraße ist reichlich Parkraum vorhanden. Ein paar Treppen tiefer liegt der Sandstrand ***Playa de la Calazar***, der in der Fortsetzung als ***Playa de Regla*** über LA JARA und CHIPIONA bis nach BALLENA reicht.

Die eindrucksvolle Stadtbesichtigung dauert nicht lange, weil alle Sehenswürdigkeiten wie die gewaltige Kirche ***Nuestra Señora de la O (1360)*** sowie das gotische ***Castillo de Santiago*** im alten Ortskern der Oberstadt liegen.

Wir fahren die Strandpromenade nach Nordwesten hinauf, die in einem kleinen Hafengebiet endet. Am Wasser liegt ein geschotterter, leicht vermüllter Parkplatz.

WOMO-Stellplatz: Sanlúcar de Barrameda II (Hafen)

max. WOMOs: 2 – 3. **Ausstattung:** Müllcontainer, Restaurants.
Zufahrt: wie oben.
Sonstiges: Platz ist gut als Basis für eine Schiffstagestour, für Übernachtung zu unruhig.

Sanlúcar de Barrameda: Fährhafen

Hier legen Boote ab, die zum Badeaufenthalt auf die gegenüberliegende Seite oder den Guadalquivir hinauffahren. Wir rollen die lange Uferallee zurück, an der Stadt vorbei nach Südwesten, begleitet von einem breiten Strand mit vielen Bade- und Spielmöglichkeiten. Die zahlreichen Parkplätze sind Mitte Juni fast frei. Im Süden der Stadt oder am Ortseingang von LA JARA lädt ein besonders großer Parkplatz an der ***Playa de las Piletas*** zu einer Badepause ein. Machen Sie jetzt nicht den gleichen Fehler wie wir: Zwar geht der Sandstrand noch weiter, aber die Straße macht eine Biegung landeinwärts und führt durch eine armselige Gegend mit Bretterbuden. Es wird eine kleine Irrfahrt, denn es gibt keine Wegweiser. Zum Strand führen nur Fußwege, und wir sind heilfroh, endlich rechts in die A 480 einbiegen zu können. Es wäre besser gewesen, sich von SANLÚCAR direkt nach CHIPIONA leiten zu lassen.

Dieser bei Spaniern beliebte Ferienort ist an Wochenenden und im Sommer total überfüllt. Deshalb geben wir Fersengeld und biegen 1400 m nach dem Ortseingang links in die unbeschilderte A 491 in Richtung ROTA ab. Wer sich den Ort ansehen will, findet 500 m weiter auf der ***Plaza del Toro*** Platz zum Parken. Es gibt eine große Kirche, die ***Parroquia de Nuestra***

Señora de la O (16. Jh.), eine Burg (***El Castillo***), den *höchsten Leuchtturm Spaniens* ***El Faro*** und das Kloster ***Santuario Nuestra Señora de Regla*** zu besichtigen.

2000 m hinter dem Ortsende zweigt ein Sträßchen rechts ab und führt zum städtischen Campingplatz zur Linken.

WOMO-Campingplatz-Tipp: El Pinar de Chipiona

Öffnungszeiten: ganzjährig **Ausstattung:** 2. Kategorie, etwas primitiv, 1700 m zum Sandstrand; Fon/Fax 956372321; Preis 19 €/Nacht, in der Nebensaison ca. 15 €.
Zufahrt: an der A 491, südlich von Chipiona bei Km 3,0.
Sonstiges: Juli/August stark belegt, Reservierung anzuraten!

Die Stichstraße endet am Strand ***Playa de las tres Pidras***.

WOMO-Badeplatz: Chipiona

max. WOMOs: ohne Limit.
Ausstattung: Müllcontainer, schattenlos, Kneipe und Gasthaus „Bar Eduardo".
Zufahrt: wie oben, jedoch Stichstraße bis zum Atlantik fahren.
Sonstiges: Surferparadies – viel Wind und hohe Brandung.

Zurück auf der A 491 passieren wir bei Km 1,5 eine autobahnähnliche Zufahrt nach COSTA BALLENA, eine reine Ferienhaussiedlung, in der noch heftig gebaut wird, vornehmlich im spanischen Zuckerbäckerstil mit Zinnen und Türmchen. Der lange Sandstrand ist zwar hübsch, aber nichts für unsereiner. Wir bleiben auf der A 491. Um an der Küste zu bleiben, zweigen wir 11 km hinter CHIPIONA auf die CA 604 ab und erfreuen uns an einer schönen Küstenlandschaft mit kleinen Ferienhütten, die von Schilf, Blumen und Blütenpracht umgeben sind, bis wir nach knapp 5 km zum Strandparkplatz ***Playa de Punta Candor*** gelangen.

WOMO-Badeplatz: Rota

max. WOMOs: 2 – 3.
Ausstattung: Müllcontainer, Sandstrand, auch FKK-Strand.
Zufahrt: A 491, 11 km südlich von Chipiona in CA 604 abbiegen, 5 km, Playa de Punta Candor. **Sonstiges:** Kann an Wochenenden sehr voll werden.

Wer eingezäunt besser schläft, dem können wir folgende, aber nicht ganz billige Bleibe empfehlen:

WOMO-Campingplatz-Tipp: Rota (Punta Candor)

Öffnungszeiten: ganzjährig. **Ausstattung:** 1. Kategorie, alle Einrichtungen; am Sandstrand, Playa Nudista (FKK), Fon 956813303, Fax 956813211; Preis 25 €/Nacht inklusive Strom – Rabatte bei längerem Aufenthalt und in der Nebensaison.
Zufahrt: wie oben, beschildert.
Sonstiges: Juli/August stark belegt, Reservierung anzuraten!

Der hübsche Ferienort ROTA liegt westlich der riesigen ehemaligen US-Basis, die erst kürzlich vom spanischen Militär über-

Rota: Castillo de Luna und Nuestra Señora de la O

nommen wurde. Der kilometerlange Sandstrand ***Playa de Costilla*** ist schon die Hauptattraktion. Appartementhäuser und Hotels sind bis dicht ans Wasser gebaut, so dass wir hier nicht längere Zeit parken können. Ein Rundgang durch das hübsche Städtchen lohnt sich aber allemal: Das ***Castillo de Luna*** (13. Jh.), daneben die Pfarrkirche ***Nuestra Señora de la O*** sowie die verwinkelte Altstadt bis zum Hafen mit dem rotweißen Leuchtturm sind schon ein Augenschmaus.

Wir verlassen den Ort auf dem gleichen Weg, den wir gekommen sind, umrunden auf der A 491 zur Hälfte das militärische Sperrgebiet und gelangen über CA 614, CA 613 und A 480 schon nach 30 km vor die Tore von JEREZ DE LA FRONTERA, der Stadt des Sherrys und des Brandys, auch **„Wiege des Flamenco“** genannt. Übrigens: Der Begriff „Sherry“ ist natürlich kein spanisches Wort, sondern wurde vielmehr von den Engländern im 16. Jahrhundert geprägt, weil man „Jerez“ (Wie könnte es anders sein?) nicht aussprechen konnte. Die Spanier nennen den schweren Aperitifwein nach wie vor „Jerez“, den es in diversen Geschmacksvarianten gibt.

Jerez de la Frontera: Alameda Cristina

Wir lassen uns ins Zentrum leiten und finden nördlich der Prachtstraße ***Alameda Cristina*** auf einem kleinen Platz (*Plaza de Mamelón*) eine kurze Bleibe für unser kleines Reisemobil. Dickschiffe sollten besser gleich die Parkplätze an der Stierkampfarena oder am Sandemann-Park anlaufen. Wir rüsten für einen ausgiebigen Stadtbummel und besorgen uns in der **Tourist Info** (*Departamento de Turismo*) gleich um die Ecke in der *Alameda Cristina* erst einmal einen schönen, bunten Stadtplan. Hier spricht man auch deutsch. Gleich gegenüber fängt in der Calle ***Larga*** die umfangreiche Fußgängerzone an, wo wir Shopping und Sightseeing gut verbinden

Jerez de la Frontera: Kathedrale

Jerez de la Frontera: Almohadenfestung Alcázar

können. Was man in dieser großen Traditionsstadt keinesfalls versäumen sollte: Die prächtige Kathedrale ***La Colegiata***, die Almohadenfestung ***Alcázar*** mit der Moschee ***Mezquita,*** die weltbekannte Reitschule ***Real Escuela Andaluza del Arte Ecuestre*** (Nordstadt) und einen Besuch bei mindestens einer der berühmten ***Bodegas*** (Weinkellereien). Die Tourist Info wird Ihnen eine Besichtigung mit Führung vermitteln können. Am besten wählen Sie die Bodega von Sandeman, denn in der Nähe können Sie mit dem WOMO auf dem Parkplatz stehen.

WOMO-Stellplatz: Jerez de la Frontera (Parque Sandeman)

max. WOMOs: 2 – 3. **Ausstattung:** Müllcontainer, Sherry-Weinkeller
Zufahrt: A 4 oder N IV Richtung Zentrum, Wegweiser zur Königlichen Reitschule (Real Escuela Andaluza del Arte Ecuestre) bzw. Parque Sandeman folgen. In der Calle Pizarro 10 ist die Bodega.
Ersatz: ***Plaza de Toros*** (Stierkampfarena).
Zufahrt: Die C. Pizarro bis zum Ende zurück, links in Av. Duque de Abrantes, 2. Straße rechts (Calle Cádiz, C. Paul und C. Nuña de Cañas), 3. Straße links (C. Circo).

Da man wohl hauptsächlich auf Hoteltouristen eingestellt ist, gibt es weder in der Stadt noch in der Umgebung Campingplätze. Der nächste liegt 14 km südlich, in EL PUERTO DE SANTA MARÍA.

Einige interessante Veranstaltungen sind in JEREZ DE LA FRONTERA einen Besuch wert, z. B. in der 1. Maihälfte die ***Feria del Caballo*** (riesiger Pferdemarkt und Jahrmarkt) und im September die ***Fiestas de Otoño*** (Herbst- und Weinlesefest).

Wer sich ernsthaft für ***Flamenco*** interessiert, der erhält in der ***Fundación Andaluza de Flamenco***, *Plaza San Juan*, ausgiebige Informationen. Tanzvorführungen gibt es allerdings nur – zumeist spät abends – in den verschiedenen **Flamenco-Bars**, nach denen man sich am besten in der Tourist Info erkundigt.

Wir haben von Innenstädten wieder einmal genug und lassen uns in Richtung Atlantik zur Provinzhauptstadt CÁDIZ treiben. Auf der vierspurigen N IV sind wir schnell in der Osborne-Stadt EL PUERTO DE SANTA MARÍA. Der örtliche Campingplatz ist an den Einfallstraßen ausgeschildert. Diese Stadt macht auf uns einen so quirligen und geschäftigen Eindruck, so dass wir erst gar nicht die ***Playa Puntilla***, wo der Platz liegt suchen. Vielmehr rollen wir 6,5 km weiter auf der N IV in das eher beschauliche Städtchen PUERTO REAL, wo wir bei Km 663 einen kleinen, äußerst preisgünstigen Campingplatz finden.

WOMO-Campingplatz-Tipp: Puerto Real (El Pinar)

Öffnungszeiten: ganzjährig **Ausstattung:** sehr einfach, aber sauber; schattig, Preis 10 E/Nacht. Fon 956830897.
Zufahrt: N IV zwischen El Puerto und San Fernando, bei Km 663.
Sonstiges: Strand ist nicht weit, liegt aber an dem brandungslosen Binnenmeer *Bahia de Cádiz*.

Die Nacht verläuft bis 6 Uhr morgens ausgesprochen ruhig, bis drei junge Burschen von einer Discotour zurückkommen und ihrem Musikbedürfnis weiter frönen wollen, indem sie zu Gitarrenklängen laut und falsch singen. Das bringt uns zunächst auf die Palme, aber nachdem die drei weder durch gutes Zureden noch durch Schimpfen von ihrer „Kunst" ablassen wollen, bereiten wir das Frühstück zu und können so zu unserem nächsten Ziel CÁDIZ zeitig starten.

Man kann die Stadt auf kurzem, aber auch auf einem längeren, dafür aber schönerem Weg rund um das Binnenmeer und die ***Salinas*** erreichen. Wir wählen natürlich letzteren, der weiter auf der N IV nach Süden über SAN FERNANDO nach 29 km in die **Provinzhauptstadt CÁDIZ** führt.

Wir lassen uns auf der Hauptstraße von dem lebhaften Verkehr immer geradeaus treiben, wenden uns an der *Plaza de la Constitución am Stadttor* ***Puerta de Tierra*** baldmöglichst nach links, um auf die Uferstraße zu kommen. Hier finden wir einen Straßenparkplatz (1,16 €/Std.) an der ***Av. Campo del Sur***, von wo aus die Stadtbesichtigung beginnen kann. Einen größeren Parkplatz gibt es weiter südöstlich auf der gleichen Straße, leider auch unbewacht. Wie üblich holen wir uns in der **Tourist Info** an der ***Plaza San Juan de Dios*** – vom Domplatz aus ein paar Hundert Meter nach Nordosten – einen Stadtplan, auf dem

Cádiz: Catedral Nueva

bereits eine Route für die Stadtbesichtigung eingezeichnet ist. Genau hier gehen wir los. Wir wollen nicht alles detailliert beschreiben, aber folgendes sollte man in der ältesten Stadt Europas anschauen: ***Catedral Nueva*** mit dem ***Museo Catedral***, die ***Castillos de Santa Catalina*** und ***de San Sebastián,*** das ***Museo de Bellas Artes y Arqueológico*** und natürlich viele Kirchen und Paläste aus vergangenen Jahrhunderten.

Iglesia Santa Cruz: Madonna

Wie in JEREZ DE LA FRONTERA gibt es in CÁDIZ ebenfalls keinen Campingplatz, jedoch werden Wohnmobile nach Rücksprache mit dem Tourist Office an einigen Stellen für eine Nacht geduldet.

WOMO-Stellplatz: Cádiz (Muelle Reina Sofia)

max. WOMOs: 8 – 10. **Ausstattung:** keine.
Zufahrt: hinter der *Puerta de Tierra* (Stadttor) rechts halten, *Puerto oder Darsena Comercial,* weiter nach Nordosten, über die *Plaza Filipinas* in Richtung *Puerto America.* Parkplätze im Hafengebiet.
Oder: Von der *Avenida del Campo Sur* (s.o.) die Halbinsel zu 270° auf der Küstenstraße, die häufig den Namen wechselt, umrunden, bis zur Plaza Filipinas usw.
Sonstiges: Gebiet ist nachts sehr einsam.
Ersatz: Av. Amilcar Barca und Paseo Maritimo (zwischen den Stränden Santa Maria und Victoria) **oder** Av. Gibraltar in Höhe der Nebenstraßen Juan S. Elcano, Nuñez de Balboa und Magallanes

Cádiz: Castillo de San Sebastián

Wenn man die Halbinsel an der Uferstraße umkreist, passiert man die beiden Festungen *San Sebastián* und *Santa Catalina*. Für ein kühles Bad im Atlantik können wir auf der schmalen Landzunge im Süden der Stadt einen Platz anbieten.

WOMO-Badeplatz: Cádiz (Playa de la Victoria)

max. WOMOs: 4 – 5. **Ausstattung:** Müllcontainer, schattenlos, sehr windig, Sandstrand, etwas weiter weg ein Strandcafé.
Zufahrt: Vom Stadtzentrum Cádiz (*Catedral Nueva)* auf der Hauptstraße N IV nach Süden; nach genau 4,6 km die N IV verlassen, nach 400 m meerwärts abbiegen in Richtung Dünen, 400 m weiter sind Parkplätze an der Strandstraße, für Fahrzeuge über 5,5 t verboten.

Sonstiges: Es gibt noch mehrere Haltemöglichkeiten für einen Badestopp, z. B. an der ***Playa de Cortadura*** am gleichnamigen *Kastell*, 2 – 3 km weiter südlich, gegenüber der Brücke *León de Carranza* (N 443).

Die Strände der Provinzhauptstadt überzeugen uns nicht, und so verlassen wir die geschichtsträchtige Halbinsel nach Süden und biegen von der N IV auf die N 340 / E 5 in Richtung CONIL DE LA FRONTERA rechts ab. Das überlaufene Seebad CHICLANA DE LA FRONTERA lassen wir rechts liegen und streben den endlosen Sandstränden von CONIL entgegen. Der

Strand Playa de los Batales in Conil de la Frontera

Campingplatz in ROCHE lockt mit einem Reklameschild meerwärts (6 km). Wir wollen aber weiter zu schönen Badeplätzen, die wir dann 5 km weiter in CONIL DE LA FRONTERA finden. Zunächst einmal schlendern wir durch den hübschen Badeort, in dem reges Treiben herrscht. Vor dem Hauptstrand gibt es reichlich Stellplätze direkt an der Promenade.

WOMO-Badeplätze: Conil de la Frontera

1. Playa Río Salado
max. WOMOs: 20 – 30. **Ausstattung:** Müllcontainer, schattenlos, Sandstrand, Restaurants und Strandcafé.
Zufahrt: A 4 / N IV, N 340, CA 213 nach Conil-Centro, beschildert.
Sonstiges: Freitags ist Wochenmarkt. In der Hauptsaison könnte es Probleme mit den Ordnungshütern geben.

2. Playa de los Batales: vor dem Hotel „Flamenco“, ca. 1000 m nordwestlich des Hauptstrandes.

3. Playa Fuente de Gallo: Ort nach Nordwesten verlassen, oberhalb der Steilküste, Kletterpfad zum Strand, nahe einer Ferienhauskolonie.

4. Playa del Aceite: Den Schildern „Campings“ folgen, an dem Sträßchen KHP 2135, 50 m vor dem Campingplatz „Cala del Aceite“ rechts ab. Einige kleine Parkplätze oberhalb der Steilküste. Teilweise FKK möglich.

Parkplatz Playa del Aceite

Die ***Playa del Aceite*** ist für unsere Begriffe einer der allerschönsten Strände der Costa de la Luz, obwohl es bei gutem Badewetter dort an Parkplätzen mangelt. Ein Fußweg führt uns in eine idyllische Sandbucht hinunter, die sowohl Schatten als auch Schutz vor dem oft starken Wind bietet.

Conil de la Frontera: Playa del Aceite

Der bereits genannte Campingplatz steht mit der Familie Grossmann unter deutscher Leitung:

WOMO-Campingplatz-Tipp: Conil de la F. (Cala del Aceite)

Öffnungszeiten: ganzjährig **Ausstattung:** 2. Kategorie, gut eingerichtet, Pool, Restaurant, Sportangebote: Volleyball, Minigolf, Fußball, Tischtennis, Billard. Unter deutscher Leitung. Fon/Fax 956440972, Mail: campingconil@caladelaceite. Home: www.caladelaceite.com. Ein kleiner Teil des Platzes ist für Naturisten reserviert. Preis 17,70 €/ Nacht, in der NS gibt's Rabatt.

Zufahrt: N 340 / E 5, CA 213 nach Conil, den Schildern „Campings" folgen, an dem Sträßchen KHP 2135.

Sonstiges: ca. 250 m Fußweg zum Textil- und FKK-Strand.

Da wir bestes Wetter angetroffen haben, lassen wir es uns hier ein paar Tage gut gehen. Weiter nach Norden hin gibt es noch einige kleine, verträumte Badebuchten, die man aber nur zu Fuß erreichen kann.

Der Vollständigkeit halber nennen wir noch die übrigen Campingplätze dieser schönen Strandregion. Für die meisten existieren zahlreiche Wegweiser, so dass man sie relaiv schnell finden kann.

1. **La Rosaleda II**, Straße nach Pradillo, bei Km 13; 15 €/N.
2. **Los Eucaliptos**, CA-P 2131, bei Km 0,2; 15 €/N.
3. **El Faro**, Straße nach Pesquero, bei Km 2; 19 €/N.
4. **Fuente del Gallo**, im Ort, 20 €/N. 1.4. – 30.9.
5. **Pinar Tula**, Hijuela de la Mirla 86, 13,50 €/N, 1.4.–30.9.
6. **Roche**, Pago del Zorro, N 340 (s.o.), 19,80 €/N.

Am Strand und auf dem Campingplatz treffen wir einige deutsche Urlauber, teilweise auch mit Wohnmobilen. Wir erfahren, dass die Küste in südlicher Richtung bei EL PALMAR noch herrliche Stellplätze zu bieten hat. Also nichts wie hin!

In der Ortsmitte von CONIL fahren wir vor dem Torbogen nach links bis zum Kreisverkehr, dort folgen wir dem Schild „El Palmar". Nach 500 m geht's wieder links ab, nach 2,5 km folgt ein weiterer Kreisverkehr, hier wenden wir uns nach rechts. Rechts fließt neben der Straße ein Fluss, vorbei an einem modernen Klärwerk. Genau 5,4 km nach Conil biegen wir rechts (meerwärts) ab, ein unleserlicher Wegweiser zeigt nach EL PALMAR. Nach 1,4 km folgt ein Parkplatz an einem antiken Wachtturm gegenüber dem Restaurant „Al Torre".

WOMO-Badeplatz: El Palmar I (Al Torre)

max. WOMOs: 2 – 3.

Ausstattung: Müllcontainer, schattenlos, direkt am Sandstrand, Kiosk, Restaurant.

Zufahrt: N 340 / E 5, CA 213 nach Conil, im Zentrum nach links (Südosten), Wegweisern nach El Palmar folgen, 6,8 km.

Sonstiges: Platz leicht vermüllt und windig, nachts etwas zu laut.

600 m hinter dem Turm kommt der Abzweig zu dem relativ teuren Saisoncampingplatz „El Palmar“ (30 €/N für 4 Pers. + Strom), der auch noch ziemlich weit vom Meer entfernt liegt.

Es folgen weitere Restaurants, teilweise mit großen Parkplätzen. Vor dem Gasthaus „FCO Alferres“ treffen wir hier auf ein Ehepaar aus Heppenheim mit dem gleichen Campingbustyp, wie wir ihn haben. Man tauscht Erfahrungen aus und so erfahren wir, dass die Leute schon Böses hinter sich haben: Nach zwei Einbrüchen ins Fahrzeug funktioniert ein Türschloss nicht mehr. Auch hier wurden wieder einmal keinerlei Vorsichtsmaßnahmen getroffen.

Ein paar Hundert Meter weiter finden wir zwischen zwei Restaurants eine Grasfläche, auf der schon ein weiteres Reisemobil parkt. Wir gesellen uns daneben. Der Nachbar berichtet,

Der lange Sandstrand von El Palmar

dass er hier für drei bis vier Wochen zu bleiben gedenkt. Mit dem Grundstückbesitzer sei das abgestimmt. Auf der nach Süden führenden Schotterpiste stehen in größeren Abständen noch weitere WOMOs.

WOMO-Badeplatz: El Palmar II (Casa Juan)

max. WOMOs: 5 – 6. **Ausstattung:** Müllcontainer, schattenlos, direkt am Sandstrand, Restaurants.

Zufahrt: N 340 / E 5, CA 213 nach Conil, im Zentrum nach links (Südosten), Wegweisern nach El Palmar folgen, am südlichen Ortsende.

Sonstiges: Man sollte sich nicht direkt vor einzelne Häuser stellen, denn es ist Platz genug.

Wir speisen vorzüglich im „Restaurante Casa Juan": ein Solomillo (Lendenstück vom Iberischen Schwein) für 8,50 € und Cazón a la Plancha (gebratener Hundshai) für 7,50 €. Ein Literkrug Landwein für 5 € rundet die Sache ab. Hier könnte man es auch ein paar Tage aushalten!

Wir verlassen PALMAR am nächsten Morgen, indem wir von der Strandstraße landeinwärts abzweigen, dann bis zum Kreisverkehr, dort rechts ab, passieren einen weiteren Kreisverkehr geradeaus in Richtung BARBATE. 500 – 800 m hinter dem Dörfchen ZAHORA, gegenüber „Restaurante Minigolf" biegen wir in eine unbeschilderte Stichstraße rechts ab, um zu dem weißen Leuchtturm ***„Faro de Trafalgar"***, der von der Straße aus zu sehen ist, zu gelangen. Am ***Cabo de Trafalgar*** fand am 21. Oktober 1805 die bekannte Seeschlacht statt, bei der die englische Armada unter Lord Nelson gegen die Spanier und Franzosen siegte. Leider konnte Nelson den Sieg nicht mehr feiern, denn ausgerechnet der große Admiral kam in der denkwürdigen Schlacht um. An der Zufahrtsstraße zum Kap gibt es viele Parkmöglichkeiten, Sand so weit das Auge reicht. Die Auffahrt zu dem weißen Leuchtturm ist gesperrt, und die Ordnungshüter kontrollieren häufig.

Faro de Trafalgar

WOMO-Badeplatz: Zahora (Cabo de Trafalgar)

max. WOMOs: 5 – 6. **Ausstattung:** Müllcontainer, schattenlos.
Zufahrt: N 340 / E 5, CA 213 nach Conil, im Zentrum nach links (Südosten), Wegweisern nach El Palmar, dann nach Barbate folgen; in der Ortsmitte Zahora meerwärts abbiegen (unbeschildert)
Sonstiges: Auch hier ist es sehr windig, daher gut für Surfer.

Dünenlandschaft am Cabo de Trafalgar

Wir rollen zur Hauptstraße zurück, vorbei an deutschen Bussen von Studiosus-Reisen. Surfschule unterwegs? Schnell sind wir in LOS CAÑOS DE MECA, auch wenn wir kein Ortsschild gesehen haben. Die ehemalige Aussteiger- und Hippiekolonie liegt oberhalb der wildromantischen Steilküste. Weil alles hier sehr eng ist, finden wir keinen Stellplatz, der uns direkt an der Küste wohnen lässt. Wir quälen uns in den Ort hinein, ignorieren ein Verkehrsschild „Sackgasse" und finden am Ende einen geräumigen, aber tristen Parkplatz mit *Custodio*, der je 3 € für Tag und Nacht verlangt.

WOMO-Stellplatz: Los Caños de Meca

max. WOMOs: kein Limit. **Ausstattung:** Müllcontainer.
Zufahrt: N 340 / E 5, vor Vejer rechts auf CAP 2141, 16 km. Parkplatz am Ende der Sackgasse. Gebühr 3 €/Tag und 3 €/Nacht. Nur für Fahrzeuge bis 6 m Länge geeignet!
Sonstiges: Fußweg zum Strand unterhalb der Steilküste ca. 15 Minuten. Weiter östlich: Playa Nudista (FKK)

Wer es etwas komfortabler braucht, dem können wir den örtlichen Campingplatz empfehlen, der allerdings 5 km westlich liegt.

Los Caños de Meca: Steilküste mit Sandstrand

WOMO-Campingplatz-Tipp: Los Caños de Meca

Öffnungszeiten: 1.4. – 15.10. **Ausstattung:** 1. Kategorie, gut eingerichtet, Pool, Restaurant; Fon 956437120, Fax 956437137, Mail info@camping-canos-de-meca.com Home: camping-canos-de-meca.com Preis 22 €, Nebensaison 20,40 €.
Zufahrt: N 340 / E 5, Vejer auf CAP 2141, bei Km 10,8.
Sonstiges: Fußweg zum Strand ca. 500 m. Textil- und FKK-Strand.

Von LOS CAÑOS DE MECA aus gibt es auch einen schönen Wanderweg am Rande des ***Parque Natural La Breña y Marismas de Barbate*** , vorbei am ***Torre del Tajo*** bis nach BARBATE und zurück (4 Stunden).

Wir verlassen die herrliche Strandlandschaft und fahren langsam durch den landschaftlich wunderschönen Naturpark. Am Ortsausgang von LOS CAÑOS lädt ein Picknickplatz zum Verweilen ein. Die nächste *Area Recreativa* folgt 1500 m weiter.

WOMO-Picknickplatz: Los Caños de Meca (Los Majaleo del Sol)

max. WOMOs: 4 – 5 . **Ausstattung:** Müllcontainer, Frischwasser, Tische, Bänke, Grillstellen
Zufahrt: N 340 / E 5, A 393 Vejer – Barbate, CAP 2143 in Richtung Los Caños, 10 km.
Sonstiges: Bei unserem Besuch funktioniert der Wasserhahn nicht.

Kurz vor dem Ortseingang von BARBATE liegt zur Rechten ein schöner Strandabschnitt, die ***Playa Hierbabuena,*** vor dem ein kleiner Parkplatz zum Halten verlockt. Aber die Zufahrt hat Tücken, denn der Asphalt ist unterspült und es ist zu befürchten, dass man mit einem WOMO nicht wieder herauskommt. Geländegängige Fahrzeuge haben hier bessere Karten. Es schließt der Yachthafen des Ortes an, der von einer langen Mauer umgeben ist. Im Hafengebiet gibt es unzählige Parkplätze, auf denen man übernachten kann.

WOMO-Stellplatz: Barbate (Yachthafen)

max. WOMOs: 10 – 12.
Ausstattung: Müllcontainer, Frischwasser, windgeschützt.
Zufahrt: N 340 / E 5, A 393 Vejer – Barbate, CAP 2143 in Richtung Los Caños, direkt am Ortsausgang.
Sonstiges: zum Strand *Playa Hierbabuena* ca. 100 – 200 m zu Fuß.

BARBATE ist eine mittelgroße Stadt und lebt hauptsächlich vom althergebrachten Männerhandwerk, dem Fischfang. Es gibt viele Fabriken, die den Fang entweder in Dosen oder durch Trocknung konservieren. Im Sommer machen hier viele spanische Familien Urlaub, vom üblichen Tourismus aber keine Spur. Wir finden viele Stellmöglichkeiten, zum Beispiel am alten Hafen oder am Hausstrand ***Playa del Carmen***, der mit einer langen Strandpromenade sichelförmig vor dem Ort liegt.

WOMO-Badeplätze: Barbate

max. WOMOs: 8 – 10. **Ausstattung:** Müllcontainer, Restaurants.
Zufahrt: N 340 / E 5, A 393 Vejer – Barbate, beschildert.
Sonstiges: Je nach Saison steht man entweder vorne an der Playa del Carmen oder um die Ecke am Fischereihafen.

Playa del Carmen

Fischereihafen von Barbate

Barbate: Fischereihafen

Hier endet im Prinzip unsere Tour 9, weil wir nun der **Straße der Weißen Dörfer** folgen wollen.

Wer jedoch unbedingt das andalusische Südkap sehen oder in TARIFA surfen will, dem empfehlen wir, von hier aus auf der CA 2223 nach Südwesten (s. Karte Tour 10) weiterzufahren, um bei dem Thunfischdörfchen ZAHARA DE LOS ATUNES nach Norden wieder auf die N 340 / E 5 zu gelangen. Vor dem Abbiegen wäre ein Badestopp angebracht. An dem 12 km langen Sandstrand wird ein Teil ***„Playa de los Alemanes“*** genannt, weil sich hier viele deutsche Sonnenanbeter, meist FKK-Anhänger, tummeln.

Hobby-Archäologen werden ihre Freude in BOLONIA (N 340 Richtung TARIFA, Abzweig CA 9004, beschildert) haben, denn dort sind umfangreiche Ausgrabungen der römischen Stadt **Baelo Claudia** zu bewundern. Nach den trockenen Römersteinen erfrischt ein Bad am Traumstrand mit den riesigen Dünen in der meist einsamen **Bucht von Bolonia** (auch FKK).

Wir haben TARIFA, die südlichste Stadt Spaniens, bewusst ausgespart, weil es zum einen hier – selbst für erfahrene Surfer – meist zu windig und zum anderen die Kriminalitätsrate sehr hoch ist. Letzteres gilt auch für die hässliche Hafenstadt ALGECIRAS, von der ein Ausflug nach Marokko möglich ist.

Ab hier führt die vierspurige N 340 zur britischen Kronkolonie **GIBRALTAR**. Wir waren vor Jahren dort und empfanden den Touristentrubel wie in einem Albtraum. Da die Spanier und Briten sich seit 1704 ständig wegen dieser Exklave „fetzen", wird das an den Besuchern durch lange Wartezeiten an der EU-Binnengrenze ausgelassen. Stellplätze für Reisemobile haben wir keine entdeckt, mit viel Glück ergatterten wir einen Parkplatz vor einem der Supermärkte, der aber in jedem Fall abends geräumt werden musste. Zahlen kann man mit dem British oder Gibraltar Pound. Letzteres bekommt man auch beim Umtausch in den Banken, sollte es aber keinesfalls mit außer Landes nehmen, weil es niemand zurücktauscht.

Natürlich ist der 425 m hohe Felsen mit den dort beheimateten Affen ganz lustig, aber nach 2 – 3 Stunden Besichtigung hat man alles gesehen.

Der Felsen von Gibraltar

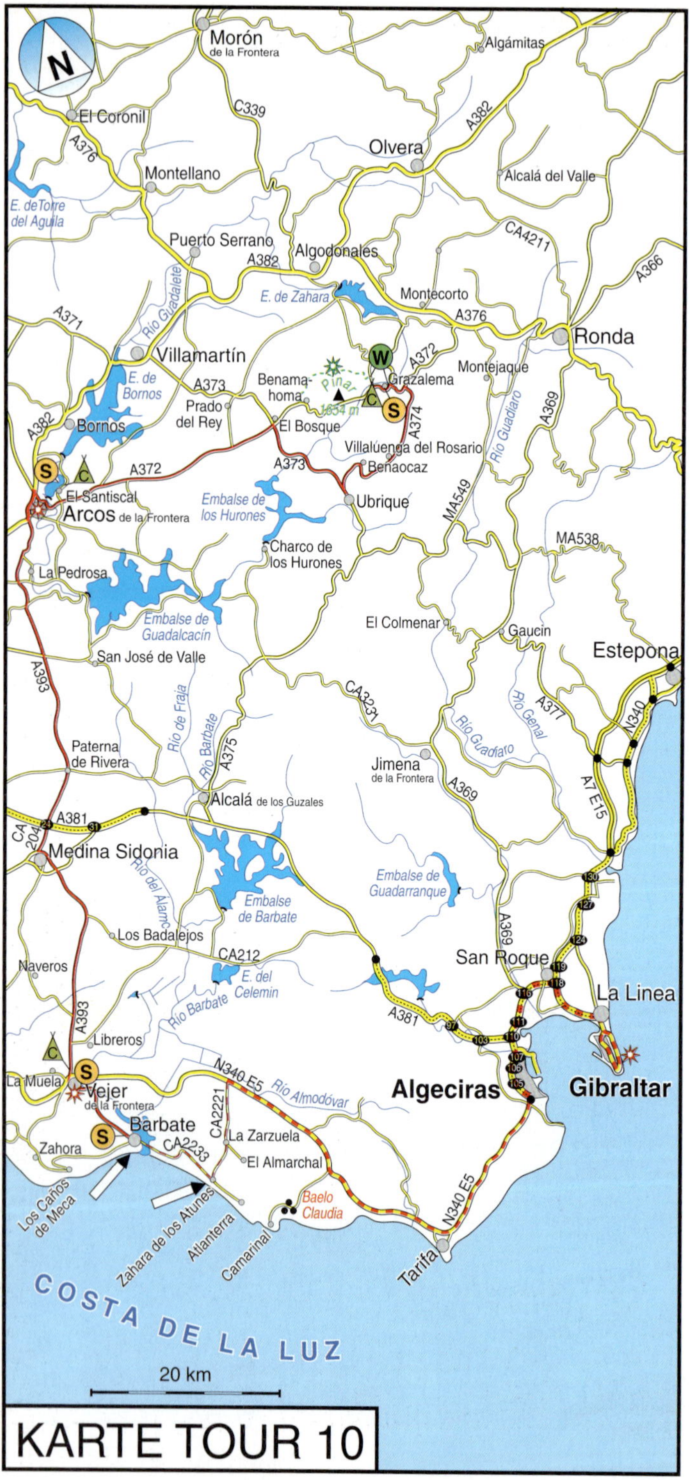

KARTE TOUR 10

TOUR 10 (160 km / 3 - 4 Tage)

Vejer de la Frontera – Medina Sidonia – Arcos de la Frontera – El Bosque – Ubrique - Grazalema

Freie Übernachtung:	Vejer de la Frontera, Arcos de la Frontera, 4x Grazalema.
Ver-/Entsorgung:	Campingplätze.
Trinkwasserstellen:	Campingplätze.
Campingplätze:	Vejer de la Frontera, Arcos de la Frontera, Grazalema, Benamahoma.
Besichtigen:	Vejer de la Frontera, Arcos de la Frontera, Grazalema.
Wandern:	Grazalema, Puerto de los Acebuches.
Essen:	Mesón Molinera, Arcos; Straßenrestaurants Grazalema.

Wenn Sie jetzt erst einmal die Nase voll von Strand, Wind und Wasser haben, laden wir Sie ein auf eine zauberhafte Reise entlang der ***Ruta de los Pueblos Blancos,*** die „Straße der weißen Dörfer". Die einfache und wegen der großen Hitze zweckmäßige Architektur der gekälkten Hauswände und roten Ziegeldächer besticht in der meist grünen, aber auch kargen Landschaft immer wieder. Das erste große Dorf liegt gleich in der Nähe, nur 10 km nordwestlich von BARBATE an der A 393: VEJER DE LA FRONTERA.

Vejer de la Frontera

Vejer de la Frontera

Das prächtige Städtchen liegt auf einem 218 m hohen Hügel mit einer tollen Aussicht nach allen Seiten. Wir finden gleich hinter dem Ortseingang einen Straßenparkplatz, denn die Einfahrt in die Altstadt ist für Fahrzeuge über 5 m verboten. Die malerischen Gassen führen uns bergauf und bergab durch den verwinkelten Ortskern, der von den ***Murallas*** (Stadtmauern) umgeben ist. Mittendrin stoßen wir auf eine **maurische Festung** aus dem 11. Jahrhundert. Kirchen und Klöster dürfen natürlich nicht fehlen. Nach dem anstrengenden, aber schönen Bummel stärken wir uns in einer kleinen, preiswerten Tapasbar und unterhalten uns mit freundlichen Einheimischen so gut es sprachlich geht. Im unteren Teil des Ortes finden wir einen halbwegs brauchbaren Stellplatz.

WOMO-Stellplatz: Vejer de la Frontera (El Retiro)

max. WOMOs: 2 – 3. **Ausstattung:** Müllcontainer, Restaurants.
Zufahrt: A 4 / E 5, N 340, nordwestlicher Ortseingang Vejer, Parkplatz mit Palmen „El Retiro"
Sonstiges: Platz für Übernachtung etwas unruhig.

Außerhalb des Ortes gibt es einen Saison-Campingplatz unter deutscher Leitung, den man über den Abzweig bei Km 39,5 von der N 340 erreicht.(16-18 €/Nacht /Fon 956450098)

Das nächste Weiße Dorf wäre MEDINA SIDONIA, das wir über die C 343 und A 393 erreichen. Die vorbeifliegende Landschaft ist meist sehr karg, ab und zu unterbrochen von Sonnenblumenfeldern und Olivenhainen. Das sehr alte Städtchen mit einem fürchterlich engen Gassengewirr liegt auf einem kegelförmigen Hügel. Also lassen wir das WOMO vor der Stadt und bummeln durch die Innenstadt. Neben den meist blumengeschmückten, weißen Häusern erfreuen maurische Torbögen, eine Kirche aus dem 15. Jahrhundert, sowie Ruinen eines Kastells und Reste der alten Römerstadt.

Weiter geht die Fahrt auf der etwas holperigen A 393 durch einen nun schöneren und abwechslungsreichen Landstrich. Auf einer Anhöhe, leider in einer Linkskurve, bietet sich ein berauschender Fernblick auf eines der schönsten „weißen Dörfer“ ARCOS DE LA FRONTERA. Die 25000 Einwohner zählende

Blick auf Arcos de la Frontera

Bischofsstadt leuchtet von einer steilen Kalkwand, während vom Wind getriebene Wolken darüber ziehen.

Da es für ein Reisemobil schier unmöglich ist,in die auf dem Bergrücken liegende Altstadt einzufahren, suchen und finden wir eine Tagesbleibe auf dem Busparkplatz im Tal. Um zum Stadtzentrum, der ***Plaza del Cabildo*** zu gelangen, müssen wir die Prachtstraße ***Calle Corredera*** ziemlich steil bergauf gehen. Fahren hat keinen Sinn, weil es oben in den engen Gassen kaum Parkplätze, schon gar nicht für Reisemobile, gibt. Neben den herrlichen Baudenkmälern ***Iglesia de Santa María de la Asunción,*** dem ***Ayuntamiento*** (Rathaus), dem Kloster

Arcos: Calle Corredera

Arcos de la Frontera: Plaza del Cabildo

Convento de las Mercedarias Descalzadas und dem maurischen ***Castillo*** haben wir hier, am Rande des Abgrunds, dem ***Mirador de la Peña,*** eine grandiose Aussicht in das Umland und die in der Ferne liegenden Berge der *Sierra de Grazalema*. Ein paar Hundert Meter weiter südöstlich, gibt es immer wieder schöne Aussichtspunkte. Durchschreitet man die Altstadt in östlicher Richtung, blickt man auf den ***Río Guadalete*** und den dahinter liegenden See ***Embalse de Arcos***, unser nächstes Ziel.

Arcos de la Frontera: Blick vom Mirador de la Peña

Bevor wir die hübsche Stadt verlassen, werden wir noch Zeugen einer prachtvoll inszenierten Hochzeit in der **Iglesia de Santa María de la Asunción.** Danach amüsieren wir uns köstlich darüber, wie ein kleiner Lastwagen, hochbeladen mit Baumaterial, in den extrem engen Gassen hin- und herrangiert.

Wieder unten angekommen, machen wir uns in östlicher Richtung auf den Weg (A 373) und folgen zunächst den Wegweisern zum Campingplatz, am Abzweig nach EL SANTISCAL biegen wir links ab und passieren bei Km 29 die Zufahrt.

WOMO-Campingplatz-Tipp: Arcos de la F. (Lago de Arcos)

Öffnungszeiten: ganzjährig. **Ausstattung:** 1. Kategorie, alle Einrichtungen; Fon 956708333; Preis 13 €/Nacht.
Zufahrt: A 393 Arcos de la Frontera, beschildert. (A 372, N 342)

Wir sind aber neugierig auf den Stausee und treffen ein paar Minuten später auf dem schattigen Parkplatz vor dem Hotel *„Mesón Molinera“,* benannt nach der alten Mühle, die an der Weggabelung steht. Nach einem vorzüglichen Essen in der *„Mesón Molinera“* schlafen wir auf dem schattigen Parkplatz sehr gut, nachdem wir kurz vor Sonnenuntergang dem Brautpaar von vorhin in einem Oldtimer beim Fototermin noch einmal zuschauen durften.

WOMO-Stellplatz: Arcos de la Frontera (Molinera)

max. WOMOs: 3 – 4.
Ausstattung: Müllcontainer, Restaurant mit Freibad, schöner Blick auf den See.
Zufahrt: wie oben, jedoch 500 m weiter.
Sonstiges: Platz ist für Übernachtung am Wochenende nicht ganz ruhig.
Ersatz: 1400 m weiter nordöstlich am See.

Der nächste Tag soll uns in eines der schönsten Wandergebiete Andalusiens bringen, den ***Parque Natural Sierra de Grazalema***. Auf der gut ausgebauten A 372 müssen wir immer wieder anhalten, um die grandiose Landschaft zu genießen. Häufiger fallen uns gut umzäunte Rinderweiden auf, auf denen offenbar Kampfstiere gezüchtet werden. Weiter südlich beginnt die Gegend der Korkeichenwälder (***Parque Natural de los Alcornocales***), was einige entgegenkommende Lastwagen belegen, die mit riesigen Korkstücken hoch beladen sind.

Nach 32 km kommen wir nach EL BOSQUE, auch ein *Pueblo Blanco.* Wenn man die tollste aller Wanderungen, nämlich

El Bosque - Tor zur Sierra de Grazalema

durch den Wald der Iberischen Tanne „***Pinsapar***“, machen will, muss man sich unbedingt bei der **Tourist Info** in EL BOSQUE dafür eine schriftliche Genehmigung holen, weil die Anzahl der täglichen Besucher begrenzt ist. Da dieser Wanderweg sehr beliebt ist, empfehlen wir in der Hochsaison (Juni bis September) eine vorherige Reservierung per Telefon 956716063 oder 956716236 oder per Fax 956716339. Wer ohne Genehmigung auf dem Weg von den wachsamen Rangers erwischt wird, riskiert eine Geldbuße. Nachdem wir die kostenlose Genehmigung in der Tasche haben, erwerben wir am Dorfkiosk noch die passende Wanderkarte *Plano Topográfico del Macizo de Grazalema* im Maßstab 1 : 50000, auf deren Rückseite die Region in fünf Sprachen erklärt wird.

Das hübsche Weiße Dorf ist schnell besichtigt, und wir sind bald auf der Straße A 373 nach UBRIQUE . Auf den 13 km fasziniert uns immer wieder die herrliche Berglandschaft. UBRIQUE, Stadt der Lederwaren, ist auch ein wenig eng gebaut, so dass wir davor parken und ein wenig in der Innenstadt spazieren gehen, was aber kulturell nicht sehr ergiebig ist.

Die Lederstadt Ubrique

Wir biegen 1000 m oberhalb des Ortes in die A 374 in Richtung GRAZALEMA ein und besuchen einige Kilometer weiter das malerische Bergdörfchen BENAOCAZ, hoch oben auf einer Kuppe gelegen. Ein kleiner Gasthof verlockt zur Einkehr, von dessen Terrasse wir eine besonders schöne Aussicht haben. Weniger als 4 € zahlen wir für Tapas und Bier. Von dem 800 m hoch liegenden Dorf kann man auch schöne Wanderungen nach GRAZALEMA (14 km / 3 ½ Std.) und zur wildromantischen Geröllschlucht ***Salto del Cabrero,*** Wahrzeichen der Sierra, machen (7,5 km / 2 ¼ Stunden). Beide Wanderungen lassen sich auch zu einem Rundweg kombinieren. (s. Wanderübersicht!)

Weißes Dorf: Benaocaz

Weiter geht es auf der wunderschönen Route A 374/ A 372 bis GRAZALEMA. Vor dem Ortseingang sehen wir links einen mittelgroßen Parkplatz.

WOMO-Stellplatz: Grazalema I (Unterstadt)

max. WOMOs: 3 – 4. **Ausstattung:** Müllcontainer.
Zufahrt: A 4 AS 4, A 382, Arcos A 372, Stadt durchqueren, in Richtung Ubrique, kurz hinter Ortsausgang, rechts. (Von Ubrique umgekehrt!)
Sonstiges: Schöne Aussicht von unten auf die oben liegende Stadt. Platz ist in der Hauptsaison gut als Basis für eine Stadtbesichtigung, aber für eine Übernachtung zu unruhig.

Wir fahren hoch ins Dorf, finden aber auf Anhieb keinen Stellplatz und lassen uns in Richtung ZAHARA DE LA SIERRA leiten. Gleich oberhalb der Stadt liegt gegenüber der Einfahrt zum (geschlossenen) Campingplatz ein riesiger Parkplatz, auf dem wir uns erst einmal einrichten.

WOMO-Wanderparkplatz: Grazalema II (Am Campingplatz)

max. WOMOs: 5 – 6.
Ausstattung: Müllcontainer, schöne Aussicht auf die Stadt.
Zufahrt: A 4 AS 4, A 382, Arcos A 372, bei Km 49,0 (gegenüber der Einfahrt zum Campingplatz).
Sonstiges: Platz ist gut als Basis für eine Stadtbesichtigung, ein Fußweg führt hinunter. Startplatz für Wanderungen in die Sierra.

Ursprünglich wollen wir uns den Campingplatz gegenüber ansehen, der ist aber wegen Umbauarbeiten geschlossen.

WOMO-Campingplatz-Tipp: Grazalema (Tajo Rodillo)

Öffnungszeiten: 1.4. – 30.9. **Ausstattung:** 2. Kategorie, schattig; Fon 956132063; Preis 14 €/Nacht.
Zufahrt: wie oben.
Sonstiges: Platz ist gut als Basis für eine Stadtbesichtigung oder Wanderungen in die Sierra. **Nur für Wohnmobile bis 5 m.**
Ersatz: Campingplatz in **Benamahoma (Los Linares)** Geöffnet 15.6. – 15.9., 2. Kategorie, Fon/Fax 956716275.
Zufahrt: A 372 in Richtung EL BOSQUE; in der Nähe der Quelle *Fuente de El Nacimiento*; Preis wie in Grazalema.

Während wir noch überlegen, ob wir auf dem Parkplatz hoch über GRAZALEMA für die Übernachtung bleiben sollen, dringt von der Felswand zur Linken ein vielstimmiges Hundegebell an unsere Ohren. Mit dem Fernglas erkennen wir in etwa 150 m Entfernung eine Art Tierheim mit zahlreichen primitiven Käfigen, aus denen die jämmerlichen Tiergeräusche kommen. Kurzentschlossen fahren wir wieder in den Ort hinunter auf den zentralen Parkplatz im Ort. Da die meisten Tagestouri-

Grazalema von oben

sten inzwischen wieder abgefahren sind, gibt es hier reichlich Platz und obendrein noch eine herrliche Aussicht nach Süden.

WOMO-Stellplatz: Grazalema III (Plaza de España)

max. WOMOs: 3 – 4. **Ausstattung:** Müllcontainer, schöne Aussicht.
Zufahrt: A 4 AS 4, A 382, Arcos A 372, Ortsmitte von Grazalema.
Sonstiges: Platz sollte erst am frühen Abend angefahren werden.

Da mein Magen inzwischen knurrt, dränge ich zu einem kulinarischen Dorfbummel. Das Gassengewirr des hübschen Ortes ist ein einziges Freiluftrestaurant. Es sind eigentlich alles kleine Gasthäuser, die viele Tische und Stühle vor ihre Tür gestellt haben. Die Auswahl unter den preiswerten Tapas, Fisch- und Grillspezialitäten ist groß, und hier und da wird auf der Gitarre gespielt. Viele kleine Läden bieten Kunsthandwerk an, hauptsächlich textiler Art, denn dafür ist die 2000-Seelen-Gemeinde weithin bekannt. Es herrscht eine wunderbare Atmosphäre, aus der wir uns nur schwer losreißen können, um uns durch Schlaf für den morgigen Wandertag fit zu machen. Ein Verdauungsspaziergang durch das hübsche „Weiße Dorf“ mit maurischem Einschlag, das außer mit bunten Blumen geschmückten, gekälkten Häusern keine Sehenswürdigkeiten zu bieten hat, ergibt dann die richtige Bettschwere. Wir überlegen noch, welche Wanderungen man hier so machen kann.

Übersicht der möglichen Wanderungen:

1. Von Grazalema durch die ***Sierra del Pinar*** („Pinsapar) nach Benamahoma; Genehmigung erforderlich; 17,5 km / 5 ¾ Std.; Busrückfahrt nach Grazalema, Abfahrtzeiten vorher klären.
2. Von Grazalema zum ***Salto del Cabrero*** bis Benaocaz (oder umgekehrt); 16 km / 4 ½ Std.; Verlängerung nach Ubrique über die *Calzada Romana* möglich (+ 1 Std.); Busrückfahrt nach Grazalema bzw. Benaocaz , Abfahrtzeiten vorher klären. Man kann auch vom *Salto del Cabrero* direkt zu den Ausgangsorten zurückgehen. (2x 2 ¼ Std. Grazalema bzw. 2x 2 Std. Benaocaz)
3. Vom Parkplatz an der A 372 (früher C 344) bei Km 42,5 (8,5 km westlich von Grazalema) durch die *Cañada de los Beatas* zum ***Pico de Torreón*** (1654 m) und zurück; Genehmigung erforderlich! 9 km / 4 Std. Der anstrengende Weg ist nicht markiert, weshalb man sich einer geführten Wanderung anschließen sollte. Auskunft: Tourist Info El Bosque.
4. Von Benamahoma entlang des ***Río de el Bosque*** nach El Bosque und zurück; 12 km / 4 Std.; Halbierung der Wanderzeit durch Benutzung des Busses nach Benamahoma, Abfahrtzeiten vorher klären.
5. Vom *Puerto de los Acebuches* durch die ***Garganta Verde*** zur *Gruta de la Eremita* und zurück; 6,5 km / 2 ½ Std.; Weg wird auf der Wandertafel am Parkplatz des Passes *Puerto de los Acebuches* an der CA 531 in Richtung Zahara del la Sierra beschrieben.

Wo man die Wanderkarte kaufen kann, wird meist auch die Wanderbroschüre *„Andar por el Macizo de Grazalema“* angeboten. Ansonsten empfehlen wir die im Anhang genannten Wanderführer.

Wir bewegen also in aller Frühe unser Fahrzeug wieder den Berg hinauf in Richtung auf der A 372 in Richtung BENAMAHOMA, nach 900 m rechts ab in die C 531 nach ZAHARA DE LA SIERRA. 1100 m nach der Abzweigung folgt auf der linken Seite der Wanderparkplatz „Pinsapar“, Ausgangspunkt für unsere heutige Wanderung durch den Igeltannenwald.

WOMO-Wanderparkplatz: Grazalema IV (Pinsapar)

max. WOMOs: 3 – 4. **Ausstattung:** Müllcontainer, Tische und Bänke.

Zufahrt: A 4 AS 4, A 382, Arcos A 372, 900 m vor Grazalema links in die C 531 in Richtung Zahara, nach 1100 m links.

Sonstiges: Platz ist schattenlos. Alle Fahrzeugsicherungen einsetzen.

Durch die *Sierra del Pinar* (17,5 km / 5 ½ Stunden)

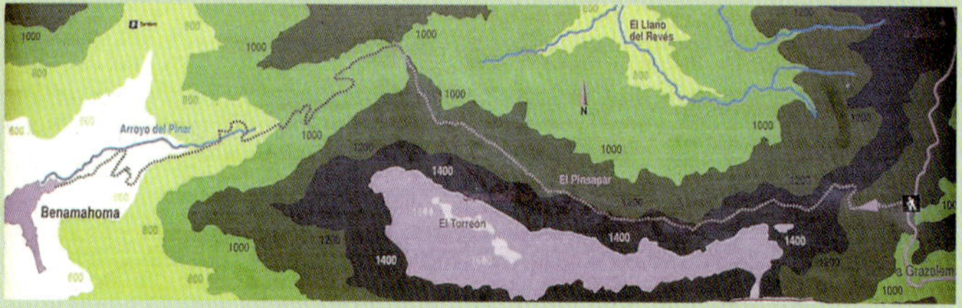

Nachdem wir uns reichlich mit Proviant, Wasser, Stiefeln und Stöcken ausgerüstet haben, starten wir unsere Tagestour auf 1032 m Höhe durch ein Holztor am hinteren Ende des Parkplatzes.

Der steinige, gut sichtbare Weg steigt kräftig an, bis wir nach 40 Minuten den Pass ***Puerte de las Cumbres*** (1300 m) erklommen haben. Die Aussicht nach beiden Seiten ist einfach toll: im Südosten GRAZALEMA mit einem kleinen Teich, im Norden der blaue Stau-

see ***Embalse de Zahara***, im Südwesten die Spitzen der Sierra, z. B. der ***Pico San Cristobal*** (1525 m) und der ***Pico de Torreón*** (1654 m). Eine ¾ Stunde später begegnen wir den ersten „Igeltannen", den sogenannten **Iberischen Tannen** (auch: Pinsapotannen), die nur an wenigen Stellen in Spanien die Eiszeit überstanden haben. Es sind zum Teil riesige Bäume, die über 30 m Höhe und 100 cm Stammdurchmesser erreichen können. Die Anzahl der Riesentannen nimmt stetig zu, bis der Pfad im dunklen, kühlen Wald verschwindet. Ab und zu haben wir durch die Bäume eine schöne Aussicht in die Täler. Links und rechts des Pfades blicken wir an vielen Stellen in eine Art Urwald, denn umgestürzte Bäume werden nicht weggeräumt, höchstens wird der Weg freigelegt. Es geht leicht bergauf und der Bewuchs ändert sich, indem sich auch Eichen unter die Nadelbäume mischen. Der Weg wird breiter, bis wir auf einem Wirtschaftsweg den Wald verlassen. Drei Stunden nach unserem Start erreichen wir die von niedrigen Mauern umgebene ***Fuente del Pinar***. Nun geht es abwärts nach BENAMAHOMA, wobei wir uns an einem Abzweig links halten müssen. 1 ½ Stunden später durchschreiten wir am Ende des Naturparks ein Holztor, anschließend durchqueren wir den bereits erwähnten Campingplatz „Los Linares", passieren eine Fischzucht und die ***Fuente de el Nacimiento*** (Quelle des *Río de El Bosque*), bis wir an der Bushaltestelle bei der Venta El Bujio in BENAMAHOMA ankommen. Gesamtlaufzeit dieser wirklich schönen Wanderung: 5 ½ Stunden. Der Bus nach GRAZALEMA kommt fast pünktlich. (Die Abfahrtzeiten muss man unbedingt vorher in Grazalema bei der Tourist Info, Plaza de España, erfragen.) Am Abzweig zur CA 531 lässt uns der Fahrer aussteigen und zehn Minuten später sind wir wieder an unserem unversehrten WOMO. Unter der Sonnenmarkise lassen wir uns ein paar wohlverdiente Biere munden, bevor wir todmüde zu Bett gehen.

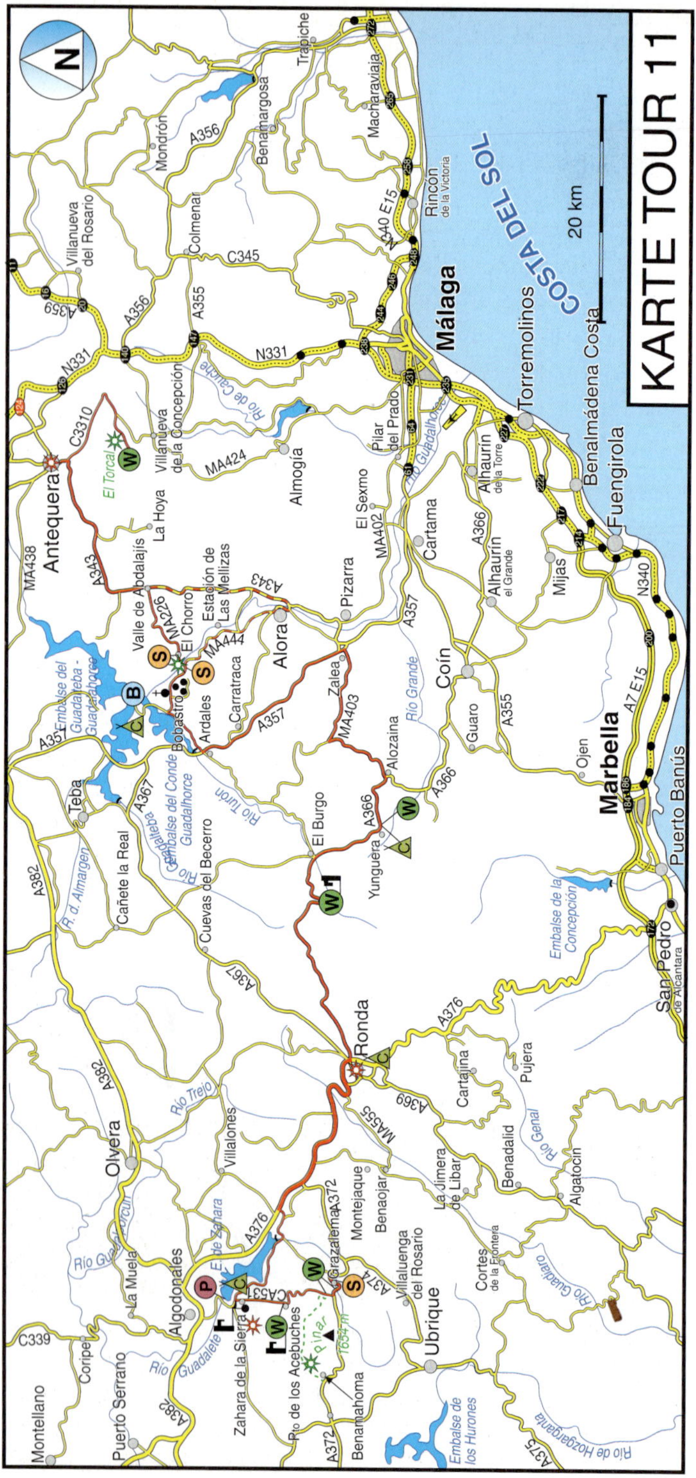
KARTE TOUR 11
N
20 km
COSTA DEL SOL
Málaga
Torremolinos
Benalmádena Costa
Fuengirola
Marbella
Puerto Banús
San Pedro de Alcántara
Antequera
El Torcal
Villanueva de la Concepción
Almogía
Pilar del Prado
Alhaurín de la Torre
Alhaurín el Grande
Mijas
Cártama
El Sexmo
Pizarra
Álora
Valle de Abdalajís
La Hoya
El Chorro
Estación de Las Mellizas
Carratraca
Ardales
Bobastro
Embalse del Guadalteba - Guadalhorce
Embalse del Conde Guadalhorce
Teba
Cañete la Real
Cuevas del Becerro
El Burgo
Yunquera
Alozaina
Zalea
Coín
Guaro
Ojén
Río Grande
Río Turón
Embalse de la Concepción
Ronda
Río Trejo
Olvera
Villalones
Cartajima
Pujerra
Benadalid
Algatocín
Río Genal
Montejaque
Benaoján
Jimera de Líbar
Villaluenga del Rosario
Cortes de la Frontera
Río Guadiaro
Grazalema
Pinar
1654 m
Zahara de la Sierra
E. de Zahara
Algodonales
La Muela
Río Guadalete
Coripe
Puerto Serrano
Montellano
Río de los Acebuches
Benamahoma
Ubrique
Embalse de los Hurones
Río de Hozgarganta
Villanueva del Rosario
Colmenar
Mondrón
Benamargosa
Trapiche
Macharaviaja
Rincón de la Victoria
Río de Campanillas
R. d. Almargen
Río Guadalhorce
N331
N340
A7 E15
N340 E15
C3310
C345
C339
A343
A356
A355
A357
A359
A366
A367
A369
A372
A374
A376
A382
A375
MA226
MA402
MA403
MA424
MA438
MA444
MA555
CA531

TOUR 11 (220 km / 3 - 5 Tage)

Zahara de la Sierra - Ronda – El Burgo – Garganta del Chorro – Antequera - Torcal

Freie Übernachtung:	Puerto de los Acebuches, La Cabeza Real (Embalse de Zahara), El Burgo, Yunquera, Parque Ardales, 2x El Chorro, Torcal de Antequera.
Ver-/Entsorgung:	Campingplätze.
Trinkwasserstellen:	Puerto de los Acebuches, Zahara de la Sierra (Ortseingang), Embalse de Zahara, Mirador del Guarda Forestal, Campingplätze.
Campingplätze:	Zahara de la Sierra, Ronda, Yunquera, Parque Ardales, Fuente de Piedra.
Besichtigen:	Zahara de la Sierra, Ronda, Garganta del Chorro, Antequera, El Torcal.
Wandern:	Garganta Verde, Sierra las Nieves, Torcal de Antequera

Heute steht uns noch ein landschaftliches Kleinod ins Haus, indem wir den Bug unseres WOMOs nach Norden richten und auf der CA 531 weiterfahren. Die gut ausgebaute Bergstraße, stellenweise allerdings nur 4 m breit, führt uns 17 km über schwindelerregende Höhen durch ein traumhaft schönes Bergpanorama nach ZAHARA DE LA SIERRA. Nach 3 km überque-

ren wir den Pass **Puerto de las Palomas** (1157 m), auf dem wir ganz gut halten können. Von einem erhöhten Aussichtspunkt genießen wir nach allen Seiten die herrliche Landschaft.

7 km weiter lädt ein großer Picknickplatz auf einem Felsplateau in 881 m Höhe zur Rast ein. Eine Jeep-Besatzung staatli-

cher Wildhüter, die wie kanadische Rangers aussehen, macht gerade Mittagspause. Auch hier ergötzen wir uns an einem fantastischen Fernblick hinunter auf den ***Embalse de Zahara***. Es gibt sogar einige schattige Plätze zum Stehen und eine Wasserquelle in der Nähe. Angesichts der martialisch aussehenden Rangers wagen wir es nicht, hier Wurzeln zu schlagen, obwohl der Platz ideal für eine ruhige Nacht scheint.

WOMO-Wanderparkplatz: Puerto de los Acebuches (Mirador)

max. WOMOs: 3 – 5. **Ausstattung:** Müllcontainer, Wasser, Tische und Bänke.

Zufahrt: A 4 AS 4, A 382, Arcos A 372, 900 m vor Grazalema links in die C 531 in Richtung Zahara, 10 km links.

Sonstiges: Platz ist bis auf einen Baum schattenlos. Basis für die Wanderung durch die ***Garganta Verde*** zur *Gruta de la Eremita* und zurück – 6,5 km / 2 ½ Std.. (s. Tour 9, Wanderung Nr. 5)

3000 m weiter taucht vor uns auf einem hohen, steilen Felsen die prächtige Burg von ZAHARA DE LA SIERRA auf. Fotos von der Talstraße aus sind Pflicht. Im Ort angekommen, finden wir direkt hinter dem Ortseingang rechts einen schrägen Parkplatz mit einer **Wasserquelle** vor. Wir schlendern durch dieses klassisch schöne „Weiße Dorf“ mit alten Adelshäusern und der Barockkirche ***Santa María de la Mesa*** (1755) und klettern auf die spanisch-arabische **Nasriden-Burg** (12. Jahrhundert)

hinauf. Der traumhaft schöne Rundblick von der obersten Aussichtsplattform des ***Torre de Homenaje*** auf den malerischen Ort, die Obstplantagen und den im Nordosten liegenden Stausee ***Embalse (oder Pantano) de Zahara*** entschädigt uns für die Strapazen des steilen Aufstieges in der Mittagshitze. Der Ort ist bekannt für den umfangreichen Quittenanbau, weshalb er auch scherzhaft „*Zahara de los Membrillos*“ genannt wird. Im Hauptstraßenzug gibt es einige Terrassencafés, wo wir uns erst einmal stärken, bevor wir zum Reisemobil zurückkehren.

Zahara de la Sierra: Santa María de la Mesa

Embalse (oder Pantano) de Zahara

Wir umrunden im Tal den Burgberg bzw. den Ort 2,7 km nach Norden, biegen in Richtung GRAZALEMA / RONDA in eine nummernlose Straße rechts ab, die in südöstlicher Richtung am Stausee entlang führt. Am Abzweig gibt es noch eine **Wasserzapfmöglichkeit**. An dieser Landstraße kommt nach ca. 1300 m der neue Campingplatz am westlichen Ufer des Stausees, der allerdings geschlossen ist.

WOMO-Campingplatz-Tipp: Zahara (Cortijo Arroyomolinos)

Öffnungszeiten: Juni - September. **Ausstattung:** ländlich einfach; Fon 956123114;
Zufahrt: A 372 Grazalema, CA 531 an Zahara vorbei, dort weiter in Richtung Algodonales, nach 500 m rechts ab in das Sträßchen am Embalse de Zahara in Richtung Ronda, 1,3 km nach der Abzweigung.

Ein paar Kilometer weiter entdecken wir einen hübschen Picknickplatz in Seenähe.

WOMO-Picknickplatz: Embalse de Zahara (La Cabeza Real)

max. WOMOs: 1 – 2. **Ausstattung:** Müllcontainer, schattenlos, Tische, Bänke, Bade- und Anglersteg.
Zufahrt: wie oben, jedoch 3,7 km weiter.

11 km seit ZAHARA DE LA SIERRA folgt am Ende des Stausees hinter einer Brücke ein Abzweig nach GRAZALEMA. Vor der Brücke ist wieder ein kleiner, allerdings sehr einsamer **Picknickplatz**, auf dem Übernachtung möglich ist.

Wir fahren aber geradeaus in Richtung RONDA und gelangen bald auf die Hauptstraße A 376, wo wir die Grenze zur Provinz MÁLAGA überschreiten. An der Straße sind häufig „halbnackte" Korkeichen zu sehen, deren Rinde teilweise bereits geerntet ist.

Nach flotter Fahrt treffen wir dreißig Minuten später in der vielbesuchten Bergstadt RONDA ein. Es gibt Städte, die irgendwo zwischen Legende und Wirklichkeit einzuordnen sind, eine davon ist RONDA. Die ehemals abgeschiedene Stadt der Stierkämpfer und Straßenräuber, die Persönlichkeiten wie Rilke fas-

Ronda: Puente Nuevo

zinierte, ist heute eine lebhafte Bezirkshauptstadt mit vielen sehenswerten Baudenkmälern, ohne dabei ihre Eigentümlichkeit verloren zu haben. Die hundert Meter tiefe Schlucht ***Tajo***, durch die sich ganz unten das Flüsschen ***Guadalevín*** schlängelt, teilt die Stadt in zwei Hälften, und die gigantische Steinbrücke ***Puente Nuevo*** darüber ist zum Wahrzeichen Rondas geworden. Kurz vor der Brücke, also im neuen Teil der Stadt, finden wir auf der ***Plaza de España*** die **Tourist Info**, wo wir uns den obligatorischen Stadtplan mit deutscher Beschreibung der Sehenswürdigkeiten besorgen. Für den historischen Rundgang muss man sich schon einen halben Tag Zeit nehmen.

Ronda: Tajo-Schlucht

Santa María la Mayor

Was gibt es zu sehen? In der Altstadt ***La Ciudad***: ***Casa del Rey Moro,*** die Paläste ***de Marqués de Salvatierra*** und ***de Mondragon, Puerta de Felipe, Puente Viejo*** (alte Brücke), die **arabischen Bäder,** ***Minarete de San Sebastian,*** die Kirchen ***Santa María la Mayor*** und ***Espiritu Santo,*** die Museen ***Lara*** und ***Bandolero,*** die Burgtore ***Almocabar*** und ***Carlos V*** als Eingänge zur Maurenfestung ***Alcazabar.*** In der Neustadt ***Mercadillo*** faszinieren die ***Plaza de Toros,*** älteste Stierkampfarena Spaniens (1785), ***Plaza de España*** mit dem Parador-Hotel, sowie das **Karmeliterkloster** und das ***Templete Virgen de los Dolores*** (18. Jh.).

Ronda: Puerte Almocabar

Obwohl die Aussicht von der ***Puente Nuevo*** überwältigend ist, möchten wir doch einen Blick von unten auf das Meisterwerk der Architektur des 18. Jahrhunderts werfen. Im Süden der Stadt, gegenüber der Festung, führt ein Sträßchen in die Auen des **Río Guadalevín**. Größere WOMOs sollten diesen Weg meiden, denn man kann schlecht wenden. Das einmalige Bild auf die Stadt in der untergehenden Sonne (s. Seite 157) entschädigt uns für das schweißtreibende Wendemanöver. Stellplätze können wir in RONDA nicht entdecken, dafür aber einen sehr schönen Campingplatz.

WOMO-Campingplatz-Tipp: Ronda (El Sur)

Öffnungszeiten: ganzjährig **Ausstattung:** sehr gut, schattig, Pool, Restaurant, **deutschsprachige Leitung**; Fon/Fax 952875939; eMail camping@campingelsur.com, Home: www.campingelsur.com; Preis 17 €/Nacht.

Zufahrt: östliche Umgehungsstraße A 376, Abzweig im Süden auf A 369 in Richtung Algeciras, bei Km 1,5; oder von Innenstadt aus durch die Altstadt und an der Alcazabar rechts ab auf A 369 (beschildert).

Sonstiges: Basis für Stadtbesichtigung, ½ Stunde Fußweg.

Mirador del Guarda Forestal

Vom Campingplatz finden wir leicht zur A 366, indem wir auf der östlichen Umgehung erst Richtung MARBELLA, dann SEVILLA (A 376) bis zum Kreisverkehr an einem großen Supermarktfahren, dort rechts in die A 366 in Richtung EL BURGO abbiegen. Es ist eine abwechslungsreiche Fahrt durch die wunderbare, schroffe Felsenwelt der ***Serranía de Ronda***, stets begleitet von schönem Grün der Büsche und Steineichen. Die Straße wird etwas enger, bis wir über den ***Pass Puerto del Viento*** in 1190 m Höhe rollen. Im Süden kündigt sich der Naturschutzpark ***Parque Naturale de la Sierra de las Nieves*** durch ein großes Eingangsschild an. Der höchster Berg ist hier mit 1919 m der ***Torrecilla***. Kurz dahinter entdecken wir mit dem ***Mirador del Guarda Forestal*** einen originellen Aussichtspunkt. Die schneeweiße Statue eines Uniformierten mit einem kleinen Jungen an der Hand zeigt in die weite Bergwelt.

WOMO-Wanderparkplatz: Nähe El Burgo

max. WOMOs: 2 – 3.
Ausstattung: Müllcontainer, Frischwasser, tolle Aussicht auf die Berge des Naturparks.
Zufahrt: von Ronda auf A 366 in Richtung El Burgo, bei Km 19,4.
Mirador del Guarda Forestal
Sonstiges: Platz ist gut als Basis für Wanderungen.

Nach 5 km auf der A 366 kommen wir nach **EL BURGO**, einem hübschen kleinen Ort, der aber für unser Womo zu eng ist. Wegen des Wochenmarktes ist der Parkplatz an der Kirche knallvoll, so dass wir unverrichteter Dinge wieder weiterfahren. Die A 366 entwickelt sich als kurvenreiche Bergstrecke, bis wir nach dem ***Puerto de las Abejas*** (820 m) weiter das Dörfchen YUNQUERA erreichen. Hier ist der Ausgangspunkt für einige schöne Wanderungen. Vom arabischen Wachturm ***Torre de Vigía*** (Wegweiser „Campingplatz") aus könnten wir auf eine 7-stündige Streckenwanderung zum Enamorados (1775 m) in der **Sierra de las Nieves** starten. In dem antiken Turm soll die **Tourist Info** untergebracht sein, ist aber geschlossen.

Die asphaltierte Straße fahren wir ca. 700 m weiter landeinwärts, bis der Belag sich in Schotter ändert und zum Freibad führt. Hier sind gute Parkmöglichkeiten, denn nach den Wandertafeln ist hier Ausgangspunkt für fünf verschiedene Touren:

1. 6 ½-stündige Rundwanderung von Yunquera (1600 m) zum ***Peña de Cuco*** und zurück. Auch hier kann man die Iberische Tanne („Igeltanne") antreffen.
2. 7-stündige Tour zum ***Enamorados*** (1775 m) und zurück.
3. 3-stündige Wanderung zum ***Puerto Huarte*** (900 m).
4. 3-stündige Rundwanderung zum ***Pico Arca*** (1041 m).
5. 3 ½-stündige Tour am ***Río Grande*** nach ***Tolox***.

Als Wanderkarte empfehlen wir *Cartografía Militar de España Serie L Nr. 15-44 (1051) Ronda.* (s. auch Tipps „Literatur")

Wir sind hier nicht gewandert, haben uns aber einen Eindruck von der schönen Gegend verschaffen können. Stehen kann man hier am örtlichen Freibad auf jeden Fall.

WOMO-Wanderparkplatz: Yunquera (Freibad)

max. WOMOs: 3 – 4. **Ausstattung:** Müllcontainer, Freibad, evtl. Wasser.
Zufahrt: A 366 von Ronda nach Yunquera, Beschilderung „Campingplatz" folgen, nach 700 m.
Sonstiges: Wandertafeln mit genauen Wegeskizzen.

WOMO-Campingplatz-Tipp: Yunquera (Pinsapo Azul)

Öffnungszeiten: 1.4. – 30.10. **Ausstattung:** 3. Kategorie, einfach; Fon 952482754; Preis 10,70 €/Nacht.
Zufahrt: wie oben.
Sonstiges: Basis für Wanderungen in der Sierra de las Nieves.

In die Ortsmitte von YUNQUERA kann man nicht mit dem WOMO fahren, weil alles zu eng ist. An der großen Kreuzung vor der Einfahrt zur Ortsmitte gibt es aber reichlich Parkraum. Sehr ergiebig ist unser Stadtbummel jedoch nicht.

Alozaina Jorox: Höhlenhäuser

Álora: Burgberg und Stadt

Ca. 6 km weiter kommt ein herrlicher Aussichtspunkt an einer alten Brücke, dahinter ein bunter Wegweiser nach JOROX. Dort bewundern wir in einem kleinen Tal alte Höhlenhäuser. In ALOZAINA verlassen wir die A 366 und biegen nach links ab in Richtung PIZARRA auf die MA 403. Nach 20,5 km lassen wir PIZARRA rechts liegen und wechseln auf die A 343, um nach 6 km links „ÁLORA“ anzusteuern. Wir fahren rechts an der Stadt vorbei, bis sich nordöstlich der Stadt die Straße gabelt. Wir biegen links in die MA 441/MA 442 in Richtung CARRATRACA/ARDALES ein. (Wem die landschaftlich schönere Piste zu schmal ist, kann vorher kurz hinter ZALEA auf der A 357 nach ARDALES sausen.) Von der MA 442 wechseln wir nach 20 km auch auf die A 357 und biegen an der nächsten Kreuzung nach rechts in die MA 444 ab, wo wir nach 1,5 km den **Parque Ardales** mit den Stauseen **Guadalteba** und **Guadalhorce** erreichen. Links schauen wir uns einen schön gelegenen Campingplatz an.

Weidende Pferde am Río Guadalhorce

WOMO-Campingplatz-Tipp: Parque Ardales

Öffnungszeiten: ganzjährig. **Ausstattung:** 2. Kat., schattig. Fon/ Fax 952112401; Preis 8,35 €/N. eMail: rey@campingparqueardales.com, www.campingparqueardales.com.
Zufahrt: A 92 (Sevilla – Granada) AS 146 A 382 Campillos, A 357 Ardales, beschildert; oder gem. Text. – Sektion 1 –
Besonderes: Bewaldeter Platz grenzt direkt an Badeseen.

Parque Ardales: Felsentor „El Mirador"

Wir durchfahren ein uriges Felsentor, auf dem die Gastwirtschaft „El Mirador" (Aussichtspunkt) thront. Wir klettern hinauf und haben einen herrlichen Blick auf die Seen- und Waldlandschaft. Hier ist auch der Startpunkt für eine Rundwanderung in die Schlucht ***Desfiladero de los Gaitanes*** (7 km, ca. 2 Stunden, s. Wanderliteratur). Nach weiterer Erkundung des Gebietes machen wir in Sektion 4 einen brauchbaren Stellplatz aus.

WOMO-Badeplatz: Parque Ardales (Sektion 4)

max. WOMOs: 20 – 30.
Ausstattung: Müllcontainer, Restaurant.
Zufahrt: wie oben, ein paar Hundert Meter weiter nördlich.
Sonstiges: Platz für Übernachtung zeitweilig gesperrt. Ersatz findet man leicht in der Nähe.

Badeseen Embalse de Guadalhorce und Guadalteba

Eine völlig andere und aufregendere Landschaft erwartet uns aber noch auf der Südseite des Naturparks: ***Garganta del Chorro*** oder auch ***Desfiladero de los Gaitanes***. Wir fahren das Sträßchen zurück und biegen nach wenigen Kilometern links ab, Wegweiser EL CHORRO. Nach 2 km weist ein Schild nach rechts zu den

Ruinas de Bobastro und zur ***Iglesia Rupestre de Bobastro*** (beides aus dem 10. Jh.), wohin eine schmale Bergstraße hinführt (2,8 km). Wir rollen aber geradeaus weiter und sind nach anstrengender Kurvenfahrt bald an dem kleinen Stausee mit Elektrizitätswerk.Gleich hinter der Einmündung in die Uferstraße gibt es einen Kiosk mit einigen Parkplätzen.

WOMO-Stellplatz: El Chorro I (Embalse del Gaitanejo)

max. WOMOs: 1 – 2.
Ausstattung: Müllcontainer, Restaurant, Kiosk.
Zufahrt: A 92 (Sevilla – Granada) AS 146 A 382 Campillos, A 357 Ardales, MA 444 in Richtung El Chorro, direkt am Stausee, vor der Staumauer
Sonstiges: Platz ist wegen der tollen Aussicht gut für eine längere Pause, aber für Übernachtung nur im Notfall geeignet.

Der Blick nach links ist gewaltig: Hier stehen sich zwei gigantische Felswände gegenüber, in schwindelnder Höhe durch eine filigrane Eisenbahnbrücke verbunden. In diese Felsen wurde ein Wandersteig, der ***Caminito del Rey*** (Kleiner Königsweg), gehauen, zum Teil aus Beton an die senkrechten Wände montiert. Früher sind viele mutige Kletterer den Weg gelaufen, aber leider wurde er seit einigen Jahren wegen des Absturzes von Teilen der künstlichen Böden gesperrt. Angeblich soll seit längerem die Reparatur dieses einmalig schönen Steiges vorgenommen werden, aber das wird noch Jahre dauern. Trotzdem kann man eine schöne Wanderung in diesem Felsenlabyrinth machen. (siehe oben)

Desfiladero de los Gaitanes

Wir überqueren den See auf der Staumauer und gelangen in das Örtchen EL CHORRO, das sogar einen eigenen Bahnhof besitzt. Vor der kleinen Gastwirtschaft können auch einige Reisemobile parken.

WOMO-Stellplatz: El Chorro II (Bahnhof)

max. WOMOs: 2 – 3.
Ausstattung: Müllcontainer, Gaststätte, schöner Seeblick.
Zufahrt: wie oben, jedoch nach Seeüberquerung 1300 m weiter.
Sonstiges: Platz ist für Übernachtung nicht ganz ruhig, da häufig Züge durchrauschen.

Der nahe **Campingplatz** ist für Wohnmobile nicht befahrbar, jedoch kann man vor dem Eingang parken und die Einrichtungen benutzen.

Unser nächstes Ziel ist der ***Torcal de Antequera***. Für unseren Campingbus (und WOMOs bis 2,2 m Breite und max. 5 t) gibt es eine äußerst reizvolle Abkürzung nach VALLE DE ABDALAIÍS über das kurvenreiche Bergsträßchen MA 226, das gegenüber der Staumauer beginnt. Hoch oben gibt es Stellen mit einer einmaligen Aussicht auf die Schlucht und den Stausee. Ängstliche Gemüter und Dickschiffe sollten den Weg über ÁLORA nehmen.

Wir stoßen also wieder auf die A 343 und sind bald 1 km vor der sehenswerten Stadt ANTEQUERA. Wer aber mehr die Natur liebt, lässt die Stadt links liegen und biegt nach rechts, den

Antequera von oben

Wegweisern „El Torcal" folgend, ab. Von der C 3310 folgen wir dem Abzweig zu dieser einmaligen Felsenwelt in luftiger Höhe. Der große Parkplatz vor dem großen Hüttengebäude lädt zum Bleiben ein. Wir nehmen uns vor, hier zu übernachten. Ein anderes deutsches Fahrzeug gesellt sich zu uns.

WOMO-Wanderparkplatz: El Torcal de Antequera

max. WOMOs: 10 -12. **Ausstattung:** Müllcontainer, Steintische.

Zufahrt: A 92 AS 152 N 331 AS 124 Antequera, Wegweisern folgen.

Sonstiges: Platz ist fast schattenlos und staubig, nachts vielleicht etwas einsam. Man sollte alle Fahrzeugsicherungen einsetzen.

Vorher wollen wir aber noch die einmaligen Naturschönheiten auf Schusters Rappen bewundern.

Wanderung El Torcal (1,5 km / 1 Std.)

Kurz vor dem Sonnenuntergang wandern wir durch die bizarre Felsenwelt. Der nicht ganz ungefährliche Weg ist durch kleine Holzpflöcke sauber gekennzeichnet. Man sollte auf jeden Fall derbes Schuhwerk anziehen und Wanderstöcke benutzen. Es ist auch nicht verboten, vom Weg abzuweichen, um z. B. schöne Standpunkte zum Fotografieren zu erklettern. Manche der imposanten Felsfiguren tragen sogar Namen

wie ***El Sombrero*** oder ***El Egipto*** (s. Foto S. 166). Die angegebene einstündigen Wanderzeit verlängert sich unbegrenzt, je nachdem wie lange man staunend vor diesen Naturwundern verbringt.

Die Industriestadt ANTEQUERA ist – abgesehen von einigen schönen Renaissance- und Barockkirchen – kaum sehenswert. Etwas außerhalb jedoch kommen die Hobbyarchäologen unter uns zu ihrem Recht. Im Westen der Stadt sind die drei megalithischen Höhlengrabanlagen ***Cuevas de Menga, Viera y Romeral*** zu bewundern, die aus dem 3. Jahrtausend v. Chr. stammen sollen. Anfahrt (*Menga* und *Viera*): A 354 in Richtung Granada, ca. 1 km nach dem Ortsausgang, an der Tankstelle links ab. Anfahrt (*Romeral*): A 354 in Richtung Granada bis Kreuzung, links ab in Richtung Sevilla, ausgeschildert. Geöffnet etwa 10 – 16 Uhr.

Für Liebhaber der Vogelwelt haben wir hier noch einen Lekkerbissen: Die ***Laguna de la Fuente de Piedra***, etwa 25 km nordwestlich von ANTEQUERA, ist einer der größten Brutplätze Europas vor allem für Flamingos, aber auch Kraniche, Störche, Fischreiher, Lachseeschwalben, Seeregenpfeifer und Fischadler. Das Gebiet ist eingezäunt, weshalb starke Feldstecher und großvolumige Teleobjektive vonnöten sind. Beste Zeit: April bis Juni. Rund um den See kann man auch 20 km wandern. Der Campingplatz „La Laguna“ mit Seebadestelle befindet sich in Fuente de Piedra, Ortsteil Rábita, Preis 11,80 €/Nacht, Fon 952735294, Fax 952735461.

El Torcal: El Sombrero

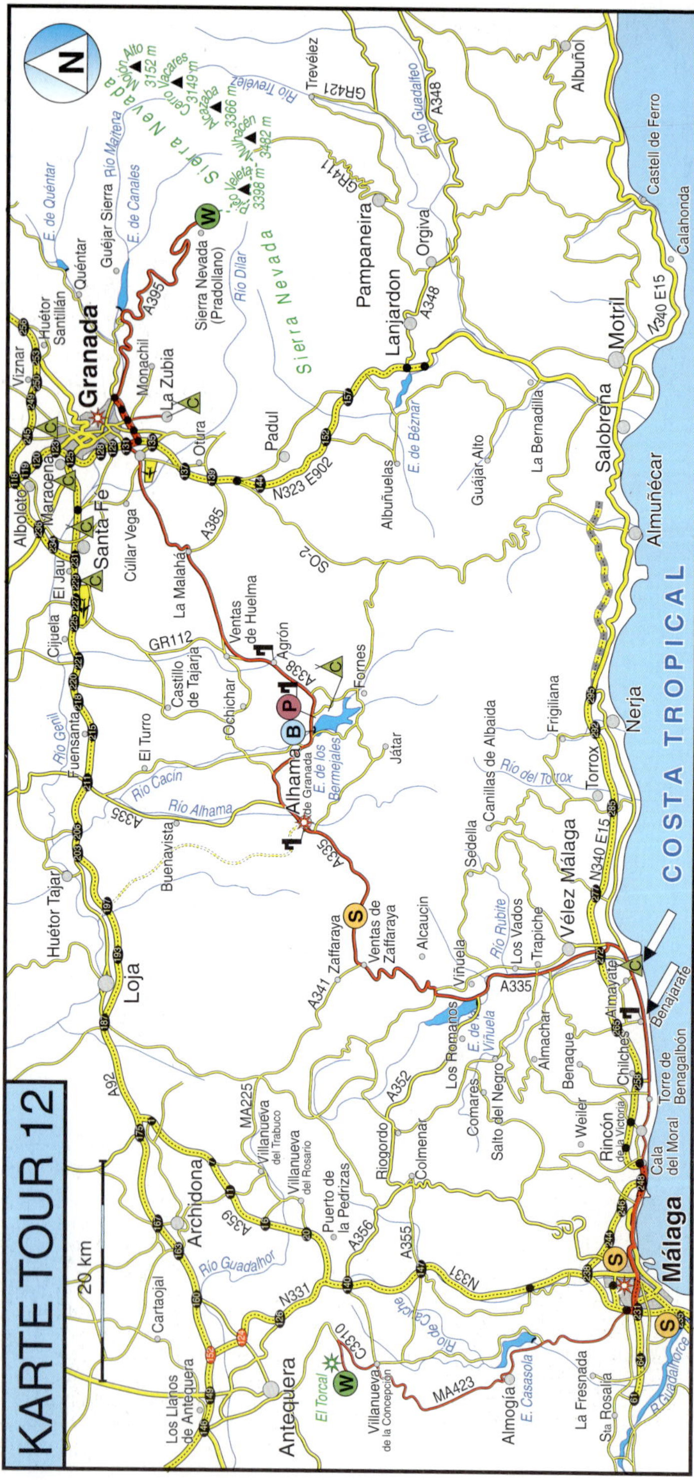

KARTE TOUR 12
20 km
N
Sierra Nevada
Mulhacén 3482 m
Alcazaba 3366 m
Cerro Vacares 3149 m
Veleta 3398 m
Nolón Alto 3152 m
Sierra Nevada (Pradollano)
Granada
Güéjar Sierra
Quéntar
E. de Quéntar
E. de Canales
Río Maitena
Río Dílar
Río Trevélez
Trevélez
Pampaneira
Orgiva
Lanjarón
Río Guadalfeo
Albuñol
Castell de Ferro
Calahonda
Motril
Salobreña
Almuñécar
Padul
Albuñuelas
E. de Béznar
Guájar Alto
La Bernadilla
Otura
La Zubia
Monachil
Huétor Santillán
Víznar
Albolote
Maracena
Santa Fe
Cúllar Vega
El Jau
Cijuela
La Malahá
Ventas de Huelma
Agrón
Fornes
Castillo de Tajarja
Ochichar
Alhama de Granada
E. de los Bermejales
Játar
El Turro
Fuensanta
Río Genil
Río Cacín
Río Alhama
Buenavista
Huétor Tajar
Loja
Ventas de Zaffaraya
Zaffaraya
Alcaucín
Viñuela
E. de la Viñuela
Los Romanos
Los Vados
Trapiche
Vélez Málaga
Sedella
Canillas de Albaida
Frigiliana
Río del Torrox
Río Rubite
Torrox
Nerja
Almayate
Benajarafe
Chilches
Torre de Benagalbón
Rincón de la Victoria
Cala del Moral
Almachar
Benaque
Weiler
Comares
Salto del Negro
Colmenar
Riogordo
Villanueva del Trabuco
Villanueva del Rosario
Puerto de la Pedrizas
Archidona
Río Guadalhor
Cartaojal
Los Llanos de Antequera
Antequera
El Torcal
Villanueva de la Concepción
Almogía
E. Casasola
Río de Campanillas
La Fresnada
Sta. Rosalía
R. Guadalhorce
Málaga
COSTA TROPICAL
A395
A338
A385
A335
A341
A348
A352
A355
A356
A359
A92
N323 E902
N340 E15
N331
GR112
GR411
GR421
SO-2
MA225
MA423
C3310

TOUR 12 (240 km / 4 - 6 Tage)

Málaga - Torre del Mar - Alhama de Granada - Embalse de los Bermejales - Granada - Sierra Nevada

Freie Übernachtung:	2x Málaga, Benajarafe, Almayate, Arroyo de la Madre, 2x Embalse de los Bermejales, Sierra Nevada.
Ver-/Entsorgung:	Campingplätze.
Trinkwasserstellen:	Niza-Beach, Alhama de Granada, Embalse de los Bermejales, Agrón, Campingplätze.
Campingplätze:	Almayate, Benajarafe, Torre del Mar, Embalse de los Bermejales, 6x Granada.
Besichtigen:	Málaga, Alhama de Granada, Granada.
Wandern:	Sierra Nevada.
Essen:	Campingplatz Almayate

Nach den vielen Naturschönheiten streben wir nun ans Mittelmeer in Richtung MÁLAGA. Da gibt es eine schöne und eine schnelle Strecke, beide sind 35 km lang. Die schöne ist die C 3310 und MA 424, die schnelle leitet uns bei VILLANUEVA ab nach Osten über das mittlerweile sehr große Dorf CASABERMEJA auf die vierspurige N 331, die vor MÁLAGA auf die Küstenrennpiste N 340 nach Ost oder West ableitet. Wer Zeit

Málaga von oben (Castello de Gibralfaro)

hat, sollte unbedingt die schöne Strecke wählen, denn die abwechslungsreiche Landschaft ist sehenswert.

MÁLAGA ist sicherlich die bekannteste und wichtigste Großstadt an der ***Costa del Sol***. Bevor ein Bad im Meer angesagt ist, wollen wir hier noch ein wenig bummeln gehen. In der Hafenstadt angekommen, lassen wir uns wir uns auf der Hauptstraße von dem dichten Verkehr treiben, ein Anhalten ist kaum möglich. Gefühlsmäßig folgen wir dem Schild ***„Puerto"***, und unser Instinkt für Stellplätze trügt uns nicht. An dem Kreisverkehr, der nach links zum Hafen leitet, fahren wir geradeaus, wählen aber die rechte Spurvariante, und können auf dem linken Mittelstreifen viele freie Parkplätze ausmachen. Gegenüber liegt außerdem noch ein großes freies Grundstück, auf dem auch geparkt werden kann.

WOMO-Stellplatz: Málaga I (Hafen)

max. WOMOs: 10 – 20.
Ausstattung: Müllcontainer.
Zufahrt: N 340 Richtung Centro, Wegweisern „Puerto" folgen, Paseo Antonio Marchado, gegenüber der Peugeot-Vertretung.
Sonstiges: Platz ist gut als Basis für Stadtbesichtigung, zum Übernachten zu laut und möglicherweise zu gefährlich.

Málaga: Kathedrale

Von hier aus braucht man zu Fuß bis zum Zentrum etwa eine Viertelstunde. Wir sichern unser WOMO nach allen Regeln der Kunst und wandern los. Einen Stadtplan haben wir uns schon zu Hause bei der *Turespaña* besorgt und finden uns gut zurecht. Vor der **Kathedrale** ist ein riesiger Menschenauflauf. Die Polizei will uns nicht an und in die Kirche lassen. Der Kellner eines Straßencafés klärt uns auf: Es werden gerade Filmaufnahmen mit einem berühmten spanischen Schauspieler gedreht, der dann auch als Kardinal kostümiert aus dem Hauptportal eilt. Die ***Catedral de Málaga*** wurde auf dem Fundament einer Moschee 1588 eingeweiht und zählt sicher zu den wichtigsten Renaissancebauwerken Andalusiens. Leider hat damals das Geld für den zweiten Kirchturm nicht gereicht, weshalb dieser auf dreiviertel Höhe heute wie ein kranker Zahn aussieht. Besonders sehenswert ist das Chorgestühl mit 40 kunstvoll geschnitzten Holzfiguren.

Gleich um die Ecke liegt die gewaltige maurische Festung

Alcazaba, die auf römischen Resten im 14. Jahrhundert von den Nasriden zur heute erkennbaren Größe ausgebaut wurde. Heute, am Samstag, ist der Eintritt frei, sonst zahlt man 1,80 € je Person. Man kann sich in der großen Anlage schier verlaufen; wir halten uns bei Abzweigungen links und kommen an die höchsten Stellen. Die Ausblicke auf die Stadt, das Meer und

den pittoresken Park ***Paseo del Parque*** sind ein einziger Genuss. Am Rande dieser Grünanlage parken ganz frech ein paar Reisemobile der Filmemacher! Offenbar werden die Dreharbeiten hier in den nächsten Tagen fortgesetzt, denn eine große Crew von Technikern installiert gerade Unmengen von Scheinwerfern und sonstigem Equipment.

Wieder aus der Burganlage entlassen, stoßen wir davor auf eine **Tourist Info**. Wir befragen die hübschen jungen Damen, wo man hier sein Wohnmobil über Nacht hinstellen könne. Nein, einen Campingplatz gäbe es in der Stadt nicht mehr, aber vor dem ***Castello de Gibralfaro*** wäre ein großer Parkplatz , wo öfter *Coche Camas* (Wohnmobile) über Nacht stehen, sagen uns die Mädels augenzwinkernd.

WOMO-Stellplatz: Málaga II (*Castello de Gibralfaro*)

max. WOMOs: 3– 5. **Ausstattung:** Müllcontainer, tolle Aussicht auf Stadt und Meer; Gebühr: 0,70 €/Tag plus Trinkgeld.

Zufahrt: N 340 Richtung Centro, den Wegweisern „Parador" und „Castello de Gibralfaro" folgen.

Sonstiges: Der Parkwächter ist nur am Tage dort, fragt aber gleich bei der Ankunft, ob man über Nacht bleiben möchte, ein Trinkgeld ist gut angelegt.

Außer den bereits erwähnten Sehenswürdigkeiten gibt es noch etliche Museen , als da wären: ***Museo Arqueológico y de Bellas Artes, Museo Diocesano, Museo Picasso*** und dessen Geburtshaus.

Nun ist aber Schluss mit Besichtigungen, wir wollen baden! Deshalb quälen wir uns auf der Küstenstraße nach Osten aus der Stadt heraus. Bei der dichten Uferbebauung finden wir kaum ein Plätzchen für unseren Campingbus. Endlich wird der Abstand der Betonklötze größer, so dass wir hier und da einen Tagesparkplatz für eine Badepause erspähen, aber mehr auch nicht. Bei BENAJARAFE endlich werden wir fündig:

WOMO-Badeplatz: Benajarafe (Niza-Beach)

max. WOMOs: 10 – 15. **Ausstattung:** Frischwasser, direkt am Sandstrand. Keine Müllentsorgung!
Zufahrt: alte N 340 bei Km 265,0.
Sonstiges: Platz ist nachts wegen der N 340 leicht unruhig. Kann am Wochenende voll werden.

Hier haben sich schon viele Reisemobile und sogar Caravangespanne spanischer Herkunft aus der näheren Umgebung häuslich eingerichtet. Ein netter Hannoveraner erzählt uns, dass er schon seit über vier Monaten hier steht und bisher weder von der Polizei noch von Spitzbuben belästigt wurde. Aus einem PVC-Schlauch mit Ventil zapfen die „Strandbewohner" Wasser, dessen Herkunft uns nicht ganz klar ist. Unser Gesprächspartner sagt aber, das sei „sogar gut zum Kaffeekochen".

An der alten Uferstraße liegt ein Campingplatz neben dem anderen, u. a. „Valle Niza". 3 km weiter gibt es aber noch eine einfache Stellmöglichkeit in ALMAYATE. Ein verwaschenes Schild ***„Almayate Playa"*** weist meerwärts.

WOMO-Badeplatz: Almayate Playa

max. WOMOs: 1 – 2.
Ausstattung: Müllcontainer, Sandstrand.
Zufahrt: alte N 340 bei Km 268,2 meerwärts abbiegen.
Sonstiges: Liegt dicht an ärmlichen Ferienhäusern, daher nur im Notfall für eine Übernachtung, zum Beispiel auf der Durchreise, geeignet.

Ein paar Hundert Meter weiter östlich erspähen wir abseits der N 340 ein großes Reklameschild für „Camping Naturista", zu dem eine schmale Asphaltstraße meerwärts führt. Wir schauen nach und sind angenehm überrascht.

WOMO-Campingplatz-Tipp: Almayate (Almanat)

Öffnungszeiten: ganzjährig. **Ausstattung:** sehr gut, parzelliert, Restaurant, direkter Strandzugang; Fon/Fax 952556271, eMail almanat@arrakis.es; Home: www.almanat.de; Preis: 18 €/Nacht; Juli/August 27 €/Nacht. Hier machen viele Deutsche und Holländer Urlaub.
Zufahrt: alte N 340 bei Km 269 meerwärts, beschildert. Von der neuen N 340 / E 15 AS 274, Torre del Mar, alte N 340 nach Westen, Km 269.
Besonderes: FKK sowohl auf dem Campingplatz als auch am Strand.

Das Restaurant vor dem Strand bietet auf Deutsch neben viel Fisch auch andalusische Küche zu günstigen Preisen an. Auf der Terrasse mit Seeblick sitzen wir ganz hervorragend. Wir bleiben einige geruhsame Tage auf dem Platz, bevor wir nach GRANADA und in die *Sierra Nevada* aufbrechen. Im benachbarten TORRE DEL MAR gibt es weitere **Campingplätze**, die aber nicht direkt am Strand liegen.

Nach GRANADA gibt es eine schnelle und eine schöne Route. Wie immer nehmen wir natürlich die schöne. In TORRE DEL MAR gehen wir direkt auf die nach Norden führende A 335 in Richtung ALHAMA DE GRANADA und lassen VÉLEZ MÁLAGA rechts liegen. Die recht gut ausgebaute Straße schlängelt sich durch die ***Sierra de Tejeda,*** eine abwechslungsreiche, bergige Landschaft, wo sich Olivenhaine, Obstplantagen, Getreideäcker und Wiesen mit schroffen Felsen abwechseln. Hiervon sehen wir allerdings nicht allzu viel, weil es etwas diesig ist und die Bergspitzen in Wolken gehüllt sind. Hier und da bieten Händler säckeweise Apfelsinen und Zitronen an. Nach 18 km geht es, der Hauptstraße A 335 folgend, rechts ab. Bald liegt vor uns der schön gelegene Stausee ***Embalse de la Viñuela***, an dessen Ufer wir aber überhaupt keine Zufahrten entdecken und somit nicht herankommen können.

Bei Km 98 sehen wir an einem Berghang ein alleinstehendes Restaurant mit vielen Parkplätzen und guter Aussicht. (Der Name fängt mit „Fuente“ an.) Wenn man es nötig hat, wäre nach einer Mahlzeit eine Übernachtung möglich. Auf dem bald folgenden Pass ***Puerto de Zafarraya*** (920 m) – die Grenze zur **Provinz Granada** – ist es jetzt ziemlich nebelig, so dass wir von der wildromantischen Landschaft wenig erkennen können. In dem verschlafenen Dörfchen VENTAS DE ZAFFARRAYA lichtet sich der Nebel schlagartig und die liebe Sonne kommt wieder durch.

Wir durchqueren ein fruchtbare Hochebene und finden in dem Dörfchen ARROYO DE LA MADRE an einem Restaurant einen riesigen Parkplatz vor.

WOMO-Stellplatz: Arroyo de la Madre (San Marcos)

max. WOMOs: 5– 6. **Ausstattung:** Müllcontainer, Restaurant
Zufahrt: N 340 / E 15 Torre del Mar, A 335 in Richtung Alhama de Granada, bei Km 84,5, Parkplatz des Restaurants „San Marcos“
Besonderes: Hinter dem Parkplatz ist ein Straußengehege.

Auf der Wiese nebenan tummeln sich zwei Straußenvögel. Als wir mit Kameras auftauchen, galoppiert der eine direkt auf uns zu, bläht den Hals auf und stößt seltsame Schreie aus. Dann fängt er einen wilden Tanz an, dessen Sinn wir nicht deuten können. Vielleicht bettelt er damit um Futter.

Alhama de Granada

Wir rollen gemütlich durch eine wunderschöne Landschaft, dem Naturpark ***La Alcaiceria,*** mit vielen Panoramaausblikken. Hier und da laden Wandertafeln zu verschiedenen Touren durch die Natur ein.

Auf einer Bergkuppe haben wir einen schönen Blick auf ALHAMA DE GRANADA, die Stadt der heißen Quellen. Das Häusermeer wird dominiert von einer wuchtigen Kirche, der ***Iglesia de la Encarnación.*** In der Ortsmitte parken wir bequem vor einem Straßencafé und bummeln durch das hübsche Städtchen. An der ***Iglesia del Carmen*** (16. Jahrhundert) sprudeln munter zwei Wasserrohre, die aber zum Auffüllen des Bordwassertanks nur mit Gießkanne nutzbar sind. Direkt hinter der Kirche öffnet sich eine tiefe Schlucht mit einigen verfallenen Bauten im Talboden, durch den der ***Río Alhama*** fließt. Ihren Namen hat die Stadt von dem arabischen Begriff *„El Hamam“*, was „heiße Quelle“ bedeutet. In den USA verwendet man das Wort auch für einen Whirlpool.

Kaum haben wir die Stadt nach Nordosten verlassen, müssen wir schon nach 3 km dem Wegweiser ***„Embalse de los Bermejales“*** nach rechts auf die A 338 folgen, denn dieser schöne Stausee ist unser nächstes Ziel. Die A 335 führt geradeaus zur vierspurigen A 329 nach GRANADA (57 km). Auf unserer Route sind es ebenso 57 km, dafür aber landschaftlich anspruchsvoller.

Sobald wir am Stausee sind, biegt nach rechts ein breiter Weg ab, der auf einen Tunnel hinweist, den der ***Río Alhama*** durchfließen muss, um in den Stausee zu gelangen. Hier ist ein brauchbarer Stellplatz mit schönem Blick auf den idyllisch liegenden See.

WOMO-Badeplatz: Embalse de los Bermejales I

max. WOMOs: 3 – 4.
Ausstattung: schattig.
Zufahrt: N 340 / E 15 Torre del Mar, A 335 in Richtung Alhama de Granada, A 338 ungefähr bei Km 35.
Sonstiges: Keine Müllentsorgung möglich, weshalb der Platz etwas verwahrlost aussieht.

Dichter am Ufer ist auch noch ein schattiges Areal zu sehen, wo schon ein PKW parkt. Wir kommen hin, indem wir zur Hauptstraße bis auf 20 m zurückfahren, um gleich wieder links abzubiegen und ca. 100 m dem breiten Weg zum See hinunter folgen. Ein schönes, einsames Stückchen Erde! Auch hier könnten wir eine herrlich ruhige Siesta halten.

Embalse de los Bermejales

Aber wir fahren weiter und überqueren die alte Staumauer, die interessante Ausblicke nach beiden Seiten bietet. Direkt dahinter lädt zur Rechten eine *„Area Recreativa“* zum Baden und Verweilen ein.

WOMO-Picknickplatz: Embalse de los Bermejales II

max. WOMOs: 10 – 12. **Ausstattung:** Müllcontainer, schattig, Frischwasser, Strand. **Zufahrt:** N 340 / E 15 Torre del Mar, A 335 in Richtung Alhama de Granada, A 338 ca. bei Km 34,5. **Besonderes:** Das Frischwasser wird als *„Agua no Potable"* bezeichnet. Die Spanier verwenden es aber auch zum Kochen.

Da Wochenende ist, erholen sich hier viele spanische Familien, an einigen Stellen plärren Lautsprecher aus offenen Autotüren, und Grillqualm hängt in der eigentlich sauberen Luft. Man kann den Uferweg noch ca. 500 m weiter rollen, denn überall sind schöne, schattige Plätze. Am Eingang des Picknickplatzes steht eine Tafel, wonach Camping, Lagerfeuer und Abfallentsorgung verboten sind, woran sich naturgemäß kein Spanier stört.

Zurück auf der Hauptstraße wirbt bei Km 37 ein Schild für einen Campingplatz.

WOMO-Campingplatz-Tipp: Los Bermejales

Öffnungszeiten: ganzjährig. **Ausstattung:** 2. Kategorie, ganz gute Sanitäreinrichtung, Pool, See-Zugang über eine Fußgängerbrükke, schön gelegen; Fon 958359190; Fax 958359336; Preis: 11,60 €/Nacht, in der Nebensaison 8,20 €/N., eMail camping@losbermejales.com; Home www.losbermejales.com.
Zufahrt: N 340 Torre del Mar, A 335 Alhama de Gr., A 338 bei Km 37

Neugierig biegen wir ab und stellen weitere zahlreiche Badeplätze mit Parkraum fest. Es ist hier so schön und ruhig, dass man glatt tagelang hier hängen bleiben könnte. Für Angler offenbar ein Eldorado, denn an dem stillen Seeufer halten viele die Ruten ins Wasser.

Die weitere Fahrt nach GRANADA gestaltet sich sehr abwechslungsreich: landwirtschaftliche Flächen, grüne sanfte Hügel, nachgemachte Schlösschen. Kurz vor der Ortschaft AGRÓN liegt an der A 338 links ein kleiner Picknickplatz mit einem **Wasserhahn.** Je mehr wir uns der Provinzhauptstadt nähern, um so deutlicher leuchten dahinter majestätisch die schneebedeckten Dreitausender der ***Sierra Nevada***.

Wir haben uns in **GRANADA** zwar nach freien Stellplätzen umgesehen, aber ohne Erfolg. Für diese Touristenmetropole gilt in puncto Sicherheit das Gleiche wie für alle Großstädte: Übernachtung nur auf Campingplätzen! Die Stadt hat gleich mehrere anzubieten, davon haben wir folgende getestet:

WOMO-Campingplatz-Tipps Granada

1. Peligros

Öffnungszeiten: 15.3. – 15.10. **Ausstattung:** 1. Kategorie, gute Sanitäreinrichtung, Pool; Fon/Fax 958340548; Preis: 18,20 €/Nacht
Zufahrt: A 92, bei Albolote auf N 323 AS 121, beschildert.
Besonderes: Platz eignet sich gut für Granada-Besuch, ca. 1000 m zur Bushaltestelle.

2. La Zubia

Öffnungszeiten: ganzjährig **Ausstattung:** 2. Kat., Restaurant; Fon 958590041; Fax 958591191; granada@campingreinaisabel.com; www.campingreinaisabel.com; Preis: 18,20 €/Nacht. Buchung Alhambra: 9,50 €/Person + Bus ca. 2 €; deutscher Empfangschef.
Zufahrt: A 92, bei Albolote auf N 323 nach Süden, AS 132 auf Ronda Sur (südliche Umgehung) in Richtung Alhambra / Sierra Nevada, AS 2 nach La Zubia, 3,1 km, dort beschildert.
Besonderes: Geeignet für Granada-Besuch, Bushaltestelle vor der Tür, Paseo de Salón aussteigen.

3. Sierra Nevada, 1. Kat., Av. de Madrid 107, N 323 AS 123; 20 €/N.
4. María Eugenia, 2. Kat., Av. de Andalucia, A 329, 3 km; 15,40 €/N.
5. Los Alamos, Santa Fe, A 329, 5 km; 16 €/Nacht.
6. Cubillas, Embalse de Cubillas, N 323, 12 km nördlich; 11 €/Nacht.

Über die Fülle der Sehenswürdigkeiten von GRANADA detailliert zu berichten, hieße ein eigenes Buch darüber schreiben. Bei der *Turespaña* zuhause gibt es einen Prospekt mit Stadtplan und Rundgängen, die einschlägigen Reiseführer (s. Tipps „Literatur") gehen mehr in die Tiefe.

Wir ziehen den kleineren Campingplatz in LA ZUBIA vor, weil man von hier aus gut zur ***Alhambra*** und in die ***Sierra Nevada*** kommt. Wir nehmen den Bus (alle 20 Minuten) bis zum ***Paseo de Salón,*** wo sich die meisten Buslinien treffen. Dann fragen wir uns zur ***Plaza Nueva*** durch (10 Minuten Fußweg), um mit einem „Microbus" der Alhambra Bus S.A. für 0,85 € durch die engen Gassen des maurischen Viertels zu dem hoch über der Stadt liegenden Aussichtspunkt ***Mirador San Nicolas*** gefahren zu werden. Von hier oben haben wir eine sagenhaft schöne Aussicht auf die ***Alhambra***, die ganze Stadt und auf die schneebedeckten Dreitausender der ***Sierra Nevada***. Das Schicksal meint es gut mit uns: Für eine einmalige Fotostimmung sorgt nach einem Gewitter die tiefrot sinkende Sonne.

Gasse im Albaicín

Zur ***Alhambra*** kommt man per Bus wie folgt: Am ***Paseo de Salón*** steigt man um in die Buslinie Nr. 13 „Cementerio" oder geht 10 Minuten zur ***Plaza Nueva*** und

Granada: Alhambra im Abendlicht

nimmt dort einen der Kleinbusse. Man kann auch mit dem Reisemobil direkt zur ***Alhambra*** fahren und dort von 8 – 20 Uhr parken, was aber für WOMOs über 6 m Länge sündhaft teuer ist, denn die müssen auf den Busparkplatz: 3,60 €/Stunde. Kastenwagen werden wie PKWs behandelt und kosten 1,30 €/Stunde. Außerdem hört man, dass hier häufig Spitzbuben ihrem „Handwerk" nachgehen, weshalb wir den Bus empfehlen.

Antikladen im Albaicín

Für den obligatorischen Besuch der ***Alhambra*** sollte man mindestens einen ganzen Tag vorsehen, ebenso für die Innenstadt mit ***Catedral Santa María de la Encanación, Capilla Mayor, Capilla Real, Albaicín*** (maurisches Viertel), ***Convento de San Jerónimo*** (Universitätsviertel), ***Plaza Nueva*** und – etwas außerhalb – das Kartäuserkloster ***La Cartuja***.

Nach den vielen Besichtigungen müssen wir wieder einmal zur Mutter Natur zurückkehren. Die Schneegrenze soll inzwischen auf 1800 m abgesunken sein. Also fahren wir von LA ZUBIA zurück auf die *Ronda Sur* und ordnen uns in Richtung ***Sierra Nevada / Pradollano*** ein, bis wir auf die komfortable A 395 abgeleitet werden. 39 km wunderschöner Bergstraße liegen vor uns.

Nach 17 km wird es härter, aber zwischendurch werden wir immer wieder durch herrliche Aussicht entschädigt, z. B. auf

Sierra Nevada: Pantano de Canales

einen schönen See tief im Tal, den ***Pantano de Canales***. Bei Km 23 erwartet uns das Besucherzentrum ***El Dornajo***, wo man jede Menge Informationsmaterial gratis, aber auch gegen Bezahlung erhält.

Wir folgen strikt der Wegweisung ***„Pico Veleta“*** . Den bekannten Wintersportort PRADOLLANO lassen wir rechts liegen. Bei Km 38,5 an der **Albergue Universitario** auf 2550 m Höhe ist Schluss mit dem Fahren, aber es gibt zwei große Parkplätze, die von Souvenirbuden, Schlittenverleihern und Terrassenrestaurants umgeben sind.

WOMO-Wanderparkplatz: Sierra Nevada

max. WOMOs: 4 - 5
Ausstattung: Müllcontainer, Restaurants, Imbiss, schattenlos.
Zufahrt: Von Norden: A 92, bei Albolote auf N 323 nach Süden, AS 132 auf Ronda Sur (südliche Umgehung) in Richtung Alhambra / Sierra Nevada, bei Km 38,5. Von Süden: N 323 / E 902 AS 132 usw.
Sonstiges: Tagsüber starker Ausflugsbetrieb. In der Skisaison (Dezember bis April) nicht zu empfehlen.

Direkt neben dem Parkplatz liegt an einem sanften Hang reichlich Schnee, in den sich zwei Busladungen Schulkinder lärmend mit bunten Kunststoffschlitten stürzen. Wir gehen noch ein wenig spazieren, um die Gegend für den morgigen Wandereinstieg zu erkunden, lassen einen deutsch sprechenden Gastwirt noch etwas verdienen und haben eine ruhige Nacht.

Sierra Nevada: Albergue Universitario (2550 m üNN)

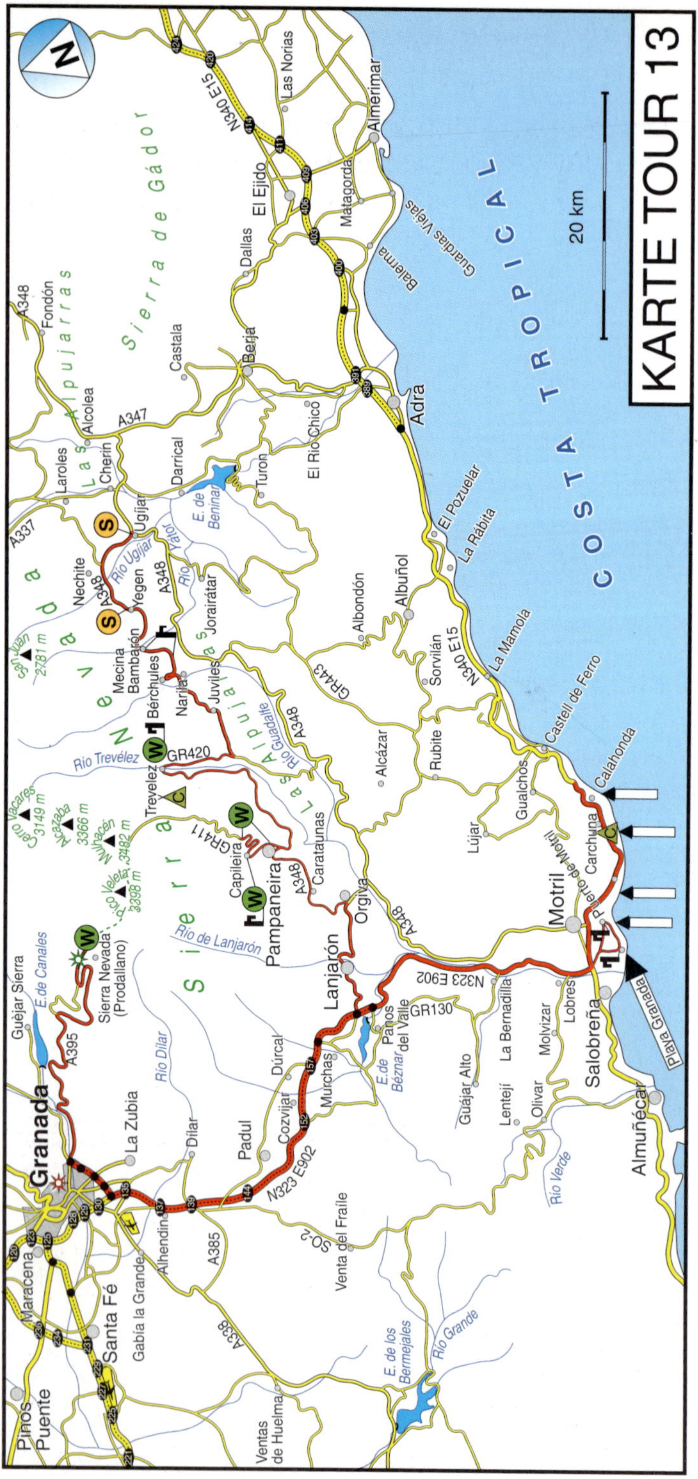

KARTE TOUR 13
COSTA TROPICAL
20 km
Sierra de Gádor
Las Alpujarras
Sierra Nevada
Las Alpujarras
Granada
Santa Fé
Maracena
Pinos Puente
Gabia la Grande
Alhendín
La Zubia
Dílar
Padul
Cozvíjar
Dúrcal
Murchas
Güéjar Sierra
E. de Canales
Sierra Nevada (Prodallano)
Pico Veleta 3398 m
Mulhacén 3482 m
Alcazaba 3366 m
Cerro Vacares 3149 m
San Juan 2781 m
Río Dílar
Río de Lanjarón
Río Trevélez
Río Guadalfeo
Río Ugíjar
Río Yator
Río Verde
Río Grande
Lanjarón
Pampaneira
Capileira
Trevélez
Bérchules
Mecina Bambarón
Yegen
Nechite
Ugíjar
Cherín
Laroles
Alcolea
Fondón
Darrical
Juviles
Narila
Jorairátar
Carataunas
Órgiva
E. de Benínar
Turón
El Río Chico
Castala
Berja
Dallas
El Ejido
Matagorda
Almerimar
Las Norias
Balerma
Guardias Viejas
Adra
El Pozuelar
La Rábita
Albuñol
Albondón
Sorvilán
La Mamola
Castell de Ferro
Calahonda
Gualchos
Lújar
Carchuna
Puerto de Motril
Motril
Rubite
Alcázar
Salobreña
Playa Granada
Almuñécar
Lobres
Molvízar
La Bernadilla
Guájar Alto
Lentejí
Olivar
Pinos del Valle
E. de Béznar
Venta del Fraile
Ventas de Huelma
E. de los Bermejales
A348
A347
A337
A395
A385
A338
GR420
GR4111
GR443
GR130
SO-2
N340 E15
N323 E902

TOUR 13 (270 km / 5 - 6 Tage)

Sierra Nevada – Abstecher ans Meer: Playa Granada, Playa Puerto de Motril, Calahonda – Alpujarras – Lanjarón – Orgiva – Pampaneira – Capileira – Trevélez – Yegen – Ugíjar

Freie Übernachtung:	Playa Granada, 2x Puerto de Motril, Carchuna, Calahonda, Pampaneira, 3x Capileira, Trevélez, Yegen, Ugíjar.
Ver-/Entsorgung:	Campingplätze.
Trinkwasserstellen:	Puerto de Motril, Capileira, Trevélez, Alcutar, Mecina Bombarón, Ugíjar, Campingplätze.
Campingplätze:	Carchuna, Trevélez.
Besichtigen:	Pampaneira, Capileira, Trevélez.
Wandern:	Sierra Nevada, Alpujarra.
Essen:	Trevélez (Campingplatz), Ugíjar („*Vidaña*")

Theoretisch könnte man auf der Hochalpenstraße weiterfahren und kommt am Südhang bei CAPILEIRA heraus. Aber kurz hinter der ***Albergue Universitario*** – etwa 500 m vom Parkplatz aus – ist die Straße durch eine Schranke gesperrt. Von Juli bis September fahren von hier Kleinbusse bis an den ***Pico Veleta*** (3394 m), den zweithöchsten Berg der Sierra, heran. Mit Bus verkürzt sich der Aufstieg erheblich. Aber es ist erst Mitte Mai und wir müssen Schusters Rappen bemühen.

Wanderung zum Pico Veleta und zurück (5 - 6 Std.)

Wir haben uns für diese Hochgebirgswanderung sachgemäß ausgerüstet: Bergstiefel, windfester Anorak, Wanderstöcke, warme Sachen zum Unterziehen, Regenschutz, Proviant, 1 ½ bis 2 Liter Wasser oder Tee, Wanderkarte 1 : 50.000 von „Editorial Penibetica" (ISBN 84-931217-1-1), Kompass, Fernglas **und Sonnenschutzcreme**. Über 3000 m Höhe kann man im Gesicht und auf allen herausschauenden Körperteilen ganz schön „verbrennen". Zunächst folgen wir dem asphaltierten Sträßchen, passieren die Heiligenstatue ***Virgen de las Nieves*** und erreichen nach 20 Mi-

nuten die Abzweigung ***Cruce de Borreguiles***, wo wir die Straße verlassen und auf einem Pfad weitergehen, der die Bergstraße aber mehrmals kreuzt, so dass man eigentlich auf ihr weitergehen könnte. Wir bleiben aber auf dem gekennzeichneten Pfad und kommen über die ***Cuerda del Veleta*** zu den sogenannten ***Posiciones*** (2 Std.). Es folgt ein Aussichtspunkt, von dem aus wir einen unvergesslichen Blick auf den ***Corral del Veleta*** haben. An einem großen runden Felsblock kommt eine Gabelung, wo wir den rechten Weg nehmen (der linke

Sierra Nevada: Virgen de las Nieves

Pico Veleta (3394 m)

führt über den *Veredón* zum *Cerro de los Machos),* auf dem Grat entlang gehen und nach Überquerung des ***El Lastron*** bald auf dem windigen Gipfel in 3398 m Höhe sind. (2 ¾ Stunden) Der Rückweg ist dem Hinweg gleich, es sei denn man macht einen Schlenker über die Skistation.

Wanderung zum Mulhacén (9 Stunden)

Der Weg zum höchsten Berg Spaniens, dem ***Mulhacén*** (3482 m), führt uns auf der Bergstraße unterhalb des ***Pico Veleta*** vorbei. Ohne große Höhenunterschiede geht man von der Skistation in etwa 1 ½ Stunden bis zum ***Refugio Vivac de la Caldera*** und biegt dort 150 m nach einer scharfen Rechtskurve links in einen Bergpfad ein, der uns über große Flächen von dunklen Schieferplatten nach 1000 m zum Gipfel bringt. Dieser besteht aus einer Menge wie hingeworfener Felsplatten und einer Hausruine. (Gesamtzeit: 4 ½ Std.) Für den Rückweg zum Parkplatz braucht man noch einmal die gleiche Zeit, so dass man dann 9 – 10 Stunden unterwegs ist. Diese Strecke sollten sich wirklich nur geübte und durchtrainierte Bergwanderer zumuten, denn der zu bezwingende Höhenunterschied beträgt etwa 2300 Meter.

Dem Wanderbüchlein, das der Karte „Editorial Penibetica“ beiliegt, entnehmen wir in etwas holprigen Deutsch, dass man in der Sierra Nevada 35 Wanderungen durchführen kann. Außerdem wird ein langer Weg über alle Dreitausender beschrieben. Es besteht auch die Möglichkeit, den gesamten Gebirgszug von der ***Albergue Universitario*** bis nach **Capileira** oder über die bewirtschaftete Hütte ***Refugio Poqueira*** nach ***Trevélez*** zu Fuß zu überqueren. Stehen zwei Fahrzeuge zur Verfügung, so kann man eines an der ***Albergue Universitario*** und das andere in **Capileira** oder ***Trevélez*** deponieren.

Die ungefähren Wanderzeiten:

1) **Albergue Universitario** – Refugio Carihuela (unbewirtschaftete Hütte) über Fahrweg – Crestones de Río Seco – Refugio Poqueira – **Trevélez.** Gesamtlaufzeit: **8 Stunden**

2) **Albergue Universitario** – Refugio Carihuela – Loma Púa – **Capileira.** Gesamtlaufzeit: **7 Stunden**

3) Der Fußweg über die Fahrstraße von der **Albergue Universitario** nach **Capileira** ist durch die vielen Serpentinen sehr lang und auf keinem Fall an einem Tag zu bewältigen. Auf halber Strecke kann man in der unbewirtschafteten Hütte **La Caldera** übernachten, wenn man Schlafsack und Matte mitführt.

Abkürzen kann man die Strecken erheblich, indem man die Kleinbusse der Parkverwaltung von Juli bis September benutzt. Auskünfte sind unter der Handynummer 686414576 zu erhalten. Für diese großen Touren sind unbedingt eine exakte Planung und komplette Ausrüstung erforderlich. (s. oben)

Unsere Wanderung ist allerdings etwas anders verlaufen, denn Mitte Mai ist hier oben noch richtig Winter. Links und rechts der Straße begleiten uns meterhohe, sauber gefräste Schneewände. An der menschenleeren Skistation ***Refugio Vivac de la Carihuela*** (3224 m), die wir nach 1 ½ Stunden erreichen, nehmen wir ein längeres Sonnenbad. Die Sonne brennt hier oben ganz schön heftig, so dass wir uns schnell mit hochdosierter Sonnencreme (Lichtschutzfaktor 20) einbalsamieren. Fast zu spät, denn mein Gesicht ist schon leicht angesengt! Die Restaurants, Skischulen, Kioske und Toiletten sind fest verrammelt. Von den Dächern tropft der tauende Schnee.

Ein holländisches Paar ist ganz enttäuscht, dass „auf der Hütten“ nichts los ist. Von hier aus zweigt eine Fahrstraße direkt zum Gipfel des ***Pico Veleta*** ab. Parallel dazu verläuft ein Fußweg, der aber so zugeschneit ist, dass wir nach wenigen Schritten bis zur Hüfte in der weißen, pappigen Pracht versinken. Die fehlenden 174 Höhenmeter bis zum Gipfel sind einfach nicht mehr zu schaffen! Mehrere Seilbahnen und Skilifte, die gerade von einigen Monteuren gewartet oder repariert werden, führen in die Täler, aber nicht hinauf.

Nach Rückkehr zum Parkplatz essen wir in einem der Terrassenrestaurants noch eine Kleinigkeit und machen uns auf den Weg nach Süden, um die andere Seite der ***Sierra Nevada***, die ***Alpujarras*** kennen zu lernen. Je tiefer wir kommen, um so heißer wird es. Vor zwei Stunden waren wir auf 3224 m Höhe und mussten 3 ° Celsius ertragen, nun steigt das Quecksilber auf fast 30 °. Wir sausen auf der vierspurigen N 323 in Richtung MOTRIL und müssten nach 34 km ostwärts abbiegen. Bis zum Mittelmeer sind es nur lächerliche 25 km, also entscheiden wir uns blitzschnell für einen **Abstecher zum Baden**.

Eine halbe Stunde später kommen bei MOTRIL an einem Kreisverkehr unter der N 340 an, wo wir aber geradeaus nach PLAYA GRANADA weiterfahren. Am Meer erwartet uns zunächst ein Golfclub, der zahlreiche Verbotsschilder installiert hat, die aber alle Leute ignorieren. Man fährt einfach bis zum Strand durch, basta! Hier können wir auch mit dem WOMO gut stehen und übernachten.

WOMO-Badeplatz: Playa Granada (Am Golfplatz)

max. WOMOs: 4 – 5. **Ausstattung:** Müllcontainer, Kiesstrand, Kiosk.

Zufahrt: Kreuzung / Kreisverkehr N 323 / N 340 nach Playa Granada, vor Appartementhäusern links, Strand neben dem Golfplatz.

Sonstiges: Trotz der vielen Verbotsschilder stehen hier einige Wohnmobile über Nacht. Am Wochenende ist der Platz unruhig.

Ersatz: 300 m weiter nach Osten.

Es ist Wochenende, und viele Großstädter aus GRANADA suchen hier Erholung, denn schließlich ist ja hier der Hausstrand der Metropole. Weil es uns etwas zu unruhig ist, rollen wir 200 – 300 m weiter nach Osten und finden zahlreiche Parkplätze, die nur einen Steinwurf vom Strand entfernt sind. Aber das Optimale finden wir dann einen halben Kilometer weiter, kurz vor PUERTO DE MOTRIL. Seit dem Kreisverkehr sind wir genau 4 km gefahren. Wir wollen uns neben einem französischen Motorcaravan platzieren und schwenken in elegantem Bogen über die sandige Wiese ein. Auf einmal stehen wir!

WOMO-Badeplatz: Puerto de Motril (Nähe)

max. WOMOs: 10 – 12. **Ausstattung:** Müllcontainer, Frischwasser, direkt am Sandstrand.

Zufahrt: Kreuzung / Kreisverkehr N 323 / N 340 nach Playa Granada, vor Appartementhäusern links, am Golfplatz links, 700 – 800 m.

Sonstiges: Auch hier stehen trotz vieler Verbotsschilder einige Wohnmobile über Nacht. Die mit Grünzeug bewachsene Sandfläche neben der Schotterstraße ist tückisch!

Die Vorderräder haben sich tief in den Sand eingegraben und alle Versuche, wieder herauszukommen, scheitern. Also ist Hilfe angesagt. Die Franzosen wollen sofort helfen, einige Spanier bitte ich heran. Eine schwierige Aktion beginnt. Der freundliche Franzose holt aus seinem Wagen zwei Auffahrmatten (Sollte man immer an Bord haben!!) und mit vielen Versuchen holen wir das WOMO mit rauchenden Kupplungsscheiben aus dem Sand. Mit Bordeaux Superieur und Diebels Altbier wird der gerettete Abend mit den Helfern gefeiert.

200 m weiter ist wieder ein riesiger geschotterter Parkplatz direkt am Strand auszumachen. Übergangslos sind wir auf der Strandstraße in PUERTO DE MOTRIL, einem spießig wirkenden Badeort, gelandet.

WOMO-Badeplatz: Puerto de Motril (Motril Playa)

max. WOMOs: 10 – 12. **Ausstattung:** Müllcontainer, Frischwasser, Duschen, Sandstrand. **Zufahrt:** Kreuzung / Kreisverkehr N 323 / N 340 nach Puerto de Motril, gegenüber dem Campingplatz „Playa Poniente“. **Sonstiges:** Zum Baden kann man hier tagsüber parken, Übernachten ist fraglich. Verbotschilder.

Aber Vorsicht! Es gibt am östlichen Ende keine Ausfahrt, man muss weit zurück nach Westen fahren. Der Strand endet vor der Skyline einer Raffinerie, weshalb wir landeinwärts auf die N 340 abdriften. Vor dem Örtchen CARCHUNA geht bei Km 341,5 ein Weg zum Campingplatz *„Don Cactus“* ab. Die Strandstraße dorthin eignet sich auch als Parkplatz für Reisemobile, denn es gibt hier wieder einen Wasserhahn.

WOMO-Badeplatz: Carchuna

max. WOMOs: 4 – 5. **Ausstattung:** Müllcontainer, Frischwasser, direkt am Kiesstrand, schattenlos.
Zufahrt: N 340 bei Km 341,5 den Wegweiser zum Campingplatz „Don Cactus“ folgen, ca. 1500 m. (Km 343)
Sonstiges: Etwas trister Strandabschnitt. Verbotschilder.

WOMO-Campingplatz-Tipp: Carchuna (Don Cactus)

Öffnungszeiten: ganzjährig. **Ausstattung:** 1. Kategorie, Restaurant, alle Einrichtungen, Pool; Fon 958623109, Fax 958624294, eMail camping@doncactus.com; Home: www.doncactus.com; Preis: 17 €/N.
Zufahrt: : Kreuzung / Kreisverkehr N 323 / N 340 nach Puerto de Motril.
Besonderes: Zugang zum Strand über Schotterweg.

Im nächsten Ferienort CALAHONDA existiert einer der in Spanien äußerst seltenen Wohnmobil-Stellplätze. Wir fahren von der N 340 in der Ortsmitte („Centro“) ab, orientieren uns in Richtung Strand und finden nach 150 m direkt am Strand einen betonierten Platz, auf dem fünf Reisemobile schon in Reih und Glied stehen. Wir gesellen uns dazu.

WOMO-Badeplatz: Calahonda (Centro)

max. WOMOs: 10 – 12. **Ausstattung:** Müllcontainer, direkt am Strand, Restaurant, Geschäfte.
Zufahrt: N 340,Calahonda (Centro) Richtung Strand, nicht zu verfehlen. Rechts vor der Felsenküste.
Sonstiges: Platz liegt im Ort, nachts könnte es nicht ganz ruhig sein.

Ein freundlicher Engländer gibt uns eine Liste mit Stellplätzen in Südspanien, die aber kaum verwertbar ist, da die Angaben sehr dürftig sind. Das Restaurant hat heute offenbar Ruhetag, weshalb wir unseren Gasgrill herauskramen müssen, um ein paar Halskoteletts zu grillen. Dazu gibt es Nudeln „Förster Art“. Es wird, trotz Ortsnähe, eine ruhige Nacht.

Wir beenden unseren Badeausflug und wenden uns jetzt der Südflanke des höchsten Gebirge Spaniens, der *Sierra Nevada,* der ***Alpujarra Alta*** zu. Wir fahren wieder zurück über N 340/N 323 in Richtung GRANADA, bis wir nach einer knappen Stunde rechts auf die A 348 in Richtung LANJARÓN abbiegen. Es gibt auch eine reizvolle Abkürzung, wenn man auf die etwas zeitraubende Durchfahrt dieses Städtchens verzichten will: 13 km

Das Bergdorf Pampaneira

nach dem Abzweig N 340/N 323 bei MOTRIL verlassen wir die N 323 in Richtung ORGIVA (A 346), wechseln dort kurz auf die A 348, um in die Bergstraße GR 421 einzubiegen, die nach PAMPANEIRA führt .

In dem schmucken Bergstädtchen ist es außer auf der Durchgangsstraße zu eng für Wohnmobile, aber gleich nach dem Ortseingang weist ein braunes Holzschild *„Aparcamiento“* nach links. Hinter einer Hausdurchfahrt öffnet sich ein relativ großer Parkplatz , auf dem man abends notfalls stehen bleiben kann.

WOMO-Wanderparkplatz: Pampaneira

max. WOMOs: 3 – 4.

Ausstattung: Müllcontainer, Geschäfte, Restaurants.
Zufahrt: N 340, bei MOTRIL N 323, nach 13 km rechts ab A 346/A348 ORGIVA, Bergstraße GR 421, 16 km. Parkplatz im Ort.
Sonstiges: Basis für Stadtbesichtigung und Wanderungen, zum Übernachten nicht so ideal, weil Ortsmitte.

Die **Tourist Info** können wir vom Parkplatz aus zu Fuß – wie alles andere – erreichen. Sie liegt an der idyllischen ***Plaza de la Libertad*** in einem blumengeschmückten weißen Haus neben dem Restaurant *„Belezmin“*. Hier können Wanderer gegen einen kleinen Obolus ausgezeichnete Tourenbeschreibungen erhalten, ebenso die dazu gehörigen Wanderkarten. Auch werden hier geführte Bergtouren vermittelt – Telefon 958763127. Vormittags geöffnet ab 10 Uhr, manchmal auch nachmittags. Die kleinen Läden rund um den Dorfplatz bieten heimische Teppichwaren, Keramik, Körbe und Souvenirs an.

Pampaneira: Plaza de la Libertad

Die meisten Bergwanderer der Sierra-Nevada-Südflanke bevorzugen als Basis allerdings CAPILEIRA, das nächste Dorf, nur 4 – 5 km nördlich. Es liegt bereits in 1436 m Höhe und verfügt über zahlreiche Einstiegswege in die Hochalpen, zum Beispiel zu den Hütten ***Refugio Poqueira*** und ***Carihuela***, zu den Gipfeln des ***Mulhacén*** und des ***Pico Veleta***. Wie oben gesagt, wollen wir niemanden zu unüberlegten Wanderungen verführen, dafür ist das Hochgebirge zu gefährlich.

In CAPILEIRA gibt es keinen Campingplatz, aber wir haben drei Möglichkeiten für kleinere WOMOs entdeckt.

WOMO-Wanderparkplätze: Capileira

1. Ortsmitte

max. WOMOs: 2 – 3.

Ausstattung: Wasserquelle an der Ecke vor dem Parkplatz.

Zufahrt: N 340, bei MOTRIL N 323, nach 13 km rechts ab A 346/A348 ORGIVA, Bergstraße GR 421, Pampaneira nach Südosten verlassen, an der Tankstelle links ab, über Bubión 5 km, 100 m nach Ortseingang an der Pension „Mesón Poqueira" links ab, nach 100 m rechts, nach 50 m links großer Parkplatz. Kann in der Hauptsaison überfüllt sein.

Sonstiges: Enge Zufahrt, nur für Reisemobile bis 6,5 m Länge.

2. An der Schule

max. WOMOs: 1 – 2.
Ausstattung: keine
Zufahrt: wie oben, jedoch Capileira durchfahren, rechts den Berg hoch, am Holzschild „Aparcamiento Municipial" nach rechts.
Sonstiges: Sehr enge Zufahrt, nur für Campingbusse **bis 2 m** Breite.

3. Picadero de Caballos
max. WOMOs: 1 – 2.
Ausstattung: keine
Zufahrt: wie oben, nach der zweiten Spitzkehre (2,5 km) Schotterweg nach links; weißes Schild „Central Electrica Poqueira", hölzerner Wanderpfahl mit blauem Punkt. Parken links am Rand.
Sonstiges: Wanderstartpunkt.

Hier, an der berühmten Hochalpenstraße der ***Sierra Nevada*** beginnt der Wanderweg zur Hütte ***Refugio Poqueira*** (4 – 5 Stunden) und weiter zu den Dreitausendern.

Da unser Bedarf an Bergtouren inzwischen gedeckt ist, sind wir auf das höchste Dorf Spaniens, nämlich TREVÉLEZ, neugierig. Wir rollen vorsichtig das Bergsträßchen wieder hinunter, durchqueren CAPILEIRA und biegen an der Tankstelle nach links wieder in die GR 421 ein. Über PITRES, PORTUGOS und BUSQUÍSTAR kommen wir nach 26 km in das Schinkendorf TREVÉLEZ auf 1550 m Höhe. Bevor wir in das idyllische Bergstädtchen einfahren, sehen wir zur Linken die Einfahrt zum einzigen Campingplatz dieser Bergregion.

Doch erst einmal wollen wir uns im Ort umschauen. Wir parken auf dem großen Hauptplatz im Zentrum, von Geschäften und Restaurants umgeben, und erkunden zu Fuß den in drei Ebenen eingeteilten Ort: *Barrios Bajo, Barrios Medio und Barrios Alto.* Jetzt sind wir auf der unteren Stufe, dem *Barrios Bajo.* In TREVÉLEZ wird der berühmte ***Jamon Serrano*** (luftgetrockneter Schinken) hergestellt, der bei vielen Spaniern begehrt ist. Ganze Schweinekeulen bekommt man schon ab 6,00 €/kg. Eine Tourist Info existiert (noch) nicht, aber in den Ausrüstungsgeschäften für Bergsteiger erfährt und erhält man fast alles. In der Sommersaison ist es hier brechend voll, weil nicht nur Alpinisten unterwegs sind, sondern auch reihenweise Busse mit Tagesausflüglern von der Costa del Sol ausgeleert werden.

Ein deutscher voll ausgerüsteter Bergwanderer spricht mich an, ob ich ihm vielleicht einen Liter Benzin oder Dieselöl verkaufen kann, denn er braucht unbedingt Brennstoff für seinen Kocher und kann ihn im Ort nirgends bekommen. Er und sein junger Begleiter wollen noch heute auf über 3000 m in die Berge aufsteigen und biwakieren. Leider kann ich ihm nicht helfen.

Eine Ebene höher liegt ein ruhiger Platz mit einem großen Schattenbaum und einer **Wasserquelle** vor der sehenswerten Dorfkirche. Hier könnten wir mit dem Reisemobil gut stehen und in der Nebensaison auch übernachten, allerdings ist die Wache der *Guardia Civil* ganz in der Nähe. Man muss es einfach ausprobieren.

WOMO-Wanderparkplatz: Trevélez (An der Kirche)

max. WOMOs: 1 – 2.

Ausstattung: Müllcontainer

Zufahrt: N 340, bei MOTRIL N 323, nach 13 km rechts ab A 346/A348 Orgiva, Bergstraße GR 421, 35 km, mittlere Ortsebene.

Sonstiges: Polizei vertreibt in der Hauptsaison Reisemobiltouristen.

Besser jedoch ist zum Übernachten der örtliche **Campingplatz**, der 1100 m südlich des Ortes auf der Straße nach BUSQUISTAR liegt.

WOMO-Campingplatz-Tipp: Trevélez

Öffnungszeiten: ganzjährig **Ausstattung:** 2. Kategorie, einfache Sanitäreinrichtung, Pool; preiswertes Restaurant; Fon/Fax 958858735; eMail cam-trev@terra.es; Home www.campingtrevelez.org; Preis: 12 €/Nacht, in der Nebensaison 10 % Rabatt.
Zufahrt: N 340, bei Motril N 323, nach 13 km rechts ab A 346/A348 Orgiva, Bergstraße GR 421, 34 km, beschildert.
Besonderes: Wanderbasis für die Südflanke der Sierra Nevada.

Das Beste an dem Platz ist sein gemütliches Restaurant mit Hüttenatmosphäre. Der Campingplatz-Besitzer ist nämlich Koch und versteht sein Handwerk ganz ausgezeichnet. Eine gebratene Forelle, gefüllt mit Treveléz-Schinken, mit einer köstlichen Soße, kostet z. B. ganze 5,50 €. Während wir essen, kommen überraschend noch zwei Gäste: die beiden Hochgebirgswanderer – ausgerüstet wie für eine Himalaya-Expedition – allerdings immer noch ohne Brennstoff. Nun stellt sich in dem folgenden Gespräch heraus, dass es sich genau um die beiden Wanderer handelt, die wir in einer ganz anderen Gegend total erschöpft den Berg hinauftrotten sahen. Sie kamen per Flugzeug aus Hamburg nach Málaga, fahren mit Bahn und Bus zu den Wanderstellen und wollen Full Power demonstrieren. Der ältere von beiden äußert sich in starken Worten enttäuscht über die Einheimischen, weil er hier keinen Brennstoff für seinen Kocher bekommen kann. Er käme nie mehr in dieses Land, schwört er.

Inzwischen hat es zu regnen angefangen und unsere beiden Himalaya-Experten verschwinden in kniehohen Einmannzelten. Da weiß man wieder einmal, was man an einem Reisemobil hat! Es will die ganze Nacht nicht aufhören zu schütten. Wir befürchten (oder freuen uns), dass die für morgen geplante sechsstündige Rundwanderung entlang dem Río Trevélez wohl buchstäblich ins Wasser fallen wird.

Wandermöglichkeiten in Trevélez

1. Am Río Trevélez zum Horcajo (2000 m) und zurück (6 Stunden)
2. Zum Refugio Natural de Siete Lagunas (2891 m) (4 Stunden) und weiter zum Mulhacén* und der Biwak-Hütte Caldera (+ 4 ½ Std.)
3. Zur bewirtschafteten Hütte Refugio Poqueira (3 Stunden) usw.

*) Der Campingplatzchef kennt sich in den Bergen auch sehr gut aus und hat in seinem Prospekt die Tour zum Mulhacén in Englisch beschrieben. Hiernach muss man für die schwierige Strecke mit über 2000 m Höhenunterschied 9 – 10 Stunden ansetzen.

Weiter geht die Fahrt auf der GR 421 durch die herrliche ***Alpujarra*** nach Osten. Die malerischen Bergdörfer FUENTEZUELAS, JUVILES und BÉRCHULES werden langsam durchfahren, bis wir nach 21 km wieder in die etwas breitere A 348

nach links einbiegen. Kurz vorher haben wir in dem Weiler ALCUTAR gegenüber der *Guardia Civil* einen **Wasserhahn** entdeckt. Gleich im nächsten Dorf, MECINA BOMBARÓN, sehen wir in der Ortsmitte einen wunderschönen Brunnen, die ***Fuente San Miguel***, wo wir unsere Trinkwasservorräte auffüllen. Es wird langsam dunkel und wir schauen uns nach einem Übernachtungsplatz um. Nach genau 4,1 km – die Ortschaft YEGEN ist schon in Sicht – öffnet sich rechts der Straße ein kreisrunder, gepflasterter Platz mit einem Mäuerchen drumherum und einer herrlichen Fernsicht auf die wunderschöne Berglandschaft.

WOMO-Stellplatz: Yegen

max. WOMOs: 1 – 2. **Ausstattung:** keine
Zufahrt: A 348 zwischen Yegen und Mecina Bombarón.
Sonstiges: Es könnte sich hier um einen seit langem unbenutzten Hubschrauberlandeplatz handeln.

Da es uns hier etwas einsam ist, versuchen wir unser Glück zwei Ortschaften weiter, in UGÍJAR, einem hübschen Städtchen mit alten Adelshäusern, deren Türme weithin sichtbar sind. Vor der wuchtigen Kirche ***Nuestra Señora del Martirio*** plätschert an der rechten Seite des Hauptplatzes (von der Kirche aus gesehen) ein dicker Wasserstrahl aus dem Dorfbrunnen.

In dem Restaurant *„Vidaña"* gegenüber dem Supermarkt wird für 7 € ein Viergangmenü angeboten. Aber einen richtigen Stellplatz finden wir im Ort nicht. Einige Hundert Meter vor dem Ort haben wir im Vorbeifahren einen kleineren Parkplatz gesehen. Dahin fahren wir zurück und haben eine ruhige Nacht, nicht ohne vorher in UGÍJAR das Restaurant *„Vidaña"* zu testen. Das Essen ist ganz hervorragend und die Portionen sind ausreichend.

Ugíjar: Kirche Nuestra Señora del Martirio

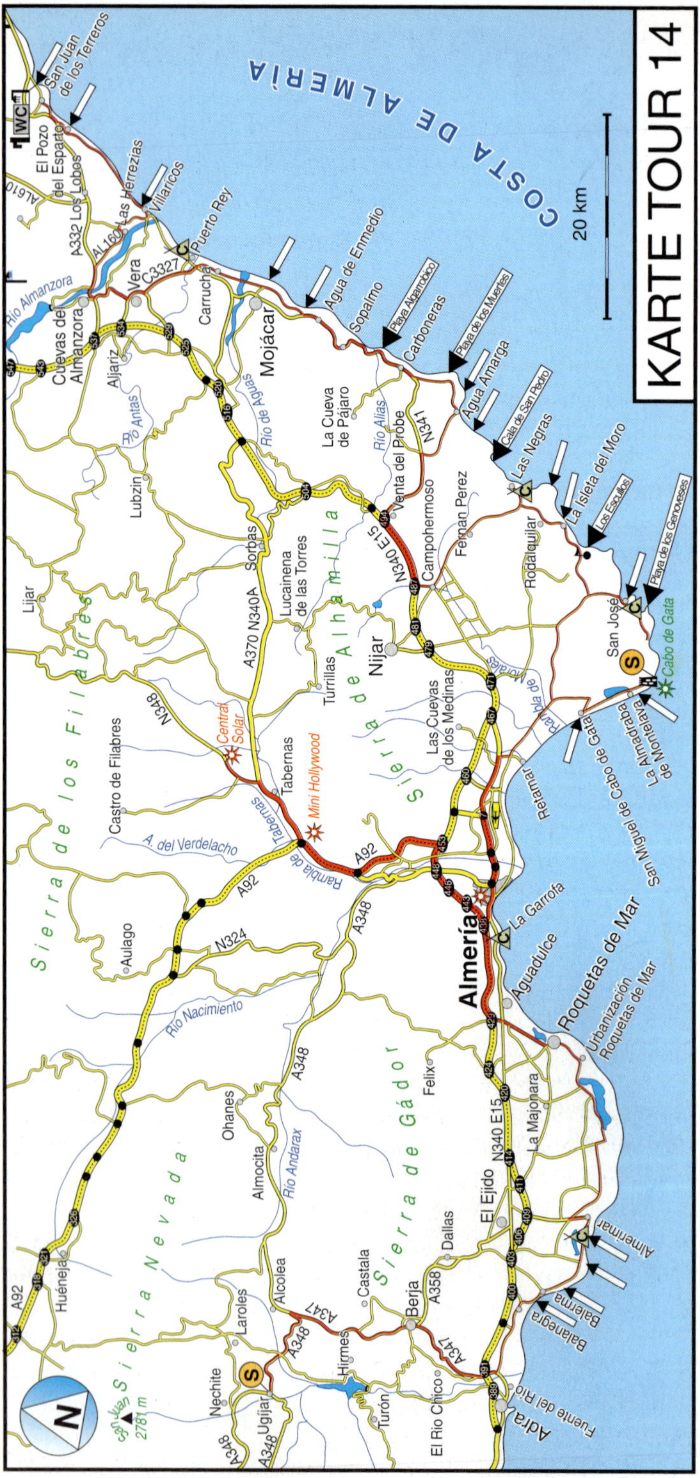
KARTE TOUR 14
COSTA DE ALMERÍA
20 km
N
San Juan de los Terreros
El Pozo del Esparto
Los Lobos
Las Herrerias
Villaricos
Puerto Rey
Vera
Cuevas del Almanzora
Río Almanzora
Carrucha
Agua de Enmedio
Sopalmo
Playa Algarrobico
Carboneras
Playa de los Muertos
Agua Amarga
Cala de San Pedro
Las Negras
La Isleta del Moro
Los Escullos
Playa de los Genoveses
San José
Cabo de Gata
Rodalquilar
Fernan Perez
Campohermoso
Venta del Pobre
La Cueva de Pájaro
Mojácar
Aljariz
Río Antas
Río de Aguas
Río Alias
Lubzin
Sorbas
Lucainena de las Torres
Turrillas
Níjar
Sierra de Alhamilla
Lijar
Sierra de los Filabres
Castro de Filabres
Central Solar
Tabernas
Mini Hollywood
A. del Verdelacho
Rambla de Tabernas
Las Cuevas de los Medinas
Rambla de Morales
Retamar
San Miguel de Cabo de Gata
La Almadraba de Monteleva
Almería
La Garrofa
Aguadulce
Roquetas de Mar
Urbanización Roquetas de Mar
Aulago
Río Nacimiento
Felix
La Majonara
El Ejido
Dallas
Almerimar
Balerma
Balanegra
Ohanes
Almocita
Río Andarax
Sierra de Gádor
Sierra Nevada
Huéneja
Laroles
Alcolea
Castala
Berja
Hirmes
Turón
El Río Chico
Adra
Fuente del Río
Nechite
Ugíjar
Mulhacén 2781 m
A92
A348
A347
A358
A370 N340A
N340 E15
N341
N348
N324
C3327
AL160
AL610
A332

TOUR 14 (366 km / 4 - 6 Tage)

Berja – Balerma – Almerimar – Roquetas de Mar – Almería – (Abstecher nach Mini-Hollywood 48 km) – Cabo de Gata – Carboneras – Mojácar – Vera – San Juan de los Terreros

Freie Übernachtung:	3x Balerma, Guardias Viejas, 2x Almerimar, San Miguel del Cabo de Gata, La Fabriquilla, Faro de Cabo de Gata, San José, 2x Los Escullos, La Isleta del Moro, Rodalquilar, Las Negras, Agua Amarga, Carboneras, Sopalmo, Mojácar, Villaricos, El Pozo del Esparto, 2x San Juán de los Terreros.
Ver-/Entsorgung:	San Juán de los Terreros, Campingplätze.
Trinkwasserstellen:	Balerma, San Juán de los Terreros, Campingplätze.
Campingplätze:	Almerimar, Almería, Las Negras, San José, Vera Playa.
Besichtigen:	Almería, (ggf. Mini-Hollywood, Plataforma Solar), Faro de Cabo de Gata,
Wandern:	San José, Las Negras.
Essen:	„Mesón Pepa", San Juan de los Terreros.

Die wunderschönen ***Alpujarras*** ziehen sich noch weit nach Osten hin. Wenn Sie, verehrter Leser, die landschaftlich einmalige Strecke der A 348, die uns etwa 70 km durch das Tal des ***Río Andarax*** mit Weinbergen, Orangenhainen und Pfirsichplantagen bis zur Autobahn A 92 führt, weiter genießen möchten, so treffen Sie auf unsere Route dann wieder bei ALMERÍA.

Wir möchten Sie aber heute zu vielen schönen Badeplätzen an der Mittelmeerküste einladen, die noch nicht von der geldgierigen Tourismusbranche überrollt sind. Es gibt allerdings einen Wermutstropfen: **An der gesamten Mittelmeerküste Spaniens ist freies Camping in Strandnähe grundsätzlich verboten.** Die Ordnungshüter kontrollieren in erster Linie in den Sommermonaten, über Ostern und an manchen Stellen in der Weihnachtszeit und Sylvester. Das nächtliche Parken eines Reisemobiles wird fast immer toleriert. Reguläre WOMO-Stellplätze, wie wir sie aus Deutschland, Frankreich und Italien kennen, gibt es in Spanien fast überhaupt nicht.

Von UGÍJAR fahren wir 14 km auf der A 348 ostwärts und biegen in die komfortable A 347 nach BERJA rechts ein.

In einer halben Stunde entern wir die vierspurige N 340 in Richtung ALMERÍA, fahren schon nach 9 km wieder bei AS 400 ab nach BALERMA. Hier steht ein maurischer Wachturm,

der ***Torre Balerma*** am Paseo Marittimo, wo wir mit unserem WOMO gut parken können.

WOMO-Badeplatz: Balerma I (Paseo Marittimo)

max. WOMOs: 1 – 2. **Ausstattung:** Müllcontainer, Restaurant
Zufahrt: N 340 AS 400, in Ortsmitte scharf rechts nach Guardias Viejas orientieren, am Restaurant „Las Tres Regiones“ .
Sonstiges: Platz im Ort, daher nur notfalls zum Übernachten geeignet.

Gleich in der Nähe, indem wir der Küstenstraße nach Osten folgen, finden wir 700 m weiter einen großen asphaltierten Parkplatz.

WOMO-Badeplatz: Balerma II (Bootswerft)

max. WOMOs: 4 – 5. **Ausstattung:** Müllcontainer, Wasserhahn, WC, Strandnähe. **Zufahrt:** N 340 AS 400, in Ortsmitte Balerma scharf rechts nach Guardias Viejas orientieren, 700 m östlich des Torre Balerma. **Sonstiges:** 400 m weiter sind noch viele Stellplätze an einem herrlich wilden Sandstrand.

400 m nach Ortsende bieten sich über mehrere Kilometer riesige Möglichkeiten für Wohnmobile an. Zwar ist das Hinterland hier potthässlich, weil es fast nahtlos mit Kunststoffgewächshäusern zugepflastert ist, aber der Strand ist wunderschön. Am ***Punta de los Banos***, 3 km weiter, sehen wir links eine kleine Festung mit Leuchtturm. Davor erstreckt sich an der Ortschaft GUARDIAS VIEJAS die ***Playa de los Baños***.

WOMO-Badeplatz: Playa de los Baños

max. WOMOs: 4 – 5. **Ausstattung:** keine.
Zufahrt: N 340 AS 400, in Ortsmitte Balerma scharf rechts nach Guardias Viejas orientieren, 3,4 km östlich von Balerma, Guardias Viejas.
Sonstiges: Direkt am Strand stehen Verbotsschilder, die WOMO-Fahrern Strafe von 96 € androhen. 30 m landeinwärts kann man aber auf einer topfebenen Fläche auch sehr gut stehen.

Guardias Viejas: Playa de los Baños

Auf dem Küstensträßchen passieren wir eine Saline und nähern uns dem aufstrebenden Badeort ALMERIMAR. Zunächst kurven wir staunend durch eine Art Geisterstadt, denn Straßen und Kreisverkehre, gepflegte Rasenflächen und Bootshäfen sind zwar vorbildlich angelegt, aber wir sehen hier weder Häuser noch Menschen. Wie wir später erfahren, ist hier eine gigantische Ferienanlage seit Jahren im Bau. Ein Schild kündigt den Campingplatz „Azul“ an. Wir schauen nach und werden von einer riesigen Anlage erschlagen.

WOMO-Campingplatz-Tipp: Almerimar (Mar Azul)

Öffnungszeiten: ganzjährig. **Ausstattung:** 2. Kategorie, Restaurant, alle Einrichtungen, 3 Pools; Fon 950497505, Fax 950497294, eMail info@campingmarazul.com; Home: www.campingmarazul.com; Preis: 17,40 €/Nacht, Nebensaison ab 13,90 €/N.; hohe Winterrabatte.
Zufahrt:: N 340 AS 409, A 389, beschildert.
Besonderes: Direkter Zugang zum Strand an der Rückseite.

Links neben dem Platz führt ein Sträßchen in Richtung Meer, obwohl ein paar Hundert Meter vorher ein riesiges Schild darauf hinweist, dass dies ausschließlich eine Zufahrt zum Camping

WOMO-Badeplatz: Almerimar I (Am Campingplatz)

max. WOMOs: 4 – 5.
Ausstattung: am Sandstrand.
Zufahrt: N 340 AS 409, A 389, den Schildern Campingplatz folgen, links daran vorbei in Richtung Strand.
Sonstiges: Durch die Nähe des Campingplatzes könnte es bei längerem Aufenthalt zu Problemen kommen.

platz sei. Vor den Dünen lenken wir über ein Brückchen nach links und finden hier viele Stellmöglichkeiten vor.

Neugierig fahren wir weiter und sehen uns plötzlich in einer Falle! Die Asphaltstraße endet vor einer luxuriösen Parkplatzanlage ohne Ausfahrt, ein Erdwall soll die Weiterfahrt verhindern. Aber praktisch denkende Leute haben den Wall einfach platt gefahren, so dass auch wir mit leichtem Bodenkratzen herauskommen. Immer wieder müssen wir zahllose Kreisverkehre passieren, bis wir in der Stadt sind. Ob das wohl die EU finanziert hat? Überall glotzen uns böse Verbotsschilder an! Ein aufstrebender Ferienort, der Reisemobilisten feindlich gegenübersteht. Der gigantische Golfplatz spricht Bände! Die restliche Stadt erweist sich für unsere Interessen als negativ.

Almerimar von oben

Am östlichen Ende der Stadt schließlich gibt es doch eine Stellmöglichkeit! Neben einem himmelblau angestrichenen Hochhaus (Hotel oder Apartments) gibt es eine Zufahrt zu einem großen Parkplatz direkt am Strand, wo keine Verbotsschilder stehen. Der WOMO-Hasser kann halt nicht überall sein!

WOMO-Badeplatz: Almerimar II (Am Hochhaus)

max. WOMOs: 10 – 12. **Ausstattung:** Müllcontainer, Wasserhähne, WC, Duschen, direkt am Sandstrand. Ansonsten etwas trist.
Zufahrt: N 340 AS 409, A 389, den Schildern Centro folgen, in Richtung westlicher Stadtrand orientieren, neben einem hellblauen Hochhaus.
Sonstiges: Hier das Fahrzeug immer sichern, da Kriminalität sehr hoch.

Ein passabler Stellplatz, denn er liegt direkt am Strand mit seiner kompletten Infrastruktur wie Duschen und Toiletten! Aber wenn unsere Leser demnächst dort scharenweise parken, wird der Reisemobil-Unhold bald dahinterkommen und eines seiner vorrätigen Verbotsschilder in Stellung bringen.

Wir sehen zu, dass wir aus dieser unangenehmen Feriensiedlung herauskommen und wollen das Naturschutzgebiet um ***Punta Sabinar*** sehen, denn hier soll es Flamingos geben. Zwischen Straßen von Foliengewächshäusern („*Invernaderos*"), die so stinken, als würden Schweine darin gemästet, finden wir ein Schild zum Naturpark, aber man muss ca. 1000 m davor parken, weil dann ein Fußweg zum Leuchtturm („*Faro*") anfängt. Die Parkplatzzufahrt ist aber so durch Regen unterspült, dass man nicht hineinkommt, ohne einen Achsbruch zu riskieren. Auf der Landstraße können wir wegen des starken Verkehrs auch nicht parken. Wir verlassen fluchtartig die Gegend, durchqueren zeitraubend den Touristen-Moloch ROQUETAS DEL MAR und sind froh, endlich wieder auf der *Autovía* N 340 nach ALMERÍA zu landen. Die Hafen- und Provinzhauptstadt ist recht quirlig und hat neben der gewaltigen maurischen Burganlage ***Alcazaba*** noch zahlreiche Sehenswürdigkeiten. In dieser Großstadt haben wir uns nicht um Stellplätze bemüht, weil die Kriminalität hier sehr hoch sein soll. Wer also ALMERÍA besuchen möchte, sollte mit dem Reisemobil den örtlichen Campingplatz aufsuchen. Auch für diese Stadt gibt es bei der *Turespaña* einen Stadtplan mit deutschen Erläuterungen der Highlights.

Almería: La Alcazaba (10. Jahrhundert)

WOMO-Campingplatz-Tipp: Almería (La Garrofa)

Öffnungszeiten: (angeblich) ganzjährig. **Ausstattung:** 2. Kat., Restaurant, Pool, Strandzugang; Fon 950235770; Preis: 13 €/Nacht, **Zufahrt:** N 340 AS 438, Küstenstraße Richtung Aguadulce beschildert. **Besonderes:** Im Sommer leider Disco-Bedröhnung möglich. Basis für Stadtbesichtigung, Bushaltestelle 300 m.

Wenn Sie mit Kindern unterwegs oder selbst Western-Fan sind, so wäre von hier aus ein Abstecher (24 km und zurück) nach **Mini-Hollywood** möglich. Nordöstlich von ALMERÍA erstreckt sich ein riesiges Wüstengebiet, die ***Sierra de Alhamilla***, in der vor 40 Jahren zahlreiche Western gedreht wurden und deren Kulissendörfer zum Teil stehen geblieben sind, u.a. Mini-Hollywood, auf der Autobahn A 92 leicht zu erreichen. Bevor Sie aber gleich durchstarten, geben wir Ihnen die Kosten für das Spektakel mit Westernshow, Schießereien, Cancan im Saloon, Papageien-Vorführung und Kleinzoo zu bedenken: 17 € pro Erwachsener, 9 € pro Kind und 2,50 € Parken. Eine vierköpfige Familie muss also dafür 54,50 € locker machen. In der Hauptsaison ist hier ein unglaublicher Rummel, wenn ein Bus nach dem anderen die Menschenmassen von der Costa del Sol herankarrt.

Mini-Hollywood bei Tabernas

Sierra de Alhamilla: Rambla de las Balsas

Allerdings gibt es in der Nähe für technisch Interessierte eine in Europa einmalige Solaranlage mit einer Panelfäche von fast 100 m², wo bei Temperaturen bis zu 2700 ° Celsius Strom erzeugt wird. Man erreicht das **Sonnenkraftwerk**, wenn man bei TABERNAS, 7 km nordöstlich von Mini-Hollywood, auf die A 349 nach Norden abbiegt und den Schildern ***„Central Solar“***

oder „***Plataforma Solar***" folgt. Führungen montags bis freitags von 11 – 13 Uhr.

Wir Naturliebhaber streben aber jetzt ein Küstengebiet an, das seine Unberührtheit fast erhalten konnte: ***Parque Natural de Cabo de Gata-Níjar***. In ALMERÍA fahren wir auf der ufernahen Hauptstraße weiter, nachdem wir die N 340 bei der AS 438 (Almería) verlassen haben und gelangen auf eine Schnellstraße in Richtung Flughafen (*Aeroporto)*. Nach der AS Flughafen nehmen wir die AS 7 zum CABO DE GATA.

Wieder einmal passieren wir eine offenbar unbewohnte Feriensiedlung zur Rechten mit einer autobahnähnlichen Zufahrt, auf der kein Verkehr festzustellen ist. Nach einigen Kilometern auf der ALP 202 kommt 1,8 km vor RUESCAS die **Tourist Info** für den Naturpark, hat aber, weil Montag ist, geschlossen. Die eintönige Landschaft fliegt vorbei, grüne Hügelchen, satte Wiesen und Pampas. Dann geht ein Abzweig rechts ab zum Campingplatz CABO DE GATA, der inmitten landwirtschaftlicher Fläche, aber nicht weit vom Meer liegt.

Der Ort SAN MIGUEL DEL CABO DE GATA – so lautet der volle Name – bietet wenig, aber am östlichen Ende, Hinweisschilder „*Salinas y Faro*", entdecken wir an einem dicken Turm (***Torre de San Miguel)*** eine ebene Fläche, wo wohl sonst Märkte abgehalten werden.

WOMO-Badeplatz: S. Miguel de Cabo de Gata (Torre)

max. WOMOs: 10 – 15. **Ausstattung:** Müllcontainer, Wasser, Duschen, Kinderspielplatz, Sandstrandnähe, Kiosk.

Zufahrt: N 340 AS 438, am Hafen entlang, wieder auf N 340 Richtung Aeroporto, 1. Ausfahrt nach AS 7 (Retamar), auf ALP 202 14 km, Ort queren in Richtung Salinas y Faro.

Sonstiges: Fahrzeug sichern!

Ein Hippie-Pärchen döst mit verklärten Blicken unter einem Torbogen vor sich hin. Die Straße, die zum Kap führt, liegt direkt neben dem Strand, der von einem niedrigen Dünenkamm begrenzt ist. Holzpflöcke mit Querbalken sollen Besucher davon abhalten, die Dünen zu betreten. Dafür gibt es alle paar hundert Meter Übergänge. Sehr umweltbewusst!

Dann trauen wir unseren Augen kaum. Kurz vor dem Weiler LA ALMADRABA DE MONTELEVA steht auf der linken Seite mitten im Dünensand eine Kirche mit einem riesigen Turm, der früher als Wachtturm diente. Dahinter dehnen sich die Salzseen ***Salinas de Acosta*** aus, in denen heute noch Salz ge-

Kirche in La Almadraba de Monteleva

wonnen wird. Das Dorf lebt vom Fischfang und Salzabbau, ein Werk mit riesigen Salzhaufen zeugt davon. Zu sehen ist in dem Ort kein Mensch. Nur vor dem kleinen Restaurant am Ortsende parken viele Autos, hier muss das Essen gut sein. Kurz danach heißt der schöne Sandstrand ***Playa de la Fabriqilla***. Das dazu gehörige Dörfchen liegt rechts von der Gabelung, an der es links zum Kap geht. Wir fahren neugierig geradeaus und konstatieren am Ende der asphaltierten Straße einige Reisemobil-Stellmöglichkeiten direkt am Wasser.

WOMO-Badeplatz: La Fabriquilla (Cabo de Gata)

max. WOMOs: 1 – 2. **Ausstattung:** Müllcontainer, Sandstrand.
Zufahrt: N 340 AS 467, alte N 340 AS 7 (Retamar), auf ALP 202 nach Cabo de Gata, 14 km, Ort queren in Richtung Salinas y Faro, 5,2 km, am Abzweig zum Kap (links) geradeaus weiter.
Sonstiges: Platz eignet sich am besten für einen Badestopp am Tage.

Die Straße zum Kap ist zwar schön glatt, aber an einigen Stellen doch schmal und gefährlich. Also: Augen auf die Straße und nicht auf die grandiose Landschaft! An einigen Stellen können wir einen Fo-

Cabo de Gata

tostopp machen und das Versäumte gut nachholen. Ein fantastisches Panorama! Eine Herde wilder Bergziegen kreuzt unseren Weg. Wir wollen altes Brot an sie verfüttern, aber sie sind zu scheu und klettern eilig die fast senkrechten Felswände hinauf.

Auf dem runden Parkplatz direkt am ***Cabo de Gata*** schließlich angekommen, kann man parken und auch übernachten.

WOMO-Stellplatz:

Cabo de Gata (Faro)

max. WOMOs: 1 – 2.
Ausstattung: Müllcontainer
Zufahrt: wie oben, nur vor FABRIQUILLA links abbiegen, Bergstraße nicht ungefährlich.
Sonstiges: Nachts sehr einsam.

Der Ausblick ist einmalig! Tief unten explodieren die Brecher an den spitzen Felsen des Kaps, die ***Arrecife de las Sirenas*** (Riff der Sirenen) genannt werden. Dieses Bild ist übrigens die Corporate Identity des Naturparks **Cabo de Gata-Nijar.** Wir fahren ein kleines Stück zurück und biegen nach rechts ab – zu einem Restaurant, das schon nach 200 m kommt. Die Straße geht eigentlich weiter bis nach SAN JOSÉ, was uns angesichts der starken Steigungen und der schma-

len Straße doch zu gefährlich erscheint. Gut entschieden, denn später erfahren wir, dass die Straße nach einigen Kilometern sowieso gesperrt ist. Trotzdem kann man hier gut wandern oder ganz unten sogar baden, ein winziger, einsamer Strand lädt dazu ein, nur muss man etwas klettern können. Das eher kühle Wetter ändert sich schlagartig, denn es wird sehr warm.

An der geraden Strandstraße zurück zum Ort CABO DE GATA hatten wir auf dem Hinweg die Beobachtungsstelle für

die Salzseen ***Las Salinas*** übersehen und biegen 400 m nach der Kirche landeinwärts ab, um 100 m weiter einen Parkplatz vor einem mit Schilfmatten umgebenem Hof vorzufinden. Darin bietet sich eine lange Hütte an, von der man auf einer Art Barhocker sitzend durch schmale Luken die Natur bequem beobachten kann. Die Seen und Tümpel sind Heimat einer ungeheuren Artenvielfalt an Vögeln: Flamingos, zahlreiche Entenarten, Säbelschnäbler, Strandläufer, Rotschenkel, Seeschwalben, Möwen und andere. Eine Gruppe fliegender Flamingos ist eines der ergreifendsten Naturschauspiele dieser Region.

Wir orientieren uns jetzt zur Hauptstadt der Region, SAN JOSÉ, die wir über die Dörfer PUJAIRE, RUESCAS, LA BOCA DE LOS FRAILES und EL POZO DE LOS FRAILES etwas umständlich in einer halben Stunde erreichen (19 km). Die Landschaft ist inzwischen wieder bergiger und wilder geworden. Das Versuchzentrum der Reifenfirma Michelin liegt am Weg.

Der Campingplatz „Tau“ in SAN JOSÉ erweist sich als ziemlich mickrig und strandfern (12 €/Nacht). Die **Tourist Info** an der Hauptstraße – einige Häuser neben dem Hotel Bahia – ist nur ein Souvenir-Laden, der nebenbei auch Wanderkarten verkauft. Wir erstehen einen kleinen Reiseführer in deutscher Sprache mit Detailkarte 1 : 75.000 (ISBN 84-89815-89-5) für 9 €. Darin finden wir Anleitungen für je sieben Wanderungen und Fahrradtouren.

Vor dem Hauptstrand von SAN JOSÉ gibt es auch einen großen Parkplatz, der heute fast leer ist. Trotz hoher Temperaturen ist für die Spanier Ende Mai noch kein Sommer!

WOMO-Badeplatz: San José (Hauptstrand)

max. WOMOs: 4 – 5. **Ausstattung:** Müllcontainer, Sandstrand, Restaurants.
Zufahrt: N 340/E 15 AS 471 El Barranquete, La Boca de los Frailes.
Sonstiges: Eignet sich als Tagesplatz, in der Nebensaison auch zum Übernachten.

San José: Hauptstrand (neben dm Stellplatz)

Das Hotel Bahia ist Startpunkt für zwei Wanderwege: Der eine nach Punta Negra (18 km / 5 Stunden), der andere nach Los Escullos (17 km / 5 Stunden).

Wir haben von einem Traumstrand, der ***Ensenada de los Genoveves,*** gehört. Nach den Wegweisern im Ort führt uns ein Sträßchen über 2,3 km hin. Unterwegs steht auf einer kleinen Anhöhe eine der für die Region typischen kleinen Windmühlen. Nach 1300 m Schotterpiste parken wir links an einem schmiedeeisernen Tor am Straßenrand, obwohl ein Schild darauf hinweist, dass der **Parkplatz 500 m** weiter liegt. Wir wandern 700 Schritte durch Kaktusfelder bis zu dem Traumstrand. Aber die Mühe lohnt sich: Wir kommen an eine paradiesische Sandbucht von etwa 800 m Länge, davor parkähnliche Schattenbäume. Nur schade, dass wir unser WOMO nicht im Auge haben können. Der Strand liegt auch an einem der Wanderwege. Rumpelt man auf der Staubpiste 4 km weiter, so kommt man zu

San José: Playa de los Genoveves

einem weiteren Superstrand, der ***Playa del Mónsul***. Da es aber schon spät ist, fahren wir zurück nach SAN JOSÉ, denn zum Übernachten wollen wir noch nach LA ISLETA DEL MORO.

Wir rollen dieselbe Straße zurück, die wir gekommen sind und biegen hinter EL POZO DE LOS FRAILES rechts ab. Die bisher etwas trostlose Landschaft wird jetzt durch Palmen aufgelockert. Den Campingplatz in LOS ESCULLOS lassen wir nach 6,5 km rechts liegen, er ist 700 m vom Strand entfernt. Wir aber finden ganz in der Nähe einen Strandparkplatz.

WOMO-Badeplatz: Los Escullos I (Playa del Arco)

max. WOMOs: 4 – 5.

Ausstattung: Müllcontainer, grober Sandstrand (auch FKK).
Zufahrt: N 340/E 15 AS 471 El Barranquete, in El Pozo links ab.
Sonstiges: Aufgrund der Nähe zum Campingplatz könnte es in der Hauptsaison Probleme geben.
Ersatz: Los Escullos II am Castillo San Felipe.

Dieser Parkplatz heißt ***Fondeadero de los Escullos*** und liegt unmittelbar vor dem wunderschönen Sandstrand ***Playa del Arco***, an dessen Rand man bizarre Felsformen bewundern kann, für Fotografen bieten sich hier während des Sonnenuntergangs einmalig schöne Motive an.

Nach 1,6 km kommt schnell die Zufahrt nach rechts zum kleinen Fischerdorf LA ISLETA DEL MORO, das wir 1000 m nach der Abzweigung erreichen. 100 m nach dem Ortsschild liegt gleich links die Zufahrt zur ***Playa de Peñon Blanco***. Ein herrlicher Platz gleich über dem Sandstrand.

WOMO-Badeplatz: La Isleta del Moro

max. WOMOs: 10 - 12.
Ausstattung: Müllcontainer, Sandstrand.
Zufahrt: N 340/E 15 AS 471 El Barranquete, in El Pozo links ab, über Los Escullos, 1,6 km, meerwärts ab. (Playa de Peñon Blanco)
Sonstiges: Da dieser Platz unter WOMO-Fahrern sehr bekannt ist, könnte er in der Hauptsaison voll werden.

Das Schweizer Pärchen, das wir am Leuchtturm *Cabo de Gata* getroffen haben, ist mit seinem gelben VW-Bully auch schon da. Hier bleiben wir! Nach dem Abendessen beginnt ein heftiger Sturm, der die ganze Nacht anhält. Unser 3,2 t schwere Mobil ächzt und schaukelt bei starken Sturmböen. Gegen Ende der Nacht bemerken wir drei Männer, die allerhand Gerätschaften aus einem Auto ausladen und hinunter zum Strand tragen. Offenbar werden Fische gefangen.

Der Morgen ist zwar nicht der schönste, aber zumindest trokken, und ab und zu blinzelt die Sonne aus der schweren Wolkendecke hervor. Gestern Abend haben wir vergessen, uns das ***Castillo de San Felipe*** (18. Jahrhundert) in LOS ESCULLOS anzusehen, was wir jetzt nachholen wollen. Wir brummen 1,9 km zurück und biegen meerwärts ab. Ein Hinweisschild für die Burg gibt es nicht, das klotzige Gemäuer ist ja schließlich nicht zu übersehen. Ein paar wenige Häuser bilden den „Ort", eine Bar direkt vor dem alten Gemäuer wirbt um Gäste. Der Parkplatz davor ist riesig.

WOMO-Stellplatz: Los Escullos II (Castillo de S. Felipe)

max. WOMOs: 10 – 12. **Ausstattung:** Müllcontainer, Restaurant, Felsenstrand
Zufahrt: N 340/E 15 AS 471 El Barranquete, in El Pozo links ab.
Sonstiges: Am Wochenende kann der Platz wegen der Nachtbar etwas unruhig werden.

Hier fängt auch eine schöne Wanderroute nach SAN JOSÉ an bzw. ist hier der Wendepunkt, wenn man dort losgeht.

Wir setzen die Reise an der Küste in nordöstlicher Richtung fort. Nach wenigen Minuten können wir von dem ***Mirador de la Amatista*** einen herrlichen Ausblick auf Meer und Berge genießen. Den benachbarten Ort RODALQUILAR zu besuchen lohnt sich kaum, es sei denn, man interessiert sich für verfallene Bergarbeiterhäuser und moderne Ferienwohnungen. Also bleibt man besser auf der Hauptstraße.

5,8 km nach LA ISLETA kommt der Abzweig zum ***Playa El Playazo*** (Riesenstrand) und zu den Ruinen ***Castillo de la Batería*** (16. Jahrhundert) und ***de San Ramón*** (Nasriden-Epoche). Ein breiter Schotterfahrweg bringt uns über den Weiler LA EREMITA nach 2300 m zu einer wirklich zauberhaften Sandbucht, links und rechts von Felsen eingerahmt, etwa 50 bis 60 m breit. Auf der linken Seite gibt es auf einer leichten Anhöhe genug Raum für viele Reisemobile, vor Kopf zwei kleine, weiß gekälkte Steinhäuser, im Sommer vielleicht als Cafés genutzt.

WOMO-Badeplatz: Rodalquilar (El Playazo)

max. WOMOs: 10 – 12. **Ausstattung:** Müllcontainer, Sandstrand.
Zufahrt: N 340/E 15 AS 471 El Barranquete, in El Pozo links ab, Los Escullos, La Isleta, Rodalquilar , nach 1,9 km rechts ab, 2,3 km.
Sonstiges: Es sind zwar keine Verbotsschilder aufgestellt, man hört jedoch davon, dass hier die Polizei WOMO-Fahrer ab und zu vertreibt.

Auf diesem **Badeplatz** könnten wir locker eine Woche verbringen, wenn das Wetter danach wäre und die Wasser- und sonstigen Vorräte ausreichten. Oberhalb eines Felsvorsprungs sehen wir auf der Linken die gewaltigen Ruinen des ***Castillo de San Ramón.*** Rechts hinter uns stehen Palmen in Reih' und Glied, die dem herrlichen Fleckchen Erde einen karibischen Touch geben.

Castillo de San Ramón

Schweren Herzens verlassen wir diesen wunderschönen Naturstrand. Der nächste Ort, LAS NEGRAS, kommt 4,3 km weiter. Das hübsche Fischerdorf ist etwas eng gebaut, und an dem schönen Feinkiesstrand ist kein halbwegs ordentlicher Stellplatz auszumachen. Im Notfall könnte man am südlichen Dorfende auf einem kleinen Basketballfeld einen Badestopp machen.

Wir weichen also etwas nach Süden aus und entdecken einen schönen **Bade- und Wanderplatz** in der ***Cala del Cuervo*** (Krähenbucht).

WOMO-Badeplatz: Las Negras (Cala del Cuervo)

max. WOMOs: 3 – 4. **Ausstattung:** Müllcontainer, Kiesstrand.
Zufahrt: N 340/E 15 AS 471 El Barranquete, in El Pozo links ab, Los Escullos, La Isleta, Rodalquilar, in Las Negras 1,4 km nach Süden den Wegweisern zum Campingplatz folgen. Vor der Anlage scharf links in ein ausgetrocknetes Flussbett fahren.

Sonstiges: Es sind zwar keine Verbotsschilder aufgestellt, aber wegen der Nähe zum Campingplatz könnte es Probleme geben.

WOMO-Campingplatz-Tipp: Náutico La Caleta

Öffnungszeiten: ganzjährig. **Ausstattung:** 2. Kategorie, Restaurant, alle Einrichtungen, Schattendächer, Pool; Fon/Fax 950525237, eMail campinglacaleta@arrakis.es; Home: www.serinves.es/campinglacaleta; Preis: 14,40 €/Nacht.
Zufahrt:: Las Negras, wie oben.
Besonderes: Direkter Zugang zum Kiesstrand

Von hier aus kann man auch eine einstündige Wanderung zum ***El Playazo*** auf dem *Wanderweg Sendero de la Molata* unternehmen, wie die große Tafel anbietet. Auf der anderen Seite von LAS NEGRAS beginnt ein Fußweg zu vier herrlichen Badebuchten: ***Cala Hernández, Cala San Pedro*** mit Süßwasserquelle (FKK), ***Cala del Plomo*** und ***Cala Enmedio*** (FKK).

Der schwarze Felsen von Las Negras

Um die Küste weiter nach Nordosten zu verfolgen, müssen wir einen größeren Umweg über die Berge in Kauf nehmen.

Also geht's zurück bis zur Gabelung, wo wir uns rechts halten, um nach CAMPOHERMOSO zu gelangen. Hier entern wir die N 340 / E 15 (in manchen Karten fälschlich als N 344 eingetragen) in nordöstlicher Richtung und gehen schon bei AS 494 (CARBONERAS) heraus. In dem Restaurant zu Beginn der N 341 stärken wir uns erst einmal recht preiswert. Auf der gut ausgebauten Landstraße sausen wir in Richtung CARBONERAS bis zur Abzweigung nach AGUA AMARGA, wo wir dann in wenigen Minuten sind. Die bisher recht öde Landschaft wird wieder schöner, grüne Hügel und Wiesen wechseln sich ab mit tafelartig abgeflachten Bergrücken.

Agua Amarga: Hauptstrand

Vor dem Ortseingang von AGUA AMARGA („Bitteres Wasser") öffnet sich nach rechts ein riesiger Parkplatz, der direkt am Strand endet. Vor den mit hohem Strandhafer bewachsenen kleinen Dünen stehen schon drei Reisemobile (NL – B – F), unser „D" gesellt sich dazu. Der Holländer berichtet, dass er hier schon seit 1 ½ Wochen steht und noch nie Probleme bekommen hätte. Nur gibt es hier weder Müllcontainer noch Trinkwasser.

WOMO-Badeplatz:

Agua Amarga

max. WOMOs: 3 – 4.
Ausstattung: Sandstrand, Dünen, Restaurant.
Zufahrt: N 340/E 15 AS 494, N 341, Abzweig rechts nach Agua Amarga. Vor dem Ortseingang rechts, ehemaliger Fußballplatz.

Das Restaurant am Stellplatz ist ziemlich teuer: Hauptgerichte zwischen 10 und 20 €, aber es gibt im Ort noch andere Gasthäuser.

Es fängt an zu regnen, ein größeres Gewitter zieht heran. Es will gar nicht mehr aufhören, der Himmel öffnet riesige Schleusen. Da das Regenwasser auf dem geschotterten Platz schlecht versickern kann, entstehen seeartige Pfützen. Aber am Horizont wird es wieder langsam hell. Nach drei Regenstunden brechen wir auf der AL 1063 nach CARBONERAS auf. 3 km weiter könnte man zum ***Faro Roldán*** abbiegen, von dem man eine herrliche Aussicht hat. Kurz danach liegt rechts ein Parkplatz für den beliebten Strand ***Playa de los Muertos*** (FKK).

Hier hört der Naturpark ***Cabo de Gata*** auf, und schlagartig wird die Landschaft wegen eines umfangreichen Industriegebietes hässlicher, bis wir CARBONERAS erreichen. Da wir gehört haben, dass die Polizei alle Wohnmobile vom Strand verjagt, versuchen wir unser Glück hier erst gar nicht.

Hier beginnt die ***Costa Levante,*** der östliche Teil der ***Costa Almería,*** und reicht bis zum Río Almanzora . Wir durchqueren die 2 km lange Stadt und streben auf der A 341 der ***Playa del Algarrobico*** zu. 3,5 km später kommt eine Abfahrt (alte Straße) nach rechts zum Strand hinunter, der sich dann sehr lang hinzieht.

WOMO-Badeplatz: Carboneras (Playa del Algarrobico)

max. WOMOs: 10 – 12. **Ausstattung:** Müllcontainer (nur an der Einfahrt), Feinkiesstrand.
Zufahrt: N 340/E 15 AS 494, N 341, Carboneras, 3,5 km nördlich.
Sonstiges: Da die viel befahrene Straße parallel verläuft, kann es zu Lärmbelästigungen kommen.

Wir ziehen weiter auf der A 341 nach Norden. Die Straße wendet sich hier landeinwärts, führt über kühne Serpentinen hoch in die Berge und dann wieder hinunter ans Meer. Auf dem höchsten Punkt haben wir eine tolle Aussicht auf die Küste.

Mittelmeerküste bei Sopalmo

Es dauert eine ganze Weile, bis wir uns auf der kurvigen Straße wieder hinunter ans Meer gearbeitet haben. Nach 9 km taucht der antike Wachtturm ***Torre del Pirulico*** auf, an dem zahlreiche Reisemobile parken.

WOMO-Badeplatz: Playa Castillo de Macenas

max. WOMOs: 10 - 12
Ausstattung: Müllcontainer, Kiesstrand Restaurants.
Zufahrt: N 340/E 15 AS 494, N 341, Carboneras, 12,5 km nördlich.
Sonstiges: Kein ruhiger Platz, da N 341 in nur 50 m vorbeiführt.

Die Stellmöglichkeiten erstrecken sich auf dem felsigen Strandterrain auf etwa einen Kilometer. Ein deutscher Reisemobilist berichtet, dass die Polizei die Fahrzeuge hier unbehelligt lässt. Der fotogene Wachturm ***Torre del Pirulico*** gibt dem Ganzen ein gewisses Flair. 1000 m weiter wirbt der kleine Saisoncampingplatz *„Cueva Negra“* um Gäste.

Dann beginnt MOJÁCAR, ein Touristenmoloch, der nicht enden will. Gleich am Ortseingang (ohne Schild) geht rechts eine steile Abfahrt zur ***Playa de la Venta de Bancal***, wo schon fünf Fahrzeuge britischer Herkunft stehen, zum Teil alte Hippiekisten der Marke Eigenbau. Der Platz liegt zwar direkt am Wasser, ist aber ziemlich verunreinigt, also nichts wie weg. Der alte Ortskern von MOJÁCAR liegt ca. 1,5 km im Binnenland, während sich die urbanisierte Uferstraße über viele Kilometer hinzieht. Der spießige Badeort ist wohl fest in angelsächsischer Hand, wie die vielen Reklameschilder belegen. Der nächste Touristenort, GARRUCHA, schließt sich übergangslos an.

Die Hauptstraße heißt nun ALP 118 und führt weiter nach PUERTO REY und VERA PLAYA. Hier fängt der Wahnsinn erst richtig an! Tausende von Ferienhäusern im Zuckerbäckerstil und Campingplätze versperren den Zugang zum ehemals schönen Strand. Und es wird immer weiter gebaut. Weil es langsam dunkel wird, geben wir in dieser Betonwüste die Suche nach einem lauschigen Stellplatz am Wasser auf. Vor lauter Verzweiflung kehren wir bei dem Campingplatz „Almanzora“ ein, der sich aber als recht angenehm erweist.

WOMO-Campingplatz-Tipp: Vera Playa (Almanzora)

Öffnungszeiten: ganzjährig. **Ausstattung:** 2. Kategorie, Restaurant, alle Einrichtungen, nach Textil und FKK getrennt; Fon/Fax 950467425; Preis: 16 €/Nacht, Nebensaison 11,70 - 14,40 €/Nacht.
Zufahrt: N 340 / E 15 AS 534, Vera, Umgehung Vera Playa, beschildert
Besonderes: Direkter Zugang zum sehr schönen und breitenSandstrand. Der Platz wird sehr stark von deutschen Urlaubern frequentiert.

Strand von Vera Playa

Am nächsten Tag lassen wir uns erst einmal die Sonne auf den Pelz brennen und starten erst nachmittags gen Norden. Wir überqueren den ausgetrockneten ***Río Almanzora*** und sind sofort in VILLARICOS. Vor dem Ortseingang weist ein Schild zum ***El Playazo.*** Wir folgen dem Hinweis und entdecken einen kleinen Sandstand mit ein paar Parkplätzen und einem Budencafé, das noch geschlossen hat.

50 m weiter steht ein dicker Schlossturm aus dem 18. Jahrhundert direkt am Strand. Auch hier lässt es sich ganz gut kampieren.

Villaricos: Schlossturm (18. Jahrhundert)

WOMO-Badeplatz: Villaricos (El Playazo)

max. WOMOs: 1 – 2.

Ausstattung: Müllcontainer, Sandstrand (auch FKK), Café „Las Brisas“. Zusätzliche Parkplätze an dem alten Turm.

Zufahrt: N 340 / E 15 AS 537, A 332, La Portilla, AL 160, A 370; oder wie vor, auf A 370 von Puerto Rey (Vera Playa) weiter nach Norden.

Sonstiges: Kein Platz für die Hauptsaison!

Der Ort selbst ist stark bebaut mit Ferienhäusern, sogar eine große Industriefirma residiert hier. Dann endlich entdecken wir die Zufahrt zur bekannten „Gruber-Bucht" (*Cala Panizo*).

WOMO-Badeplatz: El Pozo del Esparto (Cala Panizo)

max. WOMOs: 4 – 5. **Ausstattung:** Müllcontainer, Sandstrand.
Zufahrt: N 340 / E 15 AS 537, A 332, La Portilla, AL 160, A 370; oder wie vor: A 370 Puerto Rey, 11,2 km nach Villaricos rechts ab, 1300 m.
Sonstiges: Kein Platz für die Hauptsaison!

4,4 km weiter folgt das Ortsschild von SAN JUAN DE LOS TERREROS, ein verträumter Badeort mit einem langen Sandstrand. Schon nach 500 m geht meerwärts eine Stichstraße zum Strand ab.

WOMO-Badeplatz: San Juan de los Terreros I

max. WOMOs: 10 - 15
Ausstattung: Palmen, keine Müllentsorgung.
Zufahrt: N 340 / E 15 AS 537, A 332, La Portilla, Los Lobos, A 370, 500 m hinter dem Ortseingang rechts, Playa de la Entrevista.
Sonstiges: Platz ist leicht vermüllt.

500 m weiter leuchtet immer wieder rechts der weiße Strand durch die Lücken, aber es bietet sich zunächst keine rechte Parkmöglichkeit, bis wir hinter einer Kurve rechts der Leitplanke auf einem großen Platz Wohnmobile sehen. Volltreffer!

WOMO-Badeplatz: San Juan de los Terreros II

max. WOMOs: 10 – 15. **Ausstattung:** Frischwasser, WC, Duschen, Entsorgung möglich, Müllcontainer, Restaurant, Sandstrand.

Zufahrt: von Süden N 340 / E 15 AS 537, A 332, La Portilla, Los Lobos, A 370; oder von Norden: N 340 AS 591 (Águilas) N 332, am Kreisel rechts A 370 bzw. A 332, 11 km, Ortsmitte.

Sonstiges: Hier kann es in der Hauptsaison voll werden!

Der freundlicher Holländer aus dem Nachbar-WOMO mit Cuxhavener Kennzeichen erläutert uns die Anlagen des Stellplatzes. Die Stadt SAN JUAN DE LOS TERREROS hat hier für die Badegäste alles vorbildlich eingerichtet: Duschen, WC, Frischwasser, Umkleidehäuschen. Außerdem empfiehlt er uns wärmstens ein Esslokal in der Nähe. Der Tipp erweist sich als ausgezeichnet, denn in dem gediegenen Restaurant **„Mesón Pepa“** sind das Essen zu realistischen Preisen (z. B. Lammkoteletts 7,50 €) und der Service hervorragend. Bei einer guten Flasche *Rioja* beschließen wir den schönen Tag.

Sandstrand von San Juan de los Terreros

KARTE TOUR 15
20 km
Cartagena
COSTA CÁLIDA
La Manga del Mar Menor
Playa Honda
Dos Mares
Tomas Maestre
Santiago de la Ribera
Cotorillo
Los Nietos
Los Urrutias
Los Alcázares
El Carmoli
Atamaria
La Union
El Algar
San Javier
Alumbres
Escombreras
Torre Pacheco
Balsicas
La Palma
La Aparecida
Canteras
Portús
La Azohia
Puerto de Mazarrón
Isla Plana
Los Puertos de Sta Barbara
Los Ruicas
Bahia
Mazarrón
Bolnueyo
Calnegre
Umbrias
El Cantal
Garrobillo
Cope
Calabardina
El Hornillo
Águilas
San Juan de los Terreros
Pilar de Jaravia
Los Arejos
Pastrana
La Majada
Fuente Alamo
Rambla Albujon
Almagros
La Murta
Totana
Raguero de Bajo
Hinojar
Alporchones
Sierra de Almenara
Rambla de Nogalte
Río Luchena
Río Guadalentín
Lorca
Puerto Lumbreras
N301
N332
N340 E15
C3319
C3211
MU602
MU603
MU312
A332
A356
E16
E22
D13
D14
D20
D21

TOUR 15 (177 km / 3 - 4 Tage)

Águilas - Calnegre - Mazarrón - Cartagena - La Manga del Mar Menor

Freie Übernachtung:	2x San Juán de los Terreros, Àguilas, Calabardina, Cañada de Gallego, Isla Plana, La Azohía, La Manga Mar Menor.
Ver-/Entsorgung:	Campingplätze.
Trinkwasserstellen:	Campingplätze.
Campingplätze:	Águilas, Isla Plana, La Manga del Mar Menor.

Die letzte Tour dieses Buches soll ein erholsamer Ausklang einer oder mehrerer Reisen durch Südspanien darstellen und führt uns langsam in Richtung Heimat.

Ein Großteil der Mittelmeerküste zwischen ÁGUILAS und CARTAGENA ist glücklicherweise von der touristischen Erschließung bisher verschont geblieben. Da es hier nicht viel Aufregendes zu erzählen gibt, beschränken wir uns auf wenige begleitende Worte.

Gleich 2 km hinter SAN JUAN DE LOS TERREROS taucht der erste Badeplatz auf.

WOMO-Badeplatz: San Juan de los Terreros III (Nordosten)

max. WOMOs: 6 – 8. **Ausstattung:** Müllcontainer, schattenlos, Sandstrand.
Zufahrt: N 340 AS 591 (Águilas) N 332, am Kreisel rechts A 332, 9 km.
Sonstiges: 800 m weiter noch ein großer Parkplatz am Sandstrand.

Dann aber folgt die bekannte **Playa de la Carolina**, auf dem davor liegenden sehr großen Parkplatz stehen bereits in größerem Abstand einige Reisemobile. Die wunderschöne Sandbucht wird auf beiden Seiten eingerahmt von dunklen, fast schwarzen Felsen, die ***Peligro Punto Negro*** genannt werden.

Playa de la Carolina

WOMO-Badeplatz: Playa de la Carolina

max. WOMOs: 10 - 15
Ausstattung: Müllcontainer, Restaurant, Sandbucht (teilweise FKK).
Zufahrt: wie San Juan III, jedoch 1300 m weiter.
Sonstiges: Platz ist unter Wintercampern beliebt.

Jetzt geht es Schlag auf Schlag, wieder nur 500 m weiter folgt eine unter Insidern bekannte Sandbucht.

WOMO-Badeplatz: Águilas (Playa Las Higuericas)

max. WOMOs: 5 – 6. **Ausstattung:** Müllcontainer, schattenlos, Sandbucht (teilweise FKK).
Zufahrt: wie Playa de la Carolina, jedoch 500 m weiter nordöstlich.
Sonstiges: Platz ist unter Wintercampern beliebt.

Kurz vor der nächsten Stadt, ÁGUILAS, sehen wir bei Km 4,0 einen Campingplatz, der sich bis zum Strand ausdehnt.

WOMO-Campingplatz-Tipp: Águilas (Calarreona)

Öffnungszeiten: ganzjährig. **Ausstattung:** 2. Kat., Restaurant, alle Einrichtungen, Pool, Strandzugang; Fon/Fax 968413704, eMail info@campingcalarreona.com; Home:www.campingcalarreona.com; Preis: 14 €/Nacht, Nebensaison / Langzeitaufenthalt bis 65 % billiger.
Zufahrt:: N 340 AS 591 (Lorca), N 332, beschildert.
Besonderes: Empfangsdame spricht deutsch.
Ersatz: Campingplatz „Bella Vista", A 370, Km 3. (16 €/Nacht)

Nachdem an unserem Reisemobil ein Haltebügel des Abwassertanks sich losgerappelt hat, versuchen wir hier, eine Werkstatt zu finden. Aber es ist Samstag und überall, wo uns die nette Empfangsdame des Campingplatzes hinschickt, ist geschlossen. Schließlich helfen wir uns selbst und befestigen die Metallteile mit kräftigen Kabelbindern. (Gehören in die Werkzeugtasche!) Die Besichtigung der Stadt ÁGUILAS ersparen wir uns deshalb und nehmen am Kreisverkehr, wo auch die Schnellstraße N 332 nach LORCA abgeht, die Umgehungsstraße zum *Puerto*. Nach weiteren drei Kreiseln endlich wird es wieder ländlich und die D 14 soll uns nach CALABARDINA führen. Vorher entdecken wir noch einen kleinen Traumstrand.

WOMO-Badeplatz: Calabardina (Playa del Rozas)

max. WOMOs: 5 – 6.

Ausstattung: Müllcontainer, teilweise schattig, von Felsen eingerahmte Feinsandbucht, teilweise FKK.
Zufahrt: N 340 AS 591 (Lorca), N 332, Águilas, am Kreisel Richtung Puerto, D 14, nach 4,4 km meerwärts. (Kein Wegweiser!)
Sonstiges: Angeln, tauchen und schnorcheln möglich.

Schnell tauchen wir in das herrlich kühle Nass und lassen uns anschließend die Sonne auf den Leib brennen, bis das Salzwasser getrocknet ist.

Wir gehen wieder auf die D 14 und könnten 500 m weiter schon wieder an dem Sandstrand ***Playa de la Cola*** parken. Nach 900 m erreichen wir CALABARDINA, ein sauberer kleiner Badeort mit einem von großen Palmen gesäumten Strand, der

Calabardina: Hauptstrand an der Promenade

schon gut besucht ist. Auf dem Felsen zur Rechten stehen viele Ferienhäuser oder -wohnungen im Zuckerbäckerstil mit Zinnen und Türmchen. Die Sandbucht, die Palmen, das tiefblaue Wasser und die dunklen Felsen bilden mit den gelben

und weißen Ferienhäusern einen herrlichen Kontrast. Am Strandkiosk stärken wir uns mit preiswerten Tapas.

Wir gehen wieder auf die Hauptstraße und schauen uns 1000 m östlich den ***Torre de Cope*** an, der 1530 als Wachtturm gegen Piraten erbaut wurde. Die Landschaft ist in nordöstlicher Richtung wieder mit „*Invernaderos*“ verschandelt. Dann ist die (befahrbare) Welt zu Ende und wir kehren um. Wenn Ihnen aber Buckel- und Staubpisten nichts ausmachen, so finden Sie weiter nördlich noch zwei einsame Sandbuchten: ***Playa Rafal*** (nach 2 km rechts ab, 600 m) und ***Playa del Pocico*** (nach 2 km links ab, 1000 m rechts, 800 m rechts, 750 m).

Wieder auf der D 4, biegen wir an der Gabelung hinter der

Playa del Rozas nach rechts ab, in der Annahme, wir könnten so zu unserem nächsten Ziel über CALNEGRE zur ***Playa Percheles*** kommen. Nach einer 15 km langen, kurvenreichen Fahrt über hohe Berge erreichen wir wieder die N 332 und biegen rechts ab in Richtung MAZARRÓN. Hinter der Crepsa-Tankstelle geht es in RAMONETE rechts ab nach CALNEGRE. Das verschlafene Nest an dem steinigen Strand erreichen wir nach 6,5 km. An der Landspitze ***Punta de Calnegre*** lässt uns ein Blick durchs Fernglas hoffen, denn in 2000 m Entfernung erspähen wir weiße Wohnmobile in einer kleinen Sandbucht. Wir fahren auf der schmalen Uferstraße nach Nordosten und biegen nach 2 km rechts in einen Feldweg ein. Hier treffen wir am Strand auf drei deutsche Reisemobile, deren Bewohner unbekleidet herumhüpfen. Man erklärt uns, dass dieser paradiesische Platz an einem baufälligen Häuschen („*Casa de Parazuelos*") nicht für die Allgemeinheit sondern Privatgrund sei und der Besitzer, ein Freund aus Deutschland, ihnen den Platz persönlich vermietet habe. Na gut. Aber man zeigt uns freundlich den Weg zu der gesuchten „Schlangenbucht" 4 km weiter.

Wir rollen auf dem vorherigen Sträßchen weiter und kommen nach 1400 m an eine Gabelung; die rechte etwas ansteigenden Straße (rundes Verkehrschild „16 t") führt uns an einem langen Treibhaus vorbei. Nach 1600 m biegen wir rechts ab und fahren die Asphaltpiste bis zum Ende. Ein kurzer Schotterweg geradeaus führt uns zur berühmten **„Schlangenbucht"** oder ***Playa de Percheles***. Man hat wirklich nicht übertrieben: Vor uns breitet sich ein von vielen Palmen umstandenes, riesiges Gelände mit festem Untergrund auf. Etwas tiefer lädt ein sichelförmiger, weißer Sandstrand zum Bad im flachem Wasser ein, also ideal für Kinder. Im Schatten von niedrigen Palmen

Playa de Percheles („Schlangenbucht")

sonnen sich einige Familien. Einfach traumhaft, wir kommen uns wie in der Karibik vor! Es befinden sich heute „nur“ 20 Mobile hier, sonst seien es schon einmal bis zu siebzig, erklärt uns ein deutscher Rentner, der mit etlichen anderen auf dem festen Rasen der linken Seite eine teutonische Wagenburg bildet. Manche Leute übertreiben aber wirklich. Im oberen Teil des Platzes residiert ein Schweizer mit einem 12 m langen Sattelzug-Wohnmobil mit ausfahrbaren Seitenteilen!

WOMO-Badeplatz: Playa de Percheles

max. WOMOs: 100. **Ausstattung:** Müllcontainer, schattig, von Felsen eingerahmte Feinsandbucht, teilweise FKK, Frischwasser angeblich 500 m weiter in Cañada de Gallego (Abrisshaus).. **Zufahrt:** N 340 AS 627 (Mazarrón) MU 602, MU 603, Mazarrón, N 332 in Richtung Águilas, nach 6 km links ab (Wegweiser Cañada de Gallego), 2,6 km rechts (Wegweiser Calnegre), 2,7 km links (Schild „16 t“), nach 1700 m rechts, 1200 m Asphalt- und dann 100 m Schotterstraße; oder von Calnegre aus s. Text.
Sonstiges: Wenn die Belegung mit Wohnmobilen zu stark ist, räumt die Polizei von Zeit zu Zeit, zuletzt an Ostern. Viele deutsche WOMO-Fahrer sollen hier Weihnachten und Sylvester feiern.

Nach ein paar sehr erholsamen Tagen verlassen wir mit wehmütigem Herzen den Traumstrand. Bis zur Hauptstraße N 332 benötigen wir 8,2 km. Vor MAZARRÓN macht die Straße einen Knick nach Südosten zum Hafen der Stadt, PUERTO DE MAZARRÓN. Diesen dicht bebauten – also für Reisemobile uninteressanten – Ferienort mit vielen Stränden umfahren wir elegant und biegen kurz nach dem Ende der Bebauung rechts in die Uferstraße E 22 (Wegweiser ISLA PLANA und LA AZOHÍA). Zwei Campingplätze werben häufig am Straßenrand.

WOMO-Campingplatz-Tipp: Pto. de Mazarrón (Los Delfines)

Öffnungszeiten: ganzjährig. **Ausstattung:** 2. Kat., Preis: 18,40 €/N, NS 12,75 €/N.; sehr niedrige Winterpreise. Fon/Fax 968594527;
Zufahrt:: N 340 AS 627, MU 602, MU 603, Umfahrung Mazarrón, N 332 in Richtung Cartagena, E 22 in Richtung Isla Plana, kurz vor dem Ort.
Besonderes: Zugang zum Strand über die Straße.

ISLA PLANA ist ein aufstrebender Badeort mit hoher touristischer Erschließung. Mitten im Ort biegen wir am Wegweiser ***„Iglesia"*** meerwärts ab und finden einen netten Badeplatz vor, auf dem schon einige britische Reisemobile stehen.

WOMO-Badeplatz: Isla Plana (An der Kirche)

max. WOMOs: 10 - 12 **Ausstattung:** Müllcontainer, Kirche, Restaurant, Felsstrand.

Zufahrt: N 340 AS 627, MU 602, MU 603, Umfahrung Mazarrón N 332 in Richtung Cartagena, E 22 Isla Plana Ortsmitte.

Sonstiges: Platz wird von der Polizei kontrolliert, aber geduldet.

Wir erkunden aber noch den Rest der Halbinsel und passieren den Campingplatz *„Los Madriles"*, der aber strandfern und daher uninteressant ist. Genau 1 km weiter (E 16) beginnt der Badeort LA AZOHÍA mit einem klotzigen Hotel, das weinrotocker angemalt ist. Wir durchqueren den Ort und sehen 2 km weiter links einen großen Parkplatz an einem schmalen Sandstrand. Ein deutsches Reisemobil steht schon dort, dessen Besatzung das sonntägliche Frühstück gerade genießt.

WOMO-Badeplatz: La Azohía

max. WOMOs: 10 – 12.
Ausstattung: Müllcontainer, Imbiss, Sandstrand.
Zufahrt: N 340 AS 627, MU 602, MU 603, Umgehung Mazarrón N 332 in Richtung Cartagena, E 22 Isla Plana, E 16, 2 km nach OE Azohía.

Zurück auf der N 332 sausen wir weiter in Richtung CARTAGENA. Die Straße beschreibt einen großen Bogen nach Norden um die Berge herum. Kleinere Straßen (E16 und E 22) führen küstennah auch dorthin und man käme in CANTERAS an dem Abzweig zum FKK-Campingplatz *„El Portús"* vorbei.

CARTAGENA ist eine größere Stadt mit einer Festung und einem Hafen. Das Durchfahren ist nicht schwer, wenn man einfach dem Hauptverkehrsstrom folgt und sich nach den Wegweisern „LA UNIÓN" und „LA MANGA" richtet. Über die „Autobahn" MU 312 erreichen wir schnell den Superferienort.

Bei Ausfahrt Nr. 15 zweigt man ab zu dem Großcampingplatz **„Caravaning La Manga"**, wo über sechstausend Men-

La Manga del Mar Menor: Gran Via

schen Platz finden. Pauschalpreis im Juli/August: 22 €, ansonsten 15 € pro Tag. LA MANGA DEL MAR MENOR, ein Albtraum von Urlaubsfabrik, liegt auf einer schmalen, 13 km langen Landzunge, die auf beiden Seiten von Wasser umgeben ist: links das salzige ***Mar Menor*** und rechts das Mittelmeer. Mittendurch führt die ***Gran Via*** mit numerierten Ausfahrten, obwohl alles Stadtstraßen sind. Ein Hochhaus reiht sicht ans andere, fast wie in Manhattan: Hotels, Appartementhäuser, Geschäfte, Restaurants – alles vom Feinsten. Bald überqueren wir eine uralte Drehbrücke, neben der schon eine gigantische neue Klappbrücke auf die Freigabe wartet. 8 km seit Ortsbeginn sehen wir rechts einen asphaltierten großen Parkplatz an einem Felsenstrand, wo auch schon ein Schweizer Reisemobil steht. Kurz danach wird es etwas ländlicher und die Straße geht zweispurig weiter, bis wir zur **„Seufzerbrücke"** kommen, einer extrem steilen Brücke, die auf den letzten Zipfel der schmalen Halbinsel führt. Vor dieser Brücke wurden wir schon von den WOMO-Fahrern in der Schlangenbucht gewarnt, denn Mobile über 6 m können entweder oben hängen bleiben und/oder schlagen hinten auf. Unser Campingbus schafftt die Hürde so gerade, aber wohl ist dem Fahrer bei dem Manöver nicht. Wir halten uns rechts und rollen kurz dahinter auf einen großen geschotterten Parkplatz direkt am Felsenstrand. Die Reklametafel einer Immobilienfirma lässt Böses ahnen. Da das nicht gerade unser Ding ist, finden wir prompt ein paar Hun-

La Manga: Strand am Punta de Algas

dert Meter weiter einen akzeptablen Sandstrand, auf dessen vorderem festgefahrenen Teil wir gut stehen können. Es gibt sogar ein paar flache Dünen.

WOMO-Badeplatz: La Manga del Mar Menor

max. WOMOs: 10 – 15. **Ausstattung:** Müllcontainer, Sandstrand.
Zufahrt: A 32 (mautpflichtig), MU 312, La Manga, 18 km bis ans Ende der Halbinsel.
Sonstiges: Wegen steiler Brücke nur für Fahrzeuge bis 6 m Länge!
Ersatz: Asphaltierter Parkplatz bei Km 8. (s. Text)

Hier endet unsere letzte Südspanientour. Hätten Sie uns auf allen Strecken begleitet, so würde Ihr Tacho jetzt **3215 km** mehr anzeigen und Sie wären **69 Tage** älter. Aber einzelne Etappen – nach persönlichem Gusto zusammengestellt – können jedem das Abenteuer und die passende Urlaubsfreude bringen.

Tipps und Informationen von A – Z

Adressen

Deutsches Generalkonsulat
Av. de la Palmera, 19, 2.Etg. E-41013 Sevilla Fon 954230204
Deutsches Konsulat
Paseo de Limonar 21-28 E-29016 Málaga Fon 952227866
Österreichisches Konsulat
Marques de Parada, 26 E-41001 Sevilla Fon 954222162
Schweizer Konsulat
C. San Lorenzo, 4 E-29005 Málaga Fon 952217266

Baden

Über 850 km lang ist die Küste Südspaniens von der portugiesischen Grenze bis an die Costa Cálida bei Cartagena. Während die Strände an der Costa de la Luz fast überall noch naturbelassen und rau sind, wurde an der Costa del Sol mit Hotels und Ferienhausanlagen sehr viel „zubetoniert". Der größte Teil der Strände kann mit feinem Sand brillieren, während mancherorts Feinkies und Steine den Einstieg ins kühle Nass erschweren. Der Badebetrieb fängt langsam im Juni bei 18 – 19 ° C Wassertemperatur an und erreicht überall seinen Höhepunkt im August bei über 22 ° C. Die Abkühlung erfolgt langsam, bis in den November hinein kann gebadet werden. Die Wasserqualität wird regelmäßig überwacht und durchweg mit „gut" oder „sehr gut" beurteilt, lediglich in der Nähe von Industriestädten und Großanlagen, wie Algeciras und Carboneras, gibt es schlechtere Noten.

Campingplätze

Es gibt in fast 800 spanischen Orten mindestens einen Campingplatz. Die meisten davon findet man naturgemäß an den Küsten im Süden und Osten. Im Binnenland sind die Anlagen erheblich dünner gesät. Wir haben in diesem Buch auf jeder Tour alternativ zu den freien Stellplätzen einige Empfehlungen gegeben, da in den einschlägigen Verzeichnissen von ADAC und DCC nur ein Bruchteil beschrieben wird. In Spanien gibt es vier Klassifizierungen: Luxus, 1., 2., und 3. Kategorie sowie einige Sonderformen wie Camping auf dem Bauernhof. Die von uns erwähnten Preise sollen nur als Anhalt dienen und Unterschiede verdeutlichen, denn Änderungen stehen überall auf der Tagesordnung. Die Berechnungsart der Gebühren ist nicht einheitlich, deshalb raten wir, grundsätzlich vor dem Einchecken den exakten Preis einschließlich Steuern zu erfragen. An der Küste sollte man sich nach der Entfernung zum Strand erkundigen.

Eintrittsgelder Sehenswürdigkeiten

Hier ist eine allgemeine Auskunft nicht möglich. Die sogenannten Weltsehenswürdigkeiten sind meist sehr teuer, z. B. kostet die Alhambra pro Person 9,50 €, der Westernzirkus in Mini-Hollywood sogar 17 €. Andere äußerst wertvolle Ausgrabungen wie Medina Azahara und Carmona sind für EU-Bürger kostenlos. In vielen Fällen haben wir aber Richtpreise genannt. Bei Kirchen empfehlen wir, Besichtigungen sehr früh am Morgen zu machen, denn dann spart man oft – wie in Córdoba – das Eintrittsgeld.

Entsorgung

Hier sind wir zu 99 % auf die Campingplätze angewiesen, und selbst dort sind nicht überall professionelle Entsorgungsanlagen für chemische Toiletten vorhanden und das Personal weist den Gast an, die Container in das normale WC auszuleeren. Wir brauchen wohl keine Worte darüber zu verschwenden, dass in der freien Natur dergleichen nicht zu geschehen hat. Öffentliche Toiletten haben wir auf unseren Reisen nicht allzu häufig gefunden, und die wenigen waren meist stark verschmutzt, vor allem wenn sie weit weg von Ortschaften waren. Tipp: An den meisten Tankstellen ist nach dem Volltanken die Toilettenentleerung möglich, wenn man höflich danach fragt.

Feste

Andalusien besitzt eine großartige Tradition von Festlichkeiten. Es gibt die ***Ferias***, die den deutschen Jahrmärkten gleichen. Die ***Fiestas*** haben einen vornehmlich religiösen Touch und werden mit großem Pomp meist in der Karwoche *„Semana Santa"* zelebriert. Pilgerfahrten zu den zahlreichen Schutzheiligen, die in den *„Santuarios"* zu Hause sind, werden ***Romerías*** genannt. Wirklich sehenswert sind die ***Ferias*** in Sevilla (zwei Wochen nach Ostern), in Córdoba (letztes Maiwochenende), in Jerez de la Frontera der Pferdemarkt Mitte Mai, in Granada das Internationale Musik- und Tanzfestival Ende Juni, in Nerja das Sommerfestival Ende Juli, in Málaga die August-Feria und in Ronda die *Feria y* ***Fiestas*** *de Pedro Romero* in der 1. Hälfte September. In der Karwoche ist überall in Andalusien der Teufel los. Besonders sehenswert sind die Prozessionen und Fiestas in Arcos de la Frontera, Castro del Río, Córdoba, Granada, Jaén, Málaga, Sevilla und Úbeda. Ostersonntag gibt es in Arcos und Vejer de la Frontera Stierfeste auf offener Straße zu sehen. Ausgelassene Pilgerfahrten – ***Romerías*** – finden in Andujar am letzten April-Sonntag, in El Rocío zu Pfingsten (!!), in Cabra im Juni (Zigeunerwallfahrt) und in Granada am 29. September statt. Ein besonderes farbenfrohes Ereignis ist der ***Carnaval*** in Cádiz, der zeitgleich wie bei uns stattfindet. Einige Informationen haben wir bei den entsprechenden Touren gegeben.

FKK

Die Spanier haben seit einigen Jahren den Naturismus „entdeckt". Es gibt inzwischen fast überall Strandregionen, auf denen man hüllenlos sonnen und baden kann. Der FEN (Ferderación Española de Naturismo) zählt im IFN-Weltführer 2003 allein in Andalusien und Murcia 57 offizielle Strände („Autorizada") auf. In ganz Spanien, einschließlich der Inseln, sind es heute über 400. Wir haben dieser rasanten Entwicklung Rechnung getragen und dies bei der Beschreibung unserer Badeplätze vermerkt.

Freie Stellplätze

Wir möchten hier über dieses Thema keine Diskussion führen. Es gibt WOMO-Fahrer/innen, die lieber frei stehen und andere, die den sichernden Campingplatzzaun um sich haben möchten. In Spanien darf grundsätzlich im Freien übernachtet werden. Verboten ist dies lediglich direkt am Strand, an Ausgrabungen, innerorts sowie in Naturschutzgebieten. Strandplätze werden von der Polizei gnadenlos geräumt, wenn sie zu voll werden. In der Nebensaison geschieht dies seltener. Wir selbst wurden bisher noch nie vertrieben. Die *„Areas de Acampanada Libre"*, Gratiszeltplätze mit rustikalen Sanitäranlagen, sind mit WOMOs wegen schlechter Bodenverhältnisse selten befahrbar. Wie bereits vorne erwähnt, gibt es in Südspanien kaum offiziell eingerichtete Wohnmobilstellplätze, wie wir sie aus Mitteleuropa kennen. Wir haben alle von uns entdeckten Stellplätze mit den Augen eines WOMO-Fahrers geprüft und entsprechend beschrieben. Wichtig: Bei der Benutzung nehmen wir Rücksicht auf das Freizeitverhalten der Spanier, die meist nur am Wochenende und im Sommer in die Natur fahren.

Gas

Probleme gibt es nur, wenn die mitgebrachten Vorräte nicht ausreichen. Wir selbst gehen mit unseren Gasvorräten sparsam um, indem wir häufiger ins Restaurant essen gehen, die Warmwasserzubereitung ausgeschaltet lassen und das Gas hauptsächlich für den Kühlschrank nutzen, den wir fast nur mit verderblichen Lebensmitteln füllen. Wir müssen nicht ständig fünf Liter eiskalte Cola oder Bier griffbereit haben! Während der Fahrt läuft der Eisschrank natürlich nur mit der 12-V-Lichtmaschine. Unser Solarpanel auf dem Dach lädt unsere Akkus ständig auf und versorgt uns mit zusätzlicher Energie. Wenn Sie aber mit vier Personen vier Wochen in Südspanien unterwegs sind, reichen zwei 11-Liter-Gasflaschen gewöhnlich nicht aus. Der spanische Repräsentant des DCC (Deutscher Camping Club) nennt uns folgende Lösung: Die Firmen REPSOL und CEPSA vertreiben in Spanien Propan und Butan. Um eine spanische Flasche mieten zu können, muss man eine Fotokopie der Gasinstallation vorlegen und für 5 € Gebühr und 15 € Kaution einen Vertrag abschließen. Einen Gasadapter erhält man im Eisenwarenhandel („Ferretería") oder auf Campingplätzen. Wohin am Ende der Reise mit den leeren (oder halbvollen) Flaschen? Man kann sie bei jeder Station der genannten Firmen wieder abgeben und „verschenkt" den Rest oder man deponiert sie auf einem Campingplatz (z. B. Kika-Park, Oliva), um sie beim nächsten Urlaub wieder abzuholen.

Geld

Seit der Euro-Einführung gibt es hier kaum Probleme. Sowohl mit der EC-Karte als auch mit den Sparcards der Postbank kann überall an Automaten Geld beschafft werden. **Tipp:** An Visa-Plus-Geldautomaten kann man mit einer Postbank-Sparcard viermal jährlich gebührenfrei Euros bunkern. Ansonsten verlangt Ihre Hausbank saftige Aufschläge. Mit Kreditkarten kann man an Tankstellen, in großen Geschäften und guten Restaurants bezahlen. Auf dem Land sieht es bei kleineren Gewerbetreibenden in dieser Beziehung mau aus, hier will man meist Bares sehen.

Haustiere

Hund und Katze benötigen für die Einreise neben dem amtstierärztlichen Gesundheitszeugnis einen internationalen Impfpass, in dem der Tollwut-Eintrag nicht jünger als 30 Tage, aber auch nicht älter als ein Jahr sein darf. Die Spanier sind im Gegensatz zu Deutschen und Franzosen keine Hundenarren. Die fast überall vorhandenen streunenden Hunde gelten als Schädlinge, die in Mülltonnen wühlen und Krankheiten verbreiten, und werden oft mit Steinwürfen verjagt. Vor Restaurants hängt fast überall das Verbotsschild „Perros No!", was auch für die meisten kultivierten Strände gilt.

Information

Ein paar Wochen vor Antritt Ihrer Südspanienreise sollten Sie sich kostenlose Broschüren und Karten von der ***Oficina Española de Turismo („Turespaña")*** besorgen, wobei Sie möglichst genau Ihre Ziele angeben:
Deutschland
10707 Berlin, Kurfürstendamm 63 d, Fon 030/8826543, Fax 030/8826661, e-mail berlin@tourspain.es
40237 Düsseldorf, Grafenberger Allee 100, Fon 0211/6803981,Fax 6803985, e-mail dusseldorf@tourspain.es
60323 Frankfurt/Main, Myliusstr. 14, Fon 069/725038, Fax 069/725313, e-mail frankfurt@tourspain.es
80336 München, Schubertstr. 10, Fon 089/53074611, Fax 089/53074620, e-mail munich@tourspain.es

Prospektversand in Deutschland nur über: Fon 06123/99134 oder Fax 06123/9915134

Österreich
A-1010 Wien, Walfischgasse 8, Fon 01/5129580, Fax 01/51229581, e-mail viena@tourspain.es
Schweiz
CH-8008 Zürich, Seefeldstr. 19, Fon 01/2527930, Fax 01/2526204 e-mail zurich@tourspain.es

Spanien *(Oficinas de Turismo)*
Acebuche, Parque Nacional de Doñana, Fon 959 448711
Águilas, Fon 968 493173, Fax 968 446082
Almería, Parque Nicolás Salmerón, Fon 950 274355, Fax 950 274360
Antequera, Plaza de San Sebastián 7, Fon 952 702505
Aracena, Plaza de San Pedro, Fon 959 128355
Arcos de la Frontera, Plaza de Cabildo, Fon 956 702264
Baeza, Plaza del Pópulo, Fon 953 740444
Cádiz, Av. Ramón de Carranza, Fon 956 258646, Fax 956 252449
Cádiz, Plaza San Juan de Dios, Fon 956 24100
Carmona, Arco de la Puerta de Sevilla, Fon 954 190955, Fax 954 190080
Cartagena, Fon 968 506483, Fax 968 526912, cartagena@marmenor.net
Cazorla, Sierra de, Torre Vinagre, A 319 Km 48,2
Cazorla, Casa de Cultura, Paseo de Santo Cristo 17, Fon 953 710102
Chiclana, Alameda del Río, Fon/Fax 956 535969
Conil de la Frontera, Carretera 1, Fon 956 440501, Fax 956 440500
Córdoba, Plaza de Judá Leví, Fon 957 200522, Fax 957 200277
Córdoba, Torrijos 10, Fon 957 471235, Fax 957 491778
Écija, Cánovas del Castillo 4, Fon 955 902933, Fax 955 902919
El Bosque, Av. de la Diputación, Fon 956 716063, Fax 956 716339
El Puerto de Santa María, C. Luna 22, Fon 956 542413, Fax 956 542246
El Rocío, Av. de la Canaliega, Fon/Fax 959 443808
Granada, Corral de Carbón, Fon 958 225990/221022, Fax 958 233927
Granada, Plaza de Mariana Pineda 10, Fon 958 247128, Fax 958 247127
Grazalema, Sierra de, siehe El Bosque
Huelva, Av. de Alemania 12, Fon/Fax 959 257403
Isla Cristina, C. Madrid, Fon 959 332694, Fax 959 502122
Jaén, C. Maestra 13, Fon/Fax 953 242624, otjaen@andalucia.org
Jerez de la Frontera, Alameda Cristina, Fon 956 331150, Fax 956 331162
Jerez de la Frontera, Plaza del Arenal, Fon 956 359654, Fax 956 331731
La Manga del Mar Menor, Fon 968 146136, Fax 968 564958
La Carolina, N IV Km 269, Fon 953 680882
Málaga, Pasaje de Chinitas 4, Fon 952 213445, Fax 952 229421
Matalascañas, Sector A, Fon 959 430086
Mazagón, Av. de los Descubridores, Fon 959 376300/376044
Mojácar, Plaza Nueva, Fon 950 615025
Priego de Córdoba, C. Río 33, Fon/Fax 957 700625
Puerto de Mazarrón, Fon/Fax 968 594426
Ronda, Plaza de España 1, Fon/Fax 952 871272
Roquetas de Mar, Av. Mediterráneo, Fon 950 333203
Sanlúcar de Barr., Calzada del Ejército, Fon 956 366110, Fax 956 366132
Sevilla, Av. de la Constitución 21 B, Fon 954 221404, Fax 954 229753
Sevilla, Paseo de las Delicias 9, Fon 954 234465, Fax 954 273078
Tarifa, Paseo de la Alameda, Fon 956 680993, Fax 956 680431
Torre del Mar, Av. de Andalucía 92, Fon 952 541104
Úbeda, Baja de Marqués 4, Fon 953 750897, Fax 953 792670
Zahara de la Sierra, C. San Juan 1, Fon 956 123114
Zuheros, C. Nueva, Fon/Fax 957 694545

Klima – beste Reisezeit

Die Lufttemperaturen erreichen schon früh im Jahr die 30-Grad-Marke, die im Juli und August so gut wie nie unterschritten wird. Im Landesinneren, zum Beispiel in Écija, kann es bis zu 50° C heiß werden. Für einen Badeurlaub empfehlen wir Juni, September und Oktober. Wandern kann man im Flachland und Mittelgebirge von September bis Juni, in der Sierra Nevada am besten von Mitte Juni bis Ende September. In der Sierra de Grazalema regnet es bis April häufiger, weshalb man hier am besten im Mai und Juni wandert. Die Sehenswürdigkeiten werden das ganze Jahr über besucht.

Konsulate

siehe „Adressen"

Kreditkarten

siehe „Geld"

Kriminalität

Wie überall in der Welt gehört in Ballungsgebieten und Touristenzentren der kleine Spitzbube dazu wie das Salz in der Suppe. In Großstädten sollten Sie Ihr Fahrzeug nie aus den Augen lassen oder wenigstens auf einem bewachten Parkplatz abstellen. Auf Seite 39 (Tour 2) wird ein negatives Beispiel erzählt. Bei unseren zahlreichen Spanienreisen ist uns bisher nichts passiert, vielleicht weil wir als Fußgänger nie mit unseren Besitztümern protzen (Schmuck, Kameras etc.) und als WOMO-Fahrer immer entsprechende Vorsichtsmaßnahmen treffen, wenn wir das Fahrzeug allein lassen oder nachts an einsamer Stelle stehen. Zunächst haben wir eine funktionierende Alarmanlage mit Türkontakten und Innenraumüberwachung, alle Türen sind zusätzlich durch Stahlriegel und Stahlseil (vorne) von innen gesichert. Bargeld, nie in größeren Mengen, EC- und Kreditkarten führen wir immer am Körper mit. **Tipp:** Wer als Basisfahrzeug Fiat-Ducato, Peugeot-Boxer oder Citroen-Jumper fährt, kann die rechte Sitzkonsole mit wenig Aufwand in einen ziemlich sicheren Tresor für Wertgegenstände verwandeln. Der Einbausatz ist im Fachhandel für etwa 136 € zu haben.

Landkarten

Zu einer ordentlichen Ausrüstung gehört gutes Kartenmaterial. Beste Erfahrungen haben wir mit den Straßenkarten Nr. 578 (früher 446) und 577 (früher 445) von Michelin im Maßstab 1 : 400.000 (im WOMO-Verlag erhältlich) gemacht. Zum Wandern empfehlen wir topografische Karten im Maßstab 1 : 50.000, die es von verschiedenen Verlagen gibt: *Instituto Geográfico Nacional (IGN), Cartografía Militar de España (CME), Artes Gráficas COFAS* und *Editorial Alpina*. In den Wandertexten haben wir jeweils das erforderliche Blatt genannt. Sie sind in jeder Buchhandlung bestellbar, es kann aber 3 – 4 Wochen dauern. Bei dem Spezialhändler Jürgen Schrieb ist der Bezug vieler Karten aus Vorrat möglich. (Fon/Fax 07145/26078, E-mail: karten.schrieb@t-online.de.)

Literatur

Reiseführer über Land, Leute, Kunstgeschichte, Architektur:
Baedeker: „Andalusien" Verlag Karl Baedeker – sehr gut für das gründliche Studium von Bauwerken, Ausgrabungen, Geschichte und Kunst
Thomas Schröder: „Andalusien" Michael Müller Verlag – ein sehr praktisch orientierter Ratgeber, der fast kein Thema und keine Gegend auslässt
Grüner Reiseführer „Andalusien" Michelin Reise-Verlag – ein systematisches Nachschlagewerk (im WOMO-Verlag erhältlich)

Wanderführer

Helmut Dumler: „Wandern und Erleben – Andalusien“ Bruckmann
Jürgen Paeger: „Wandern in Andalusien“ DuMont aktiv

Campingführer

Guía Oficial de Campings España 2003, Turespaña
DCC-Campingführer Europa
ADAC-Campingführer Band 1 Südeuropa

Ansonsten gibt es eine Fülle an Fachliteratur und Belletristik über Andalusien, deren Aufzählung den Rahmen dieses Buches sprengen würde.

Notfall

Notruf für Polizei, Feuerwehr und Notarzt: **112**
Sollte sich darunter niemand melden, wählen Sie: **091 oder 061**
Pannenhilfe des R.A.C.E. (span. Autoclub): **915 93 3333**
ADAC in Spanien: Barcelona 935 082828 und Madrid 915 930041

Öffnungszeiten

Geschäfte: Mo – Sa 9 – 13.30 Uhr, Mo – Fr ab 17 Uhr, große Supermärkte durchgehend. In Urlaubsgebieten sind die meisten Läden sonntags auf.
Apotheken: wie oben, jedoch sonntags nur bei Notdienst
Banken und Postämter: werktags 9 – 14 Uhr, samstags bis 13 Uhr
Kirchen: sehr unterschiedlich, meist vormittags und ab 17 Uhr
Museen: montags und in der Siesta geschlossen

Papiere

Personalausweis oder Reisepass, Fahrzeugzulassung, Führerschein, grüne Versicherungskarte, bei gemieteten Fahrzeugen Vollmacht des Inhabers.

Preise

Allgemein liegen die Preise in Südspanien geringfügig unter den unsrigen, auf dem Land ist alles etwas billiger, in Touristenhochburgen teurer.

Proviant

Die deutschen Discountketten (ALDI, Lidl) sind mittlerweile in Spanien stark vertreten, haben aber oft niedrigere Qualität zu bieten als kleinere Läden und Märkte, wo vor allem frische Waren besser gekauft werden können.

Restaurants

Es gibt eine Vielzahl von Lokalitäten, wo man Hunger und Durst stillen kann. Das fängt bei den ***Bars*** (Kneipen, Gaststätten) an, wo man neben Getränken auch die berühmten *Tapas* ordern kann. Das sind schmackhafte, kleine Leckereien, die man sehr preiswert – manchmal auch gratis zum Getränk – erhält. Das gleiche in einer etwas größeren Menge nennt man *„Raciónes“*. Auch gibt es in den Bars meist *Bocadillos*, übergroße, belegte Weißbrotstücke oder Baguettes für den stärkeren Hunger. Am Strand und an den Promenaden stößt man auf Kioske (***Chiringuitos)***, die auch sehr preiswerte kleine Gerichte, meist in großer Auswahl, anbieten. Auch hier wird häufig im Stehen gegessen und getrunken. In den ***Cafeterías*** der Touristenzentren und größeren Städte werden meist Fastfood und *Platos Combinados* – einfache Tellergerichte mit großen Portionen – angeboten und vielfach im Stehen verzehrt. Die bekannten Fastfoodketten sind leider auch in Andalusien inzwischen reichlich etabliert. Schließlich isst man am komfortabelsten in den ***Restaurantes***, die es überall in höchst unterschied-

lichen Klassen gibt. Hier erwartet der Wirt, dass der Gast Vorspeise (*entremés*), Hauptgericht (*plato principal*) und Nachspeise (*postre*) bestellt. Der erfahrene Gourmet trinkt natürlich zum Essen einen spanischen Wein. Meeresfrüchte und Fischgerichte isst man in den ***Marisquerías***, wo man das Seegetier meist auch direkt einkaufen kann.
Allgemeine Essenszeiten: mittags 13.30 - 15.30 Uhr, abends 21 - 23 Uhr.

Sprache

Bei unseren Reisen durch Spanien wurden wir immer sehr nett aufgenommen, wenn wir Gespräche mit ein paar Redewendungen in Spanisch begonnen haben, um dann in der Gebärdensprache, in Englisch oder Französisch fortzufahren. **Was sollte man wenigstens können?**
Ja = *sí*; nein = *no*; bitte = *por favor;* vielen Dank = *muchas gracias*; guten Morgen/Tag = *buenos días*; guten Mittag/Tag = *buenas tardes* oder *hola*; gute/n Abend/Nacht = *buenas noches*; auf Wiedersehen = *adiós* oder *hasta luego*; sprechen Sie deutsch/englisch/französisch? = *habla usted alemán/inglés/francés*? wo ist ...? (Wegauskunft) = *dónde esta* ...?; rechts = *derecha*; links = *izquierda*; geradeaus = *todo derecho*; hier = *aquí*; Speisekarte = *menú*; haben Sie ...? = *tiene usted* ...?; was kostet ...? = *cuánto cuesta* ...? ich nehme ... = *quisiera* ...; die Rechnung bitte = *la cuenta por favor*; wann ist geöffnet? = *a qué horas está abierto*? vormittags = *por la mañana*; nachmittags = *por la tarde*; abends = *por la noce*; gestern = *ayer*; heute = *hoy*; morgen = *mañana*; übermorgen = pasado *mañana;*
Auf dem Land sprechen vornehmlich Akademiker Fremdsprachen, meist englisch, weniger französisch – aber deutsch schon gar nicht oder äußerst selten. Glück hat man, wenn man auf ehemalige Gastarbeiter stößt, die lange in Deutschland waren. In den Oficinas de Turismo wird mindestens englisch gesprochen, seltener deutsch. **Tipp:** Wir empfehlen daher unseren geneigten Lesern, vor der Rundreise einige spanische Redewendungen auswendig zu lernen und diese zur Erinnerung auf einen Spickzettel zu schreiben. Geholfen hat uns dabei Langenscheidts Sprachführer im Taschenformat. Nur in den Touristenzentren wie Torremolinos, Roquetas de Mar oder La Manga bekommt man auf eine deutsch gestellte Frage eine Antwort. Aber dort gibt's ja auch Eisbein mit Sauerkraut...

Tanken

Tankstellen in Spanien sind täglich von 7 - 22 Uhr, an den Autobahnen meist 24 Stunden, dienstbereit. Die Kraftstoffpreise sind überall nahezu gleich, an Supermärkten kann man neuerdings auch schon mal billiger tanken. Auf der Anreise durch Frankreich sparen wir gewaltig, wenn wir nur bei den Tankstellen der Supermärkte wie Leclerc oder Intermarché unser Diesel zapfen, denn die Preisunterschiede gehen bis zu 0,30 € je Liter.

Telefonieren

Alle angegebenen Telefon- und Faxnummern wählt man, auch vom Mobiltelefon, von überall in Spanien in der vollen Länge. Rufen Sie von zu Hause aus in Spanien an, verwenden Sie als Vorwahl 0034, danach die mit 9 beginnende Rufnummer. Die Vorwahlen nach Deutschland (0049), Österreich (0043) und der Schweiz (0041) sind jedem bekannt. Ist man auf Telefonzellen angewiesen, so kauft man sich im Tabakladen oder bei der Post Telefonkarten. **Tipp:** Preiswerter wird es, indem Sie sich von zu Hause aus mit Billigvorwahl auf einem spanischen Festnetzanschluss, z.B. Campingplatz, anrufen lassen. **Für den allerschlimmsten Fall:** Wenn Sie bis auf den letzten Cent ausgeraubt worden sind, so können Sie ein R-Gespräch nach Hause anmelden unter **0080033004900** oder **900 990049**. Kosten für den Angerufenen: 3,99 € + 0,50 €/Minute.

Trinkwasser

Auf allen Touren haben wir Ihnen Wasserzapfstellen genannt, können aber nicht dafür garantieren, dass es sich um die Qualität handelt, die Sie zu Hause gewöhnt sind. Wenn man sicher gehen will, ob es sich um einwandfreies Trinkwasser handelt, muss man die zuständigen Behörden fragen. Wenn Sie aber beobachten, dass Einheimische das Wasser in Kanister abfüllen, dann können Sie von einwandfreier Qualität ausgehen. Wir selbst haben für den Verzehr das spottbillige Mineralwasser gekauft, das in Supermärkten in Behältern bis zu zehn Litern zu haben ist. Auf Campingplätzen und an den meisten Tankstellen ist das Auffüllen des Wassertanks möglich, nur sollte man auch hier audrücklich danach fragen, ob es sich um Trinkwasser (*agua potable*) handelt. Auf manchen Campingplätzen, z. B. in Sevilla, unterscheidet man nach Trink- und Brauchwasser.

Verkehr

Höchstgeschwindigkeiten: innerorts 50 km/h, außerorts 90 km/h, Autovía (4-spurige Schnellstraße) 100 km/h, Autopista (Autobahn) 120 km/h. WOMOs über 3,5 t: außerorts 80 km/h, Autopista 100 km/h. Promille: max. 0,5. Parkverbot an gelben, Parkgebühren an blauen Straßenrändern. Während des Überholvorgangs muss dauernd links geblinkt werden.
Bußgelder fallen in Spanien recht happig aus: Falschparken bis 90 €, Temposünden mindestens 90 € je 20 km/h, Rotlichtverstoß 90 €, Alkoholvergehen mindestens 300 €. Auf der Fahrbahn außerorts anzuhalten kostet 200 – 350 €. Ein Bußgeld muss sofort bar gezahlt werden, sonst droht Beschlagnahmung des Fahrzeuges. In Großstädten arbeitet die Polizei auch mit den berüchtigten Radkrallen. Wohmobile werden im allgemeinen nicht abgeschleppt.

Versicherungen

Außer den üblichen Absicherungen empfehlen wir eine WOMO-Inhaltsversicherung, die bei den Spezialversicherungsagenturen zu haben ist.

Wandern und Bergsteigen

Es ist ein Jammer, dass bei den fantastischen Wandermöglichkeiten in Andalusien die Wege leider oft unregelmäßig – oder gar nicht – gekennzeichnet sind und nur selten gewartet werden. Für Wanderungen in den Bergen, vor allem im Hochgebirge, sind **genaue Wanderkarten** unbedingt erforderlich (s. „Landkarten"). Eine gute Ausrüstung muss selbstverständlich sein, vor allem sind auf den oft steinigen Pfaden gute Bergschuhe unerlässlich. Details finden Sie in den Wanderbeschreibungen.

Wassersport

Die Möglichkeiten für Surfer haben wir auf den Atlantiktouren mehrfach angezeigt. Bitte: Wenn Sie kein erfahrener Starkwindsurfer sind, wagen Sie sich nicht zwischen Barbate und Tarifa aufs Wasser. Unvorsichtigen droht Lebensgefahr!

Wein

Andalusien ist klassisches Erzeugerland für die Aperitif- und Dessertweine Sherry, Málaga, Montilla-Moriles und Condado de Huelva. Zum Essen trinkt man gerne trockene Rotweine aus anderen Regionen, z. B. aus Rioja oder Navarra. Ein Gastwirt ist aber nicht beleidigt, wenn man in der Sommerhitze einfach Bier trinkt.

Stichwortverzeichnis

Der WOMO®-Pfannenknecht

ist die saubere Alternative zum Holzkohlengrill.

* Kein tropfendes Fett,
* Holz statt Holzkohle,
* vielfältige Benutzung –
* vom Kartoffelpuffer bis zur Gemüsepfanne.

Massive Kunstschmiedearbeit, campinggerecht zerlegbar,
Qualitäts-Eisenpfanne von Rösle,
bequeme Handhabung im Freien, einfachste Reinigung.

Nur 45,50 € – und nur bei WOMO!

Der WOMO®-Knackerschreck

ist die universelle und **sofort sichtbare Einbruchssperre**.

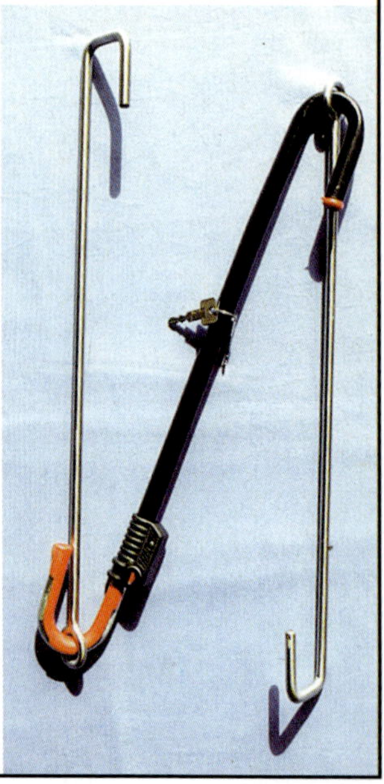

* Wird einfach in die beiden Türarmlehnen eingehängt, zusammengeschoben und abgeschlossen.
(tagsüber unter Einbeziehung des Lenkrades, nachts direkt, somit ist Notstart möglich).
* Passend für Ducato, MB Sprinter sowie VW (LT & T4).
* Krallen aus 10 mm starkem Edelstahl, d. h. nahezu unverwüstlich.

Nur 37,50 € – nur bei WOMO!

Info-Blatt für das WOMO-Buch: Süd-Spanien '04

(ausgefüllt erhalte ich 10% Info-Honorar auf Bestellungen direkt beim Verlag)

Lokalität: Seite: Datum:
(Stellplatz, Campingplatz, Wandertour, Gaststätte, usw.)
unverändert gesperrt/geschlossen folgende Änderungen:

Lokalität: Seite: Datum:
(Stellplatz, Campingplatz, Wandertour, Gaststätte, usw.)
unverändert gesperrt/geschlossen folgende Änderungen:

Lokalität: Seite: Datum:
(Stellplatz, Campingplatz, Wandertour, Gaststätte, usw.)
unverändert gesperrt/geschlossen folgende Änderungen:

Lokalität: Seite: Datum:
(Stellplatz, Campingplatz, Wandertour, Gaststätte, usw.)
unverändert gesperrt/geschlossen folgende Änderungen:

Lokalität: Seite: Datum:
(Stellplatz, Campingplatz, Wandertour, Gaststätte, usw.)
unverändert gesperrt/geschlossen folgende Änderungen:

Lokalität: Seite: Datum:
(Stellplatz, Campingplatz, Wandertour, Gaststätte, usw.)
unverändert gesperrt/geschlossen folgende Änderungen:

Meine sonstigen Tipps und Verbesserungswünsche:

Info-Blatt für das WOMO-Buch: Süd-Spanien '04
(ausgefüllt erhalte ich 10% Info-Honorar auf Bestellungen direkt beim Verlag)

Lokalität: Seite: Datum:
(Stellplatz, Campingplatz, Wandertour, Gaststätte, usw.)
unverändert gesperrt/geschlossen folgende Änderungen:

Lokalität: Seite: Datum:
(Stellplatz, Campingplatz, Wandertour, Gaststätte, usw.)
unverändert gesperrt/geschlossen folgende Änderungen:

Lokalität: Seite: Datum:
(Stellplatz, Campingplatz, Wandertour, Gaststätte, usw.)
unverändert gesperrt/geschlossen folgende Änderungen:

Lokalität: Seite: Datum:
(Stellplatz, Campingplatz, Wandertour, Gaststätte, usw.)
unverändert gesperrt/geschlossen folgende Änderungen:

Lokalität: Seite: Datum:
(Stellplatz, Campingplatz, Wandertour, Gaststätte, usw.)
unverändert gesperrt/geschlossen folgende Änderungen:

Lokalität: Seite: Datum:
(Stellplatz, Campingplatz, Wandertour, Gaststätte, usw.)
unverändert gesperrt/geschlossen folgende Änderungen:

Meine sonstigen Tipps und Verbesserungswünsche:

Wir bestellen:

❑ Allgemeines Wohnmobil Handbuch ..... 14,90 €
❑ Allgemeines Wohnmobil Kochbuch ..... 12,90 €
❑ Mit dem Wohnmobil nach Belgien/Luxemburg ..... 14,90 €
❑ Mit dem Wohnmobil in die Bretagne ..... 14,90 €
❑ Mit dem Wohnmobil ins Elsaß ..... 14,90 €
❑ Mit dem Wohnmobil nach England ..... 14,90 €
❑ Mit dem Wohnmobil an die franz Atlantikküste (Nordhälfte) . 14,90 €
❑ Mit dem Wohnmobil an die franz Atlantikküste (Südhälfte) . 12,90 €
❑ Mit dem Wohnmobil nach Griechenland ..... 14,90 €
❑ Mit dem Wohnmobil nach Irland ..... 14,90 €
❑ Mit dem Wohnmobil nach Finnland ..... 14,90 €
❑ Mit dem Wohnmobil nach Island ..... 14,90 €
❑ Mit dem Wohnmobil nach Korsika ..... 14,90 €
❑ Mit dem Wohnmobil nach Kroatien (Dalmatien) ..... 14,90 €
❑ Mit dem Wohnmobil durch Languedoc/Roussillon ..... 14,90 €
❑ Mit dem Wohnmobil in die Normandie ..... 14,90 €
❑ Mit dem Wohnmobil nach Norwegen (Nord) ..... 14,90 €
❑ Mit dem Wohnmobil nach Norwegen (Süd) ..... 14,90 €
❑ Mit dem Wohnmobil auf die Peloponnes ..... 14,90 €
❑ Mit dem Wohnmobil nach Polen (Norden/Masuren) ..... 14,90 €
❑ Mit dem Wohnmobil nach Portugal ..... 14,90 €
❑ Mit dem Wohnm. durch Provence & Côte d'Azur (Westhälfte) 14,90 €
❑ Mit dem Wohnm. durch Provence & Côte d'Azur (Osthälfte) . 14,90 €
❑ Mit dem Wohnmobil durch die Pyrenäen ..... 14,90 €
❑ Mit dem Wohnmobil nach Sardinien ..... 14,90 €
❑ Mit dem Wohnmobil nach Schottland ..... 14,90 €
❑ Mit dem Wohnmobil nach Schweden ..... 14,90 €
❑ Mit dem Wohnmobil nach Sizilien ..... 14,90 €
❑ Mit dem Wohnmobil nach Spanien (Nord) ..... 14,90 €
❑ Mit dem Wohnmobil nach Spanien (Ost) ..... 14,90 €
❑ Mit dem Wohnmobil nach Spanien (Süd/Andalusien) ... 14,90 €
❑ Mit dem Wohnmobil nach Süd-Italien (Osthälfte) ..... 14,90 €
❑ Mit dem Wohnmobil nach Süd-Italien (Westhälfte) ..... 14,90 €
❑ Mit dem Wohnmobil nach Süd-Tirol ..... 14,90 €
❑ Mit dem Wohnmobil durch Toskana & Umbrien (Westhälfte) 14,90 €
❑ Mit dem Wohnmobil durch Toskana & Umbrien (Osthälfte).. 14,90 €
❑ Mit dem Wohnmobil durchs Trentino/Gardasee ..... 14,90 €
❑ Mit dem Wohnmobil durch die Türkei (West) ..... 14,90 €
❑ Mit dem Wohnmobil durch Ungarn ..... 14,90 €
❑ WOMO-Pfannenknecht mit Qualitäts-Eisenpfanne ..... 45,50 €
❑ WOMO-Knackerschreck mit Edelstahlkrallen ..... 37,50 €

Hinweis:
Passend zu unseren WOMO-Reiseführern bieten wir die jeweils besten Autokarten, die Grünen Reiseführer von Michelin, die Kauderwelsch-Sprechführer und die Rother-Wanderführer an.
Bitte in unserem Internet-Shop unter: **www.womo.de** auswählen und gleich mitbestellen!
Selbstverständlich erhalten Sie alle unsere Bücher auch in Buchhandlungen, im Campinghandel und bei Wohnmobilvermietern.

Alle Preise in € [D]. Preisänderungen vorbehalten.

Absender:

Datum

Unterschrift

SSp'04

WOMO®-VERLAG

Versandabteilung

Wiesenweg 4-6

98634 Mittelsdorf/Rhön